CIDADANIA SOCIAL NA CONSTITUIÇÃO DE 1988

CIDADANIA SOCIAL NA CONSTITUIÇÃO DE 1988

AS ESTRATÉGIAS DE POSITIVAÇÃO E A EXIGIBILIDADE JUDICIAL DOS DIREITOS SOCIAIS

2024 · 2ª Edição

Vidal Serrano Nunes Junior

ALMEDINA

CIDADANIA SOCIAL NA CONSTITUIÇÃO DE 1988
AS ESTRATÉGIAS DE POSITIVAÇÃO E A EXIGIBILIDADE JUDICIAL DOS DIREITOS SOCIAIS

AUTOR: Vidal Serrano Nunes Junior

DIRETOR ALMEDINA BRASIL: Rodrigo Mentz
EDITORA-CHEFE: Manuella Santos de Castro
EDITOR PLENO: Aurélio Cesar Nogueira
PRODUTORA EDITORIAL: Erika Alonso
ASSISTENTES EDITORIAIS: Laura Roberti, Tacila da Silva Souza e Patrícia Romero

DIAGRAMAÇÃO: Almedina
DESIGN DE CAPA: Roberta Bassanetto

ISBN: 9788584937318
Junho, 2024

Dados Internacionais de Catalogação na Publicação (CIP)
(Câmara Brasileira do Livro, SP, Brasil)

Nunes Júnior, Vidal Serrano
Cidadania social na Constituição de 1988 : as estratégias de positivação e a exigibilidade judicial dos direitos sociais / Vidal Serrano Nunes Júnior. – 2. ed. -- São Paulo : Almedina, 2024.

ISBN 978-85-8493-731-8

1. Constituição - 1988 - Brasil 2. Direito constitucional - Brasil 3. Direitos fundamentais – Brasil 4. Direitos sociais - Brasil I. Título.

24-206988 CDU-342(81)

Índices para catálogo sistemático:

1. Brasil : Direito constitucional 342(81)
Eliane de Freitas Leite - Bibliotecária - CRB 8/8415

Este livro segue as regras do novo Acordo Ortográfico da Língua Portuguesa (1990).

EDITORA: Almedina Brasil
Rua José Maria Lisboa, 860, Conj.131 e 132, Jardim Paulista | 01423-001 São Paulo | Brasil
www.almedina.com.br

NOTA À SEGUNDA EDIÇÃO

A obra, agora em sua segunda edição, foi elaborada com vistas à obtenção do título de Livre-docente pela Pontifícia Universidade Católica de São Paulo, no ano de 2008. Nesse sentido, reitero meus agradecimentos aos ilustre Professores Celso Antônio Bandeira de Melo, Luiz Alberto David Araujo, Maria Garia, Maria Sylvia Zanella Di Pietro e Sueli Gandolfi Dallari por terem integrado a comissão examinadora e pelas inúmeras observações que, já integradas ao texto, adensaram seu conteúdo.

São Paulo, 29 de abril de 2024

Vidal Serrano Nunes Júnior

SUMÁRIO

CAPÍTULO I. DIREITOS FUNDAMENTAIS 11
1. Conceito 11
2. Direitos Humanos e Direitos Fundamentais 22
   2.1. Os Tratados Internacionais de Direitos Humanos e a Constituição de 1988 25
3. Direitos Fundamentais: delimitação constitucional 27
4. Características 31
   4.1. A historicidade 31
   4.2. A universalidade 33
   4.3. A autogeneratividade 33
   4.4. A irrenunciabilidade 34
   4.5. A limitabilidade 34
   4.6. A possibilidade de concorrência 37
5. A Evolução 37
   5.1. Direitos fundamentais de primeira geração 39
   5.2. Direitos fundamentais de segunda geração 41
   5.3. Direitos fundamentais de terceira geração 42

CAPÍTULO II. DIREITOS SOCIAIS 43
1. Origem histórica 43
2. Conceito 57
3. Direitos sociais e o chamado mínimo vital 64
4. Direitos sociais e positivação constitucional 68

CAPÍTULO III. AS FORMAS DE POSITIVAÇÃO E OS RESPECTIVOS REGIMES JURÍDICOS DOS DIREITOS SOCIAIS 91

1. Positivação por meio de normas que se limitam, por meio de programas, a apontar diretrizes, tarefas ou finalidades a serem atingidas pelo poder público 92
   - 1.1. Normas programáticas, direitos sociais e os princípios jurídicos informadores do Estado Democrático Social de Direito 101
   - 1.2. O princípio da dignidade humana 104
   - 1.3. O princípio da justiça social 109
   - 1.4. A proibição do retrocesso 112
2. Positivação por meio de normas atributivas de direitos públicos subjetivos 117
   - 2.1. A atribuição de direito subjetivo: o *standard* mínimo incondicional 126
     - 2.1.2. O mínimo vital e a positivação de direitos sociais no Brasil 131
   - 2.2. Direito subjetivo e reserva legal 131
3. Positivação por meio de normas consagradoras de garantias institucionais 134
   - 3.1. Garantias institucionais e justiciabilidade 143
4. Positivação por meio de cláusulas limitativas do poder econômico 145
   - 4.1. Os direitos sociais e a defesa do consumidor como meio de limitação do poder econômico 153
5. Positivação por meios das ora denominadas normas projectivas, vale dizer, normas de confirmação do perfil social dos institutos jurídicos fundantes da ordem econômica capitalista 157

CAPÍTULO IV. A REALIZAÇÃO DOS DIREITOS FUNDAMENTAIS SOCIAIS E SEUS LIMITES CONTINGENTES 165

1. A reserva do possível 166
   - 1.1. Reserva do possível e mínimo vital 169
   - 1.2. Reserva do possível e ambiência constitucional 172
   - 1.3. Reserva do possível na ordem jurídica brasileira 190

2. A tripartição de funções e a esfera de discricionariedade do administrador público 193
2.1. A discricionariedade administrativa 198
2.2. O caráter programático de parte das normas consagradoras de direitos sociais 202
2.3. Colisão de direitos 210

Conclusões 213

Referências 221

CAPÍTULO 1
DIREITOS FUNDAMENTAIS

1. Conceito

A expressão "direitos fundamentais" remete, antes de mais, a uma análise semântica. Ao substantivo "direitos" agregou-se o adjetivo "fundamentais", suscitando, automaticamente, uma indagação a respeito do porquê de tais direitos, em contraponto aos demais, destacarem-se por sua fundamentalidade.

Note-se que tal tarefa analítica não é das mais simples, pois pressupõe esforços dirigidos no sentido de buscar a conceituação de termos dotados de imprecisão, mas que integram a expressão: as palavras "direitos" e "fundamentais".

O termo *direito*, como aponta Tercio Sampaio Ferraz Filho, quer do ponto de vista sintático, quer do ponto de vista semântico, é impreciso. Do ponto de vista sintático, o termo compreende diversas conexões: com verbos (reclamo meus direitos), com substantivos (o direito é uma ciência) e com adjetivos (direitos fundamentais), cada qual carregando de significação o termo inicial[1]. Do ponto de vista semântico, o termo carrega "ambigüidade e vagueza"[2], pois ostenta como característica ingênita uma polissemia: direito como ciência, direito como norma, direito como justo, dentre outras possíveis significações.

[1] FERRAZ, Tércio Sampaio. *Introdução ao Estudo do Direito*. São Paulo: Atlas, 1989, p. 39.

[2] *Ibidem*.

O corte metodológico do presente trabalho, porém, promove uma especificação sintática, direcionando-nos ao estudo dos direitos *fundamentais*. Tal especificação sintática facilita, por sua vez, a abordagem semântica, pois o adjetivo *fundamentais* indica, a toda evidência, que o substantivo *direito* assumiu feição específica, vale dizer, o direito como conjunto de prerrogativas e instituições predisposto a uma finalidade.

Por um lado, indica-se que o termo *direito* enuncia um plano subjetivo, é dizer, os direitos fundamentais são direitos subjetivos, assim entendidos como "a prerrogativa ou possibilidade, reconhecida a alguém e correlativa de um dever alheio suscetível de imposição coativa, de dispor como um dono, dentro de certos limites, de um bem atribuído segundo uma norma jurídica positiva"[3]. Por outro lado, acompanhando a lição de Perez Luño, não se pode descurar que a expressão *direito*, com a conexão sintática apontada, possui também uma dimensão objetiva, institucional, que o torna parte integrante da própria noção de Estado Democrático de Direito[4].

Nesse sentido, veja-se o seguinte excerto extraído de julgamento da Corte Constitucional espanhola:

> *En primer lugar, los derechos fundamentales son derechos subjetivos, derechos de los individuos no sólo en cuanto derechos de los ciudadanos em sentido estricto, sino en cuanto garantizan un status jurídico o la libertad en un ámbito de la existência. Pero, al propio tiempo, son elementos esenciales de um ordenamiento objetivo de la comunidad nacional, en cuanto ésta se configura como marco de uma convivencia humana justa e pacífica, plasmada historicamente em el Estado de Derecho y, más tarde, en el Estado social y democrático de Derecho, según la fórmula de nostra Constitución (art.1,1)´ (STC de 14 de Julio de 1981, en BJC, 1981, n.5, p. 331.*

Delineando tal ponto de vista, a Constituição Federal, em mais de uma passagem, faz alusão aos Direitos Fundamentais não só como direitos subjetivos, mas também em uma dimensão institucional, indicando que o respeito e a observância dos mesmos constituem fundamento de

[3] MARTINS NETO, João dos Passos. *Direitos Fundamentais*: conceito, função e tipos. São Paulo/RT. 2003, p. 77.

[4] LUÑO, Antonio Enrique Perez. *Los derechos fundamentales*. Espanha/Madrid: Tecnos, 2004, p. 25.

nossa ordem política (art. 1º, III) e princípio que deve nortear o país nas suas relações internacionais (art. 4º, II).

Com efeito, não há como se pensar em direitos fundamentais fora de um contexto generalizante, em que, de um lado, são concebidos como direito subjetivos e, de outro, como instituições sedimentadas no tecido social e que devem condicionar ações individuais e coletivas.

Em reforço a tal ponto de vista, convém transcrever o seguinte excerto da lição de José Joaquim Gomes Canotilho:

> A localização do tema em sede do que se poderia chamar cultura política republicana indicia já que, a nosso ver, o problema da teoria republicana dos direitos fundamentais tem como objecto um quadro político-cultural adquirido em que os códigos, as normas e os valores traçam um espaço de significação e definem um campo de possibilidades[5].

Só se pode falar em direitos fundamentais no plano das relações entre as pessoas e destas com o Estado, o que, a toda evidência, demarca um perfil de Estado, pois, ao prever e respeitar direitos fundamentais, o Estado exprime uma forma de ser e atuar, ressaltando a precitada dimensão institucional.

Nesse caminho, vale citar a lição de Jorge Miranda:

> Somente há direitos fundamentais, insistimos, quando o Estado e a pessoa, a autoridade e a liberdade se distinguem e até, em maior ou menor medida, se contrapõem. Mas – por isso mesmo – não podem apreender-se senão como realidades que se postulam reciprocamente, se condicionam, interferem uma na outra.
>
> Os fins do Estado, a organização do Estado, o exercício do poder, a limitação do poder são função do modo de encarar a pessoa, a sua liberdade, as suas necessidades; assim como as aspirações e pretensões individuais, institucionais ou coletivas reconhecidas, os direitos e deveres das pessoas, a sua posição perante a sociedade e o Estado são função do sentido que ele confere à sua autoridade, das normas que a regulam, dos meios de que dispõe.

[5] Canotilho, José Joaquim Gomes. *Estudos sobre Direitos Fundamentais.* Coimbra Editora. Portugal/Coimbra. 2003, p. 9.

Assim sendo, não obstante as respeitáveis vozes em sentido contrário[6], afigura-se absolutamente pertinente a idéia de uma dimensão objetiva dos direitos fundamentais, em que "se mostram como princípios conformadores do modo como o Estado que os consagra deve organizar-se e atuar"[7].

Note-se, no entanto, que a mera alusão ao fato do termo *direito* indicar a existência de direitos subjetivos e de instituições não nos abdica da necessidade de sedimentar o conceito de fundamentalidade. Em outras palavras, quais os predicados e caraterísticas que tornam tais direitos dignitários do adjetivo *fundamentais*?

A adjetivação examinada tem a clara pretensão de expor a inerência de tais direitos à condição humana, ou seja, de alçá-los à condição de direitos elementares, que remetem à própria natureza do ser humano.

De outro modo, privar alguém de direitos fundamentais significa, em última análise, privá-lo da vida ou do direito de pertencer à sociedade na qual se integra.

Acompanhamos, em suma, a observação de Dalmo Dallari, para quem "esses direitos são considerados fundamentais porque sem eles a pessoa humana não consegue existir ou não é capaz de se desenvolver e de participar plenamente da vida"[8].

Noção esta que encontra igualmente esclarecedora acolhida na lição de José Afonso da Silva, que ensina:

> No qualificativo fundamentais acha-se a indicação de que se trata de situações jurídicas sem as quais a pessoa humana não se realiza, não convive e, às vezes, nem sobrevive; fundamentais do homem no sentido de que a todos, por igual, devem ser, não apenas formalmente reconhecidos, mas concreta e materialmente efetivados[9].

[6] MARTINS NETO, João dos Passos, op. cit.. Fonseca, José Roberto Franco da. "Dimensão internacional dos direitos fundamentais da pessoa", *Revista da Faculdade de Direito da USP*, 1992, pp. 487-496.

[7] GUERRA FILHO, Willis Santiago. *Processo Constitucional e Direitos Fundamentais*. 4. ed. São Paulo: RCS, p. 45.

[8] DALLARI, Dalmo de Abreu. *Direitos Humanos e Cidadania*. São Paulo: Moderna, 1998, p. 7.

[9] SILVA, José Afonso da. *Curso de Direito Constitucional Positivo*. 21. Ed. São Paulo: Malheiros, 2002, p. 178.

Destarte, podemos conceituar direitos fundamentais como o sistema aberto de princípios e regras que, ora conferindo direitos subjetivos a seus destinatários, ora conformando a forma de ser e de atuar do Estado que os reconhece, tem por objetivo a proteção do ser humano em suas diversas dimensões, a saber: em sua liberdade (direitos e garantias individuais), em suas necessidades (direitos sociais, econômicos e culturais) e em relação à sua preservação (solidariedade).

Aponta-se que os direitos fundamentais constituem um sistema, na medida em que suas normas estão em constante interação, reconduzindo sempre ao mesmo objeto: a proteção do ser humano. Assim, um direito fundamental implica outro e um influencia o conteúdo do outro, de tal modo que, fora de uma análise sistemática, não poderiam ser enfocados como uma espécie de somatória de disposições analiticamente isoladas.

Ao falar sobre sistema, convém citar J. J. Gomes Canotilho:

> De forma deliberadamente abstracta e independente de qualquer 'teoria sistémica' particular (ex: Easton, Luhman) poderemos caracterizar um sistema como um conjunto de elementos em interacção, organizado em totalidade, que reage às intereações, de tal forma que, quer ao nível do conjunto, aparecem fenômenos e qualidades novas, não reconduzíveis aos elementos isolados ou à sua simples soma[10].

Assim, como dissociar a proteção constitucional da vida e a da saúde? Como se falar em vida digna sem privacidade ou acesso à educação? No mesmo sentido, a relação de integração e complementaridade entre os direitos de liberdade e os direitos sociais, econômicos e culturais.

Corroborando a ideia de sistema, conceitua-se direitos fundamentais como "uma unidade indivisível, interdependente e inter-relacionada, na qual os valores da igualdade e liberdade se conjugam e se completam"[11].

Seguindo a mesma trilha, parece-nos igualmente acertada a afirmação de que os direitos fundamentais constituem um sistema *aberto de princípios e regras.*

[10] Canotilho, J. J. G. *Direito Constitucional.* Portugal/Coimbra: Almedina, p. 47.

[11] Piovesan, Flávia. *Direitos Humanos e o Direito Constitucional Internacional.* 5. ed. São Paulo: Max Limonad, 2002, p. 41.

Aponta-se o sistema como *aberto*, uma vez que suas normas não podem ser interpretadas distanciadas do contexto político, econômico e social em que devem ser aplicadas. Na verdade, a previsão normativa encontra-se aberta aos influxos da realidade, quer para substanciar o seu conteúdo, quer para motivar a eventual ressignificação deste.

Como afirma Häberle, ao discorrer sobre a sociedade aberta dos intérpretes da Constituição, a interpretação da Lei Maior carrega intrínseca a necessidade de integração da realidade na interpretação constitucional[12].

Desse modo, a noção do direito fundamental à liberdade de religião, por exemplo, carrega uma forte carga valorativa oriunda do modo como os grupos religiosos específicos aplicam tal disposição constitucional.

A propósito, segue excerto da obra do citado constitucionalista alemão:

> Em se tratando de muitos direitos fundamentais, já se processa a interpretação (talvez conscientemente?) no modo como os destinatários da norma preenchem o âmbito de proteção daquele direito[13].

Do exemplo citado extrai-se claramente que a intelecção da norma constitucional só pode ser adequadamente extraída em conexão com a realidade, ainda que por um processo de pré-compreensão desta[14].

Tal abertura constitucional vem bem retratada, embora com outros parâmetros, na lição de Pablo Lucas Verdu:

> *A mi juicio, la abertura constitucional quiere decir que las Constituciones actuales de los Estados democráticos se abren a otros contenidos, tanto normativos (derecho canónico, derecho comunitario), como extra-normativos (usos y convenciones, normas de correción constitucional), como metanormativos (valores, postulados morales y de justicia material), magnitudes sócioeconómicas)*[15].

[12] Häberle, Peter. *Hermenêutica Constitucional – A Sociedade Aberta dos Intérpretes da Constituição*: contribuição para a interpretação pluralista e procedimental da Constituição. Tradução e apresentação de Gilmar Ferreira Mendes. Sergio Antonio Fabris Editor. Porto Alegre/RS, 1997.

[13] Idem, p. 15.

[14] Cf. Canotilho, J. J. G. *Direito Constitucional*, op. cit.. p. 227.

[15] Verdu, Pablo Lucas. La constitucion abierta y sus enemigos. Madrid: Beramar S.A., 1990, p. 11.

Resulta claro, do exposto, que a norma constitucional e, especificamente, aquelas relacionadas aos direitos fundamentais não podem ter o seu significado e alcance dimensionados sem essa abertura constitucional, que promove a integração entre a norma e a realidade[16].

Veja-se que, independentemente do ângulo de abordagem (abertura com relação aos intérpretes ou com relação à própria norma), quer nos parecer irretorquível a caracterização dos direitos fundamentais como um sistema aberto.

Como se conceber, por exemplo, o direito de privacidade fora da ambiência social em que se projeta? Com efeito, a evolução dos costumes certamente ressignificou os espaços de privacidade, ao mesmo tempo em que a evolução tecnológica oferece novas formas de agressão.

Assim sendo, o significado, o alcance e a extensão do direito de privacidade foram sendo acomodados às novas realidades, de tal modo a tornar, sem essa necessária integração com a realidade, incompreensível o instituto analisado.

Acrescente-se que tal abertura constitucional oferece ainda como consequência a chamada mutação constitucional, que preconiza a possibilidade de mudança do significado de uma norma constitucional, não por sua alteração formal (por ex.: emenda constitucional), e sim por uma alteração da realidade regulada.

Lapidar, nesse sentido, o ensinamento de Anna Cândida da Cunha Ferraz:

> Daí a distinção que a doutrina convencionou registrar entre *reforma constitucional* e *mutação constitucional*; a primeira consiste nas modificações constitucionais reguladas no próprio texto da Constituição (acréscimos, supressões, emendas) pelos processos por ela estabelecidos para sua reforma; a segunda consiste na alteração, não da letra ou do texto expresso, mas do significado, do sentido e do alcance das disposições constitucionais através ora da interpretação judicial, ora dos costumes, ora das leis, alterações essas que, em geral, se processam lentamente, e só se tornam claramente perceptíveis quando se compara o entendi-

[16] Silva, José Afonso da. Op. cit., p. 38; Castro, Carlos Roberto Siqueira. *A Constituição Aberta e os Direitos Fundamentais.* Rio de Janeiro: Forense, 2005; Ferraz, Anna Cândida da Cunha. Processos Informais de Mudança da Constituição. São Paulo: Max Limonad, 1986.

> mento atribuído às cláusulas constitucionais em momentos diferentes, cronologicamente afastados um do outro, ou em épocas distintas e diante de circunstâncias diversas[17].

O fenômeno exposto revela essa abertura constitucional, indicando, ainda uma vez, essa necessária integração entre a norma e a realidade regulada.

Sintetizando o raciocínio desfiado, afirma-se que os direitos fundamentais constituem um sistema aberto,

> porque tem uma estrutura dialógica, traduzida na disponibilidade e "capacidade de aprendizagem" das normas constitucionais para captarem a mudança da realidade e estarem abertas às concepções cambiantes da "verdade" e da "justiça"[18].

O conceito apresentado, contudo, cogita ainda de um sistema aberto de *princípios e regras*, restando, desta feita, a análise da parte final desta locução.

Os direitos fundamentais encontram-se consubstanciados em princípios e regras, como, por exemplo, o princípio da igualdade e a regra da inviolabilidade das comunicações.

Note-se que os direitos fundamentais, pretendendo a proteção do ser humano, apresentam como característica a incindibilidade. Com efeito, como se cogitar de proteção da vida, sem que se proteja a saúde ou que se proíba a tortura?

Assim, o sistema de proteção do ser humano se ressente tanto da existência de princípios como de regras.

Como fundamentar esta afirmação?

Em primeiro lugar, cumpre esclarecer que tanto os princípios como as regras consubstanciam normas jurídicas, uma vez que ambos assumem como característica a prescrição de um *dever-ser*.

17 Ferraz, Anna Cândida da Cunha. Op. cit., p. 10.

18 Canotilho, J. J. G. *Direito Constitucional*, op. cit., p. 171.

A propósito, para Robert Alexy:

> Aquí las reglas y los principios serán resumidos bajo el concepto de norma. Tanto las reglas como los principios son normas porque ambos dicen lo que debe ser. Ambos pueden ser formulados com la ayuda de las expresiones deónticas básicas del mandato, la permisión y la prohibición. Los principios, al igual que las reglas, son razones para juicios concretos de deber ser, aun cuando sean razones de um tipo muy diferente. La distinción entre reglas e principios se pues uma distinción entre dos tipos de normas[19] [20].

Diversos são os critérios utilizados para diferenciar princípios de regras, como, por exemplo, o grau de abstração, a aplicabilidade ao caso concreto e a fundamentalidade no sistema. Antes, porém, de optarmos por um, entendemos por bem aclarar os conceitos examinados.

Sobre os princípios, em inexcedível agudez de raciocínio, escreveu Celso Antônio Bandeira de Mello:

> Princípio – já averbamos alhures – é, por definição, mandamento nuclear de um sistema, verdadeiro alicerce dele, disposição fundamental que se irradia sobre diferentes normas compondo-lhe o espírito e servindo de critério para sua exata compreensão e inteligência, exatamente por definir a lógica e a racionalidade do sistema normativo, no que lhe confere a tônica e lhe dá sentido harmônico. É o conhecimento dos princípios que preside a intelecção das diferentes partes componentes do todo unitário que há por nome sistema jurídico positivo. Violar um princípio é muito mais grave que transgredir uma norma qualquer. A desatenção ao princípio implica ofensa não apenas a um específico mandamento obrigatório, mas a todo o sistema de comandos. É a mais grave forma de ilegalidade ou inconstitucionalidade, conforme o escalão do princípio atingido, porque representa insurgência contra todo o

[19] ALEXY, Robert. *Teoría de los derechos fundamentales*. Madrid: Centro de Estúdios Políticos y Constitucionales, 2002, p. 83.

[20] No mesmo sentido, dentre outros: Canotilho, J. J. G. *Direito Constitucional, op. cit.*, p. 172; GRAU, Eros Roberto. *A Ordem Econômica na Constituição de 1988*. 3. ed. São Paulo: Malheiros, p. 106; e DWORKIN, Ronald. *Taking Rights Seriously*. Londres: Duckworth, 1987, p. 22.

> sistema, subversão de seus valores fundamentais, contumélia irremissível a seu arcabouço lógico e corrosão de sua estrutura mestra[21].

As regras, por sua vez, poderiam ser definidas como as proposições deônticas, dotadas de determinabilidade, que prescrevem taxativamente uma obrigação, uma proibição ou uma permissão.

Entendemos, em consonância com excerto acima transcrito, que a noção de princípio deva ser extraída a partir do papel que os comandos nele contidos desempenham no ordenamento jurídico.

No Direito, princípios seriam, então, as proposições elementares que alicerçam determinada ordem normativa, nucleando seus diversos setores e, ao mesmo tempo, promovendo a integração deles, viabilizando, por este caminho, a noção de unidade caracterizadora de um sistema.

A pretexto de exemplificação, vejamos a questão do direito à saúde. A Constituição consolida princípios (p.ex. acesso universal e igualitário, art. 196) e regras (assistência integral), que, abertos à injunção da realidade, devem ser ressignificados à luz do próprio conceito de saúde.

Como bem aponta Sueli Dallari, inicialmente duas correntes de pensamento pretendiam dar substância ao conceito de saúde: uma enfocando-a numa relação de dependência com variáveis como o meio ambiente, a alimentação ou o trabalho; outra contemplando a saúde como a ausência de doenças.

Nesse sentido, esclarece a citada jurista:

> O ambiente social da Revolução Industrial propiciou o debate entre as duas grandes correntes que buscaram conceituar a saúde. De um lado, grupos marginais ao processo de produção, que viviam em condições miseráveis, enfatizavam a compreensão da saúde como diretamente dependente de variáveis relacionadas ao meio ambiente, ao trabalho, à alimentação e à moradia. Por outro lado, a descoberta dos germes causadores de doença e seu subsequente isolamento, que possibilitou o desenvolvimento de remédios específicos, falava a favor da conceituação de saúde como ausência de doenças[22].

[21] Mello, Celso Antonio Bandeira de. Curso de Direito Administrativo. 8. ed., São Paulo: Malheiros, 1996, pp. 545-546.

[22] Dallari, Sueli Gandolfi. Os Estados Brasileiros e o Direito à Saúde. São Paulo: Hucitec, 1995, p. 18.

Entretanto, o evolver da história, em especial os adventos das duas grandes guerras, fez com que a sociedade redimensionasse suas concepções de direitos humanos, pautando uma nova gramática de inclusão, que, de um lado, fez emergir a Declaração Universal dos Direitos do Homem e, de outro, estimulou a criação de órgãos dedicados à proteção de alguns desses direitos[23].

Assim, sob os auspícios da Organização das Nações Unidas, foi criada, em 1946, a Organização Mundial de Saúde, cujo pacto que lhe deu origem definiu, em seu preâmbulo, saúde como "o completo bem-estar físico, mental e social", rechaçando, portanto, a ideia de saúde meramente como a ausência de doenças e outros agravos[24].

Como explana Luiz Alberto David de Araújo, o conceito apresentado, longe de contrariar, promove a integração das duas primeiras linhas de pensamento, sublinhando a importância da ausência de doenças e, ao mesmo tempo, a integração com o meio.

Vale transcrever, nessa linha, excerto da lição do precitado autor:

> Como consequência primeira do direito à saúde (direito de estar são), deve-se agregar o direito à prevenção de doenças (direito de permanecer são). Assim, o Estado é responsável tanto por manter o indivíduo são, desenvolvendo políticas de saúde, como para evitar que ele se torne doente. O direito à prevenção de doenças é, consequentemente, parte do direito à saúde.
>
> O direito à saúde não significa apenas o direito de ser são e de se manter são. Não significa apenas o direito a tratamento de saúde para manter-se bem. O direito à saúde engloba o direito à habilitação e à reabilitação, devendo-se entender a saúde como o estado físico e mental que possibilita ao indivíduo ter uma vida normal, integrada socialmente[25].

Como se vê, ainda que com relação a um tema específico, é possível verificar que os direitos fundamentais constituem um sistema de prin-

[23] Ibidem.

[24] WEICHERT, Marlon Alberto. *Saúde e Federação na Constituição Brasileira*. Rio de Janeiro: Lúmen Júris, 2004, p. 122.

[25] ARAUJO, Luiz Alberto David de. A Proteção Constitucional das Pessoas Portadoras de Deficiência. Brasília: Corde. 1994, pp. 53-54.

cípios e regras aberto à interação com o meio e predisposto à proteção do ser humano, em suas diversas dimensões.

O conceito acima desfiado, porém, se ressente de um esclarecimento. Os direitos fundamentais, consubstanciando esta pauta de proteção da dignidade, segundo um horizonte ético socialmente conformado, muito embora, por natureza, generalista e universal, por vezes assumem feições específicas, à luz de clivagens econômicas, naturais ou sociais existentes. Daí se falar em direitos fundamentais da infância e da juventude, das mulheres ou ainda dos trabalhadores.

Nesse sentido, observa Cristina M.M. Queiroz:

> Esses direitos e liberdades têm por pano de fundo a pertença do indivíduo *qua tale* quer a uma categoria geral e abrangente de seres humanos, todos iguais em dignidade, quer a categorias mais restritas que correspondam às clivagens econômicas ou sociais existentes na sociedade[26].

Note-se que, de uma maneira ou de outra, o conceito não resvala em qualquer insubsistência, pois, ainda que direcionados a uma categoria mais restrita (por ex. crianças e adolescentes), o objetivo é a proteção do ser humano em todas as suas dimensões. As peculiaridades assumidas à luz de clivagens naturais, sociais ou econômicas não invalidam o conceito, antes, referendam-no, na medida em que se revela o propósito de proteção por todos os meios e em todos os espaços em que esta se faz necessária.

2. Direitos humanos e direitos fundamentais

Efetivada a conceituação dos direitos fundamentais, cumpre estabelecer a relação conceitual destes com os chamados direitos humanos.

A importância da empreitada não precisa ser ressaltada: protegem o mesmo objeto, nascem com os mesmos propósitos e entre eles parece existir, a *prima facie*, uma relação de derivação.

Note-se, contudo, que o traço diacrítico entre os institutos citados não é tão preciso. Tais direitos, a toda evidência, comungam do mesmo

[26] QUEIROZ, Cristina M. M. Direitos Fundamentais. Coimbra Editora. Portugal/Coimbra, 2002, p. 16.

conteúdo, vale dizer, a proteção do ser humano em todas as suas dimensões. Como, então, diferenciá-los?

Uma forte tendência doutrinária caminha no sentido de adstringir a expressão *direitos fundamentais* à designação daqueles direitos positivados em nível interno, deixando a expressão direitos humanos para a identificação dos direitos constantes das declarações e tratados internacionais, bem como para identificar os direitos que, voltados à proteção da liberdade, da igualdade e da fraternidade, não tenham granjeado incorporação pelo sistema jurídico de um país.

A propósito, Perez Luño diz:

> Los términos 'derechos humanos' y 'derechos fundamentales' son utilizados, muchas veces, como sinônimos. Sin embargo, no han faltado tentativas doctrinales encaminadas a explicar el respectivo alcance de ambas expresiones. Así, se há hecho hincapié em la propensión doctrinal e normativa a reservar el término 'derechos fundamentales' para designar los derechos positivados a nivel interno, em tanto que la formula 'derechos humanos' seria más usual para denominar los derechos naturales positivas en las declaraciones y convenciones internacionales, así como a aquelas exigências básicas relacionadas conla dignidad, libertad e igualdad de la persona que no han alcanzado un estatuto jurídico-positivo[27].

Entendemos, assim, que, embora no conteúdo as expressões se aproximem, traduzindo a mesma realidade, os conceitos se distanciam quando enfocados a partir da função que devem cumprir no sistema.

Os direitos fundamentais, hospedados na ordem interna, asseguram direitos e concorrem para a consagração de um modelo de Estado. Em outras palavras, cumprem função normativa em cada Estado, prescrevendo direitos sindicáveis, inclusive por via judicial.

Os direitos humanos, por sua vez, recuperam a ideia de direitos naturais do ser humano, recebendo assento, de regra, nas declarações e convenções internacionais, forjando a ideia de que a lesão a um direito fundamental do ser humano não é questão que deve ficar adstrita à ordem interna de um país, mas tem importância transnacional.

[27] LUÑO, Antonio Enrique Perez op. cit., p. 44.

Nesse sentido, os direitos humanos remetem a um esforço de criação de um sistema transnacional, supraconstitucional, que tem por escopo policiar e fazer cumprir as normas protetivas da dignidade humana em todos os Estados.

Observe-se, então, que o principal traço diferencial não consiste exatamente nos distintos documentos que os hospedam: a Constituição (direitos fundamentais) ou as declarações e convenções (direitos humanos), mas sim na função que estão predispostos a cumprir.

Com efeito, o mesmo direito pode estar contemplado pela Constituição de um país e por uma declaração internacional, o que, aliás, de regra, acontece. Assim, sob a perspectiva do conteúdo, a distinção entre os direitos humanos e os fundamentais não teria utilidade, pois reconduziriam a uma mesma realidade. Todavia, analisado da perspectiva da função que devem cumprir, a distinção ganha pujança.

Previsto pela ordem interna, consagrará um direito, uma prerrogativa ou uma liberdade, podendo, inclusive, ser judicializado. Hospedado em uma declaração ou em uma convenção internacional, caso se evidencie o desrespeito a seu conteúdo, o Estado cuja Constituição o reconhece poderá ser condenado pelo sistema internacional de proteção dos direitos humanos.

Nessa linha de raciocínio, parece-nos que os direitos humanos cumprem duas funções essenciais:

- função *normogenética*, na medida em que servirão de fundamento para a consagração de direitos fundamentais nas respectivas ordens internas. Terão, em outras palavras, uma função de substanciação dos direitos fundamentais, quer pela incorporação às respectivas constituições, quer pelo reconhecimento, pela ordem interna, dos tratados e convenções de direitos humanos.
- função *translativa*, na medida em que, verificada a insuficiência de um Estado no reconhecimento e na proteção dos direitos essenciais ao ser humano, a questão se desloca da ordem interna para o cenário internacional, por meio dos sistemas internacionais de direitos humanos (conjunto de normas e órgãos internacionais destinados à proteção planetária dos direitos humanos). Destacam-se, nesse cenário, o sistema universal, capitaneado pela ONU, e três sistemas regionais: o interamericano, o europeu e o africano.

2.1. Os tratados internacionais de direitos humanos e a Constituição de 1988

Uma das questões que floresce no campo das especulações quanto à relação conceitual que se estabelece entre os direitos fundamentais e os direitos humanos diz respeito à incorporação à ordem interna dos tratados internacionais de direitos humanos.

A questão não é recente, mas passou a apresentar um renovado colorido a partir do advento da Emenda Constitucional nº 45, a assim chamada Reforma do Poder Judiciário.

A Constituição de 1988, quando de sua promulgação, tratou do tema no art. 5º, § 2º, da Constituição Federal, enunciando que os direitos e garantias nela expressos não excluiriam outros decorrentes do regime e dos princípios por ela adotados, ou, em específico, dos tratados internacionais em que a República Federativa do Brasil seja parte.

A disposição constitucional, a nosso juízo, já possuía densidade normativa suficiente para determinar a incorporação ao direito interno, com patamar de norma constitucional, de todos os tratados internacionais de direitos humanos.

A afirmação, com efeito, tem duplo fundamento.

Em primeiro lugar, os direitos fundamentais, no nosso sistema, têm natureza constitucional, devendo-se realçar que, dentre eles, os direitos e as garantias individuais foram expressamente petrificados pelo art. 60, § 4º, IV, da Constituição da República.

Logo, além de patamar constitucional, estariam preservados, inclusive, diante de eventuais intentos de modificação da Constituição Federal, revelando-se, por este modo, o propósito do constituinte de tornar tais disposições base do Estado Democrático de Direito.

Note-se que tal raciocínio encontra endosso na previsão do art. 1º, inc. III, da Constituição, que preconiza a dignidade da pessoa humana como fundamento de nossa República.

Quer nos parecer, nessa linha de reflexão, que a afirmação de que um direito seja fundamental implica o reconhecimento automático de seu patamar constitucional.

O art. 49, I, da Constituição, prescreve que todo e qualquer tratado internacional depende de aprovação, por decreto legislativo, do

Congresso Nacional. Uma vez assinado o tratado, deve existir a aprovação congressual como pressuposto para a ratificação e a consequente vigência deste.

Assim, a espécie normativa utilizada para a internalização de tratados internacionais é o decreto legislativo que, aprovado por maioria simples, tem patamar subconstitucional.

Todavia, ante a previsão do art. 5º, § 2º, entendíamos que os tratados internacionais de direitos humanos eram recepcionados na ordem interna com *status* constitucional.

O segundo fundamento reside na indicação de que os direitos fundamentais expressos na Constituição não excluem outros decorrentes do regime e dos princípios por ela adotados.

Os tratados internacionais de direitos humanos compartilham o regime jurídico dos direitos fundamentais e suas prescrições, evidentemente, sempre haverão de constituir decorrência do regime e dos princípios adotados pela Constituição.

Assim, incorporados ao direito interno, por mais uma razão, deveriam ser recepcionados com patamar constitucional.

O Supremo Tribunal Federal, versando o tema, acabou por rechaçar o entendimento acima apresentado, afirmando que os tratados, no plano interno, teriam patamar supralegal, ou seja, estariam situados acima da legislação ordinária, mas abaixo da Constituição. A propósito, esse entendimento foi adotado pelo Supremo Tribunal Federal por ocasião do julgamento do Recurso Extraordinário 466.343 de relatoria do Ministro Gilmar Ferreira Mendes.

O tema, porém, deve ser analisado à luz da Emenda Constitucional nº 45, que, neste ponto, acrescentou o § 3º ao art. 5º da Constituição Federal, prescrevendo que "os tratados e convenções internacionais sobre direitos humanos que forem aprovados, em cada Casa do Congresso Nacional, em dois turnos, por três quintos dos respectivos membros, serão equivalentes às emendas constitucionais".

Como se vê, a ordem jurídica brasileira acabou por acomodar duas situações, vale dizer, a de o Congresso Nacional aprovar um tratado internacional de direitos humanos pelo processo legislativo regular do Decreto Legislativo (maioria simples), o que lhe conferiria natureza supralegal, ou de aprová-lo na forma do precitado art. 5º, § 3º (em cada Casa, por três quintos e em dois turnos), o que lhe conferiria *status* constitucional.

3. Direitos fundamentais: delimitação constitucional

Um dos aspectos mais intrincados relacionados ao tema diz respeito à delimitação do campo objetal dos direitos fundamentais.

Em outras palavras, como apontar quais são os direitos fundamentais e com base em quais critérios? Como se verá no item posterior, a afirmação da fundamentalidade de um direito implica um regime jurídico específico, distinto de outros direitos constitucionais, o que, a toda evidência, realça a importância do tema.

Uma análise sistemática da Constituição Federal nos permite inferir a coexistência de dois critérios de delimitação dos direitos fundamentais: um formal e outro material.

O critério formal vem retratado expressamente no Título II da Constituição Federal, "Dos Direitos e Garantias Fundamentais", que abrange cinco capítulos, a saber:

- Capítulo I – Dos Direitos e Deveres Individuais e Coletivos
- Capítulo II – Dos Direitos Sociais
- Capítulo III – Da Nacionalidade
- Capítulo IV – Dos Direitos Políticos
- Capítulo V – Dos Partidos Políticos

Note-se que o constituinte, deixando o tema estreme de dúvidas, optou por identificar um conjunto de direitos ao qual atribuiu formalmente a fundamentalidade, indicando que tais direitos foram incorporados pela Constituição com tal caráter, sob a rubrica do Título II, de nossa Lei Maior.

Todavia, no próprio título citado, houve expressa alusão de que o rol dos direitos ali enumerados não é exaustivo. Logo, a estes podem se integrar outros direitos, desde que tenham a mesma natureza e persigam os mesmos objetivos.

A propósito, a clara indicação do § 2º, do art. 5º, de nossa Constituição, prescrevendo que os "direitos e garantias expressos nesta Constituição não excluem outros decorrentes do regime e dos princípios por ela adotados, ou dos tratados internacionais em que a República Federativa do Brasil seja parte".

Em relação aos tratados internacionais, em especial diante do novel § 3º, do citado dispositivo constitucional, quer nos parecer que exista uma extensão do critério formal, na medida em que os direitos reconhecidos por tais tratados passam a desfrutar, por expressa designação constitucional, do *status* de Emenda Constitucional.

Deve-se proceder, no entanto, a uma investigação desses direitos e garantias "decorrentes do regime e dos princípios" adotados pela Constituição.

Quais seriam? Como identificá-los?

Estamos aqui diante do critério material. A Constituição Federal trouxe um conjunto de direitos denominados de fundamentais, de cuja análise deve o intérprete extrair o seu conteúdo essencial, para, desta forma, entender quais outros direitos que, compartilhando da mesma natureza, devem ficar abrigados sob a mesma rubrica semântica.

Nesse sentido, a Constituição Federal, ao indicar, em seu art. 1º, inc. III, o princípio da dignidade humana como fundamento do Estado brasileiro, buscou, dentre outras coisas, atribuir uma unidade valorativa ao sistema de direitos fundamentais.

Note-se que a noção de dignidade, a nosso ver, deve ter como parâmetro não só o indivíduo enquanto tal, mas também enquanto parte da sociedade em que se integra.

Assim, a dignidade teria um valor intrínseco, associado à noção de preservação da vida e, neste passo, da integridade física e psíquica, e um valor extrínseco, relacionado à inclusão do indivíduo na sociedade.

Com efeito, só é possível falar em vida digna a partir de aspectos ingênitos, como a preservação da incolumidade física e psíquica do indivíduo, bem como a partir da noção de que o indivíduo deve estar integrado à sociedade da qual participa.

Caminhando nesse raciocínio, calha transcrever o seguinte excerto do magistério de Jorge Miranda:

> Quanto fica dito demonstra que a Constituição, a despeito de seu caráter compromissório, confere uma unidade de sentido, de valor e de concordância prática ao sistema de direitos fundamentais. E ela repousa na dignidade da pessoa humana, proclamada no art. 1º, ou seja, na concepção que faz da pessoa fundamento e fim da sociedade e do Estado.
>
> Pelo menos, de modo direto e evidente, os direitos, liberdades e garantias pessoais e os direitos econômicos, sociais e culturais têm a sua

> fonte ética na dignidade da pessoa, de *todas as pessoas*. Mas quase todos os outros direitos, ainda quando projetados em instituições, remontam também a idéia de proteção e desenvolvimento das pessoas. A copiosa extensão do elenco não deve fazer perder de vista esse referencial[28].

Seguindo esse caminho, cumpre investigar quais os valores que foram adensados ao texto constitucional como objeto dos chamados direitos fundamentais.

Os direitos fundamentais pretendem, como dito, a proteção da dignidade humana, entendida à luz de uma análise do indivíduo em si e na sua relação com o meio social.

Note-se que, pelo quanto já exposto, podemos perceber que os direitos fundamentais, de um lado, prendem-se ao objetivo de preservação da liberdade do indivíduo e, de outro, ao objetivo de inseri-lo no contexto social, quer do ponto de vista político, quer do ponto de vista econômico, o que rende ensejo à afirmação de que, como membro da sociedade, o indivíduo tem o direito de partilhar de suas decisões e participar dos resultados dos esforços comuns.

Há de se registrar, nesse caminho, que nossa Constituição, mesmo adotando como fundamento da ordem econômica a livre iniciativa e, como princípio desta, a propriedade privada, não deixou de ressalvar que o objetivo de nosso sistema econômico é propiciar dignidade a todos, segundo os ditames da justiça social, reforçando as ilações ora expostas.

Destarte, quer nos parecer que, analisando o conteúdo dos direitos fundamentais incorporados ao nosso texto constitucional, podemos delimitar que o critério material que deles deflui está consubstanciado em três valores caudatários da dignidade humana: a liberdade, a democracia política e a democracia econômica e social.

Tal entendimento, aliás, afina-se inteiramente à lição de Canotilho e Vital Moreira:

> Se se analisar o objecto dos direitos fundamentais reconhecidos na Constituição, fácil é verificar que eles consubstanciam e servem três valores constitucionais essenciais: a *liberdade*, a *democracia política* e

[28] MIRANDA, Jorge. *Manual de Direito Constitucional*, Tomo IV. Portugal/Coimbra: Coimbra, 1988, p. 167-168.

> a *democracia económica e social.* Servem a primeira principalmente os "direitos, liberdades e garantias pessoais" (arts. 25º e segs.) e os "direitos, liberdades e garantias dos trabalhadores" (53º e segs.); servem a segunda os "direitos, liberdades e garantias dos trabalhadores" (arts. 48º e segs.); servem a terceira sobretudo os "direitos sociais" (arts. 63º e segs.). É essa trilogia que constitui o pressuposto e o critério substancial dos direitos fundamentais, sendo insuficiente e inadequada qualquer concepção reducionista que faça apelo apenas a um daqueles valores[29].

A Constituição Federal, ao reconhecer os direitos de liberdade, de participação política e os chamados direitos sociais, certamente o fez pretendendo consubstanciar os valores acima referidos.

Não fosse essa a linha correta de interpretação, qual o porquê do enunciado do art. 1º de nossa Constituição, no sentido de que a República Federativa do Brasil constitui um Estado Democrático de Direito? Qual o porquê do art. 170, *caput*, de nossa Lei Maior, apontar como objetivo de nossa ordem econômica propiciar dignidade a todos, conforme os ditames da justiça social? Qual o porquê, finalmente, do art. 3º, inc. I, prescrever como objetivo fundamental da República Federativa do Brasil, constituir uma sociedade livre, justa e solidária?

Note-se que o campo objetal dos direitos fundamentais, em harmonia sistêmica com toda a organização constitucional, assume claramente os valores indigitados, que forjam, indiscutivelmente, um critério material, como base no qual se pode identificar como direito fundamental todo e qualquer direito que seja essencial à concretização dos valores em pauta.

É evidente que todos os direitos que, incorporando os valores em questão, tenham assento na Constituição, ainda que fora do Título II, devem entroncar-se à categoria em estudo. Contudo, quer nos parecer, que, mesmo fora da Constituição, podemos encontrar direitos fundamentais, desde que, com base no critério material apontado, assumam caráter essencial na corporificação dos valores enaltecidos.

[29] Canotilho, J. J. Gomes; Moreira, Vital. *Fundamentos da Constituição.* Portugal/Coimbra: Coimbra, 1991, p. 106.

4. Características

Os direitos fundamentais constituem uma categoria jurídica e, nessa medida, apresentam traços comuns, que, demarcando um perfil essencial de todos os direitos que recebem tal adjetivação, enunciam as características básicas de seu regime jurídico.

Vejamos, de maneira articulada, quais são esses traços essenciais:

4.1. A historicidade

Os direitos fundamentais possuem caráter histórico, ou seja, não frutificam de um arroubo legislativo ou de uma ideação teórica ocasional, mas constituem produto da história.

A tônica dos direitos fundamentais é a proteção do ser humano em suas diversas dimensões. Logo, irromperam na história como resposta a agressões de várias espécies.

Cançado Trindade aponta que "os instrumentos de direitos humanos têm se desenvolvido, nos planos normativo e processual, do mesmo modo como *respostas* a violações de direitos humanos de vários tipos"[30].

A ampliação de seu catálogo é caudatária, igualmente, dos níveis de conscientização crescentes e concomitantes à evolução das relações sociais. Em suma, são patamares de alforria que, em processo dialético, a sociedade vem incorporando, donde a irrenunciável conclusão do caráter histórico desses direitos.

Não há consenso doutrinário quanto à origem dos direitos fundamentais.

Parece-nos, contudo, que a ideia de direitos fundamentais só pode ser identificada historicamente a partir de cogitações de direitos do ser humano, enquanto gênero, portanto, não podem atinar exclusivamente a um grupo, categoria ou classe de pessoas.

Seguindo tal direção, partilhamos do entendimento de que a noção de direitos fundamentais surgiu com o cristianismo, que, apontando o homem como um ser criado à imagem e semelhança de Deus,

[30] Cançado Trindade, Antonio Augusto. Direitos Humanos e Meio Ambiente. Paralelo dos Sistemas de Proteção Internacional. Porto Alegre: Sérgio Antonio Fabris Editor. 1993, pp. 40-41.

atribuiu-lhe um novo patamar de dignidade, lançando as bases do conceito em análise[31].

Ao longo da Idade Média, algumas poucas manifestações retomaram a importância dos direitos que recuperavam a idéia de uma dignidade inata ao ser humano, chamando a atenção, especialmente, o pensamento de São Tomás de Aquino a respeito dos "princípios fundamentais de justiça, de direito natural, da igualdade dos seres humanos e dos povos"[32].

O alvorecer dos direitos fundamentais teve seu verdadeiro alicerce, no entanto, nas chamadas declarações de direitos humanos, como a Magna Carta *Libertatum*, o *Bill of Rights*, a Declaração de Direitos do Bom Povo de Virgínia e a Declaração de Direitos do Homem e do Cidadão, de 1789, na França. Esta, sem dúvida, a de maior significado.

Segundo Paulo Bonavides:

> Constatou-se então com irrecusável veracidade que as declarações antecedentes de ingleses e americanos podiam talvez ganhar em concretude, mas perdiam em espaço de abrangência, porquanto se dirigiam a uma camada social privilegiada (os barões feudais), quando muito a um povo ou a uma sociedade que se libertava politicamente, conforme era o caso das antigas colônias americanas, ao passo que a declaração francesa de 1789 tinha por destinatário o gênero humano[33].

Após a declaração francesa, os enunciados humanísticos passaram a ser incorporados pelas diversas constituições, indicando que tais direitos, agora predicados de fundamentais[34], estariam protegidos pelos ordenamentos jurídicos dos respectivos estados[35].

[31] Miranda, Jorge. Op. cit., p. 17.

[32] Josaphat, Carlos. Prefácio à Tradução Brasileira. *Suma Teológica I*. São Tomás de Aquino. São Paulo: Loyola, p. 16.

[33] Bonavides, Paulo. *Curso de Direito Constitucional*. São Paulo: Malheiros, 2002, pág. 516.

[34] José Carlos de Andrade Vieira aponta que os direitos fundamentais só podem assim ser considerados na medida em que são reconhecidos nas constituições respectivas (*In Os Direitos Fundamentais na Constituição Portuguesa de 1976*. Coimbra: Almedina, 1987, pp. 20 e ss).

[35] Paulo Biscaretti Di Rufia aponta a Constituição belga de 1831 (Título II, arts. 4-24) como a primeira a recepcionar expressamente direitos fundamentais (*In Direito Constitucional*. Tradução de Maria Helena Diniz. São Paulo: Revista dos Tribunais, 1980, p. 519).

Não propriamente como um epílogo, já que diversas outras declarações a sucederam[36], mas como uma espécie de apogeu, sobreveio a Declaração Universal de Direitos do Homem da ONU, em 1948, que, pautando um novo horizonte ético, em um período de reconstrução de um mundo que ressurgia da Segunda Grande Guerra e dos horrores do Holocausto, trouxe uma pletora de enunciados humanísticos até então não consagrados por nenhuma outra declaração do gênero.

4.2. A universalidade

Os direitos fundamentais são universais, ou seja, destinados ao ser humano enquanto gênero, portanto, não podem ficar restritos a um grupo, categoria ou classe de pessoas.

Resgatando a dignidade ingênita de todo ser humano, a ideia de direitos fundamentais carrega subjacente a noção de que o ser humano deve ser protegido em todas as suas dimensões. Assim, não obstante vislumbre-se a necessidade de direitos fundamentais, orientados por clivagens específicas (infância, mulheres, trabalhadores etc.), constituiria uma autêntica contradição se pensar em direitos desta natureza que não fossem destinados a todos os que se encontram na mesma situação.

Esclarecedora, neste ponto, a lição de Paulo Bonavides:

> A vinculação essencial dos direitos fundamentais à liberdade e à dignidade humana, enquanto valores históricos e filosóficos, nos conduzirá sem óbices ao significado de universalidade inerente a esses direitos como ideal da pessoa humana[37].

São direitos que, ao mesmo tempo, nascem e resgatam a noção de dignidade inerente a qualquer ser humano.

4.3. A autogenerativìdade

Os diversos aspectos já ressaltados, em especial o caráter histórico dos direitos fundamentais e sua relação com os chamados direitos humanos, deixam claro que os direitos fundamentais contribuem para o desen-

[36] Pacto Internacional dos Direitos Civis e Políticos, Pacto Internacional dos Direitos Econômicos, Sociais e Culturais e a Convenção sobre os Direitos da Criança.

[37] BONAVIDES, Paulo. *Curso de Direito Constitucional.* 9. ed. São Paulo: Malheiros, 2002. p. 516.

volvimento de uma supraconstitucionalidade autogenerativa, que, nas palavras de Canotilho, "embora não constitua uma 'ordem de valores' ou uma 'ordem natural' suprajurídica, transporta, pelo menos, uma *reserva de juridicidade e de justiça* – relativa, contingente, histórica, não arbitrária – que o poder constituinte deve mediar e densificar de forma a tornar a própria constituição uma reserva de justiça".

Nesse sentido, os direitos fundamentais, de um lado, assim o são por se consubstanciarem em normas constitucionais, mas, por outro, constituem também o alicerce de legitimação da própria ordem constitucional.

Assim sendo, a sua incorporação e proteção pelo direito constitucional positivo não faz desaparecer o momento anterior – de *jusnaturalização*, de *divinalização* ou, de modo geral, de uma concepção de justiça desenraizada da idéia de Estados soberanos ou de ordens jurídicas específicas.

4.4. A irrenunciabilidade

Os direitos fundamentais são irrenunciáveis. Tal afirmação, de fato, decorre do sistema no qual tais direitos se integram. Refletindo sobre a proteção do ser humano, sobre densificação do princípio da dignidade humana, é incogitável que tais direitos não sejam vistos como inatos aos seres humanos e, dessa maneira, irrenunciáveis.

Com efeito, a possibilidade de renúncia negaria a *ratio essendi*, a natureza, de tais direitos.

A título de exemplo, podemos vislumbrar o período de colonização da América do Norte, no qual eram comuns os "contratos de escravidão". Colonos ingleses, desejosos de uma nova vida na América, contratavam, por prazo determinado, sua escravidão.

Partindo-se da premissa de que os direitos fundamentais nasceram e se expandiram para a proteção do ser humano, pensado como ser dignitário de direitos mínimos, a aceitação da renúncia dos mesmos consistiria em negação da sua fundamentalidade e, por via de conseqüência, na sua desconstituição enquanto categoria jurídica.

4.5. A limitabilidade

Os direitos fundamentais, muito embora, por natureza, devam sempre ser maximizados, interpretados ampliativamente, não são absolutos, e sim limitáveis. Isso se dá, a toda evidência, em virtude da possibilidade de ocorrência do fenômeno da colisão de direitos.

É de se vislumbrar, com efeito, que, no plano concreto, dois direitos exercidos por titulares distintos venham a se chocar, colidir. Note-se que, neste momento, estaremos contemplando o choque de posições subjetivas, em que ambas tem assento na Constituição. Não há que se apontar, neste caso, a prevalência de um direito fundamental sobre outro. Nem tampouco que outro direito, ainda que não fundamental, mas de patamar constitucional, deva ser anulado, rejeitando-se uma eficácia mínima à norma que o protege.

Desse modo, os direitos envolvidos na colisão vão reciprocamente se impor limites, para que ambos subsistam aplicáveis e efetivos na situação concreta.

Vale transcrever, neste passo, o seguinte excerto do trabalho de Edilsom Pereira de Farias:

> Os direitos fundamentais são direitos heterogêneos, como evidencia a tipologia enunciada. Por outro lado, o conteúdo dos direitos fundamentais é, muitas vezes, aberto e variável, apenas revelado no caso concreto e nas relações dos direitos entre si ou nas relações destes com outros valores constitucionais (ou seja, posições subjetivas fundamentais *prima facie*). Resulta, então, o que é freqüente, na prática, o choque de direitos fundamentais ou o choque destes com outros bens jurídicos protegidos constitucionalmente. Tal fenômeno é o que a doutrina tecnicamente designa por colisões de direitos fundamentais[38].

Ao nosso entender, o fenômeno descrito deve antepor dois direitos que igualmente tenham assento na Constituição, pois, caso contrário, estaríamos diante de regras de hierarquia que apontaria a prevalência de um direito sobre outro, gerando a inconstitucionalidade ou a revogação hierárquica do direito que estivesse alicerçado na disposição infra-ordenada.

Todavia, entendemos que a colisão entre dois direitos fundamentais deve ser equacionada de uma maneira distinta daquela que antepõe um direito fundamental a outro valor constitucional.

[38] Farias, Edilsom Pereira de. Colisão de Direitos. Sergio Antonio Fabris Editor. Porto Alegre, 1996, p. 93.

Como já mencionado anteriormente, os direitos fundamentais, por sua apontada natureza, devem sempre ser maximizados. Em outras palavras, o operador do direito deve sempre buscar a máxima efetividade dos direitos fundamentais.

A propósito do princípio da máxima efetividade, vale citar a preleção de J.J. G. Canotilho:

> Este princípio, também designado por *princípio da eficiência* ou princípio da interpretação efetiva, pode ser formulado da seguinte maneira: a uma norma constitucional deve ser atribuído o sentido que maior eficácia lhe dê. É um princípio operativo em relação a todas e quaisquer normas constitucionais, e embora sua origem esteja ligada à tese da atualidade das normas programáticas (Thoma), é hoje sobretudo invocado no âmbito dos direitos fundamentais (no caso de dúvidas deve preferir-se a interpretação que reconheça maior eficácia aos direitos fundamentais)[39].

Por conseguinte, muito embora não exista propriamente hierarquia entre as normas constitucionais definidoras de direitos fundamentais e as que consagram outros valores constitucionais, a colisão deve ser equacionada de duas formas distintas: 1) se houver colisão entre dois direitos fundamentais, o intérprete deve, aplicando o princípio da cedência recíproca, buscar um ponto de convivência dos dois direitos, sem que um anule outro e sem que um seja ampliado e outro diminuído; 2) caso haja colisão entre um direito fundamental e um direito consagrador de outro valor constitucional, deve o intérprete ampliar o direito fundamental e restringir o direito constitucional não fundamental.

Versando o tema, Canotilho e Vital Moreira ensinam:

> No fundo, a problemática da restrição dos direitos fundamentais supõe sempre um conflito positivo de normas constitucionais, a saber, entre uma norma consagradora de certo direito fundamental e outra norma consagradora de outro direito ou de diferente interesse constitucional. A regra de solução do conflito é a da máxima observância dos direitos

[39] CANOTILHO, José Joaquim Gomes. *Direito Constitucional*, op. cit., p. 233.

> fundamentais envolvidos e da sua mínima restrição compatível com a salvaguarda adequada de outro direito fundamental ou outro interesse constitucional em causa[40].

Deve-se, nesse sentido, em harmonia com entendimento citado, alvitrar duas possibilidades interpretativas: uma de cedência recíproca, quando nos depararmos com a colisão entre dois direitos fundamentais; e outra de maximização dos direitos fundamentais, quando detectada uma colisão destes com o direito constitucional de natureza distinta.

4.6. A possibilidade de concorrência

Um último aspecto, que não pode ser esquecido, é a possibilidade de concorrência dos direitos fundamentais. Aqui não se faz referência à interdependência entre tais direitos, mas sim à possibilidade de que um único titular, em um só momento, acumule o exercício de mais de um direito fundamental.

A título de figuração, contemple-se a ideia de uma passeata. Aqueles que a integram estão, a um só tempo, exercendo o direito de reunião (itinerante) e de manifestação do pensamento.

Da mesma maneira, o "âncora" de um telejornal, em um mesmo momento, emite uma informação, descrevendo um acontecimento, e formula uma crítica, emitindo uma opinião.

O reconhecimento de tal característica é importante para que o intérprete possa, em uma situação concreta, verificar o conteúdo e o alcance da proteção constitucional.

5. A evolução

Ao falarmos de direitos fundamentais, devemos saber que o seu já decalcado caráter histórico faz notar que tais direitos não nasceram de um momento para outro, mas foram gerados ao longo de um cenário histórico, segundo contextos sociais específicos.

Apontando a estreita conexão entre as mudanças sociais e o florescimento de novos direitos, Norberto Bobbio indica que o nascimento de um direito deve ser visto, antes de mais, como um fenômeno da vida em

[40] Canotilho, J.J. G.; Moreira, Vital. Op. cit., p. 134.

sociedade[41]. As mudanças nas relações sociais oferecem novos paradigmas que, por sua vez, ensejam novos direitos. Foram suas palavras:

> Essa multiplicação (ia dizendo "proliferação") ocorreu de três modos: a) porque aumentou a quantidade de bens considerados merecedores de tutela; b) porque foi estendida a titularidade de alguns direitos típicos a sujeitos diversos do homem; c) porque o próprio homem não é mais considerado como ente genérico, ou homem em abstrato, mas é visto na especificidade ou na concreticidade de suas diversas maneiras de ser em sociedade, como criança, velho, doente etc. Em substância: mais bens, mais sujeitos, mais *status* do indivíduo[42].

Com base nessa linha de raciocínio, os seres humanos foram alcançando, ao longo da história, patamares de alforria que foram se acumulando à luz de um propósito comum, vale dizer, a densificação do princípio da dignidade humana.

Contemplando o ser humano a partir de perspectivas diferentes, tais direitos, embora acumulados e interdependentes no objetivo comum de densificação do princípio da dignidade humana, foram reconhecidos em momentos históricos diferentes, respondendo, portanto, a demandas oriundas de contextos sociais determinados.

Mais uma vez vem a prelo, neste ponto, a lição de Norberto Bobbio:

> Com relação ao primeiro processo, ocorreu a passagem dos direitos de liberdade – das chamadas liberdades negativas, de religião, de opinião, de imprensa, etc. – para os direitos políticos e sociais, que requerem uma intervenção direta do Estado. Com relação ao segundo, ocorreu a passagem da consideração do indivíduo *uti singulus*, que foi o primeiro sujeito ao qual se atribuíram direitos naturais (ou morais) – em outras palavras, da "pessoa" – para sujeitos diferentes do indivíduo, como a família, as minorias étnicas e religiosas, toda a humanidade em seu conjunto [...][43].

[41] Bobbio, Norberto. *A Era dos Direitos*. Tradução de Carlos Nelson Coutinho. Rio de Janeiro: Campus, 1992, p. 68.

[42] Ibidem.

[43] Idem, p. 69.

A exposição em pauta flagra a evolução dos direitos do homem, conjugando-os aos momentos históricos em que foram reconhecidos.

Por isso convencionou-se afirmar que os direitos fundamentais seriam desdobrados em gerações (ou dimensões[44]), de regra três, cada uma delas atrelada ao contexto histórico social em que foram reconhecidas.

André Ramos Tavares, versando o tema, reforça esse entendimento:

> A existência de várias dimensões é perfeitamente compreensível, já que decorrem da própria natureza humana: as necessidades do homem são infinitas, inesgotáveis, o que explica estarem em constante redefinição e recriação, o que, por sua vez, determina o surgimento de novas espécies de necessidades do ser humano. Daí falar-se em diversas dimensões de projeção da tutela do Homem, o que só vem corroborar a tese de que não um rol eterno e imutável de direitos inerentes à qualidade do ser humano, mas sim, ao contrário, apenas um permanente e incessante repensar dos direitos[45].

Vejamos, então, as gerações ou dimensões dos direitos fundamentais.

5.1. Direitos fundamentais de primeira geração

Os primeiros direitos fundamentais reconhecidos e proclamados, quer por declarações universais, quer no âmbito interno de cada Estado, foram os individuais e os direitos políticos.

O florescimento de tal pletora de direitos guarda estreita correlação histórica com o fim das monarquias absolutas.

De fato, respondendo aos desmandos inerentes a tal regime político, o pensamento humanista sufragou a necessidade de que o Estado, a partir de então submisso a uma Constituição, arrolasse direitos que o indivíduo pudesse opor contra o próprio Estado, na perspectiva de proteção da sua liberdade.

Desse modo, é importante registrar que a denominação *direitos individuais* pretende claramente traduzir a ideia de direitos do indivíduo

[44] Cf. Tavares, André Ramos. Curso de Direito Constitucional. São Paulo: Saraiva, 2002, p. 357.
[45] Ibidem.

em face do Estado. Corresponde, em outras palavras, à afirmação de um dever de abstenção do Estado ante o âmbito de projeção das liberdades individuais.

Assim, o termo *direitos individuais*, que tem clara e incontrastável conotação material, não pode ser confundido com a forma individual de tutela jurisdicional. Dado que qualquer direito, a depender dos interesses que desafie nas circunstâncias concretas, pode ser tutelado tanto de forma individual como de forma metaindividual.

Falamos, deste modo, em direitos como a liberdade de locomoção, a inviolabilidade do domicílio, a liberdade de manifestação do pensamento etc.

Desse teor, cabe citar a lição de Paulo Bonavides:

> Os direitos da primeira geração ou direitos da liberdade têm por titular o indivíduo, são oponíveis ao Estado, traduzem-se como faculdades ou atributos da pessoa e ostentam uma subjetividade que é seu traço mais característico; enfim, são direitos de resistência ou de oposição perante o Estado[46].

Há de se constatar ainda que nesse mesmo momento histórico, de desconstrução das monarquias absolutas, afirmou-se as ideias do bem público como pertencente à coletividade e da necessária intervenção do povo no governo.

Tal relação mereceu adequada explanação na pena de Carlos S. Fayt, *in verbis*:

> *El Estado tiene por fundamento el supuesto de la dominación legal, de caráter racional, basada em la creencia en la legalidad de ordenamientos impersonales e objetivos. La actividad de gobernados y gobernantes se encuentra subordinada al Derecho. Em el Estado se obedece al derecho, no a las personas. Los que mandan lo hacen em tanto obedecen al orden impersonal em que fundan sus decisiones, y los que obedecen lo hacen em tanto mandan a través de esse mismo orden legal em cuya formulación participaron*[47].

[46] BONAVIDES, Paulo. Op.cit., p. 517.

[47] FAYT, Carlos S. *Derecho Politico*. Tomo II. Buenos Aires: Depalma, 1998, p. 154.

Plasmados à noção de Estado de Direito, os direitos fundamentais de primeira geração, enfatizamos, se consubstanciam nos direitos individuais e políticos.

5.2. Direitos fundamentais de segunda geração

Os direitos fundamentais de segunda geração podem ser traduzidos como aqueles que, na órbita de proteção do ser humano, irradiam a noção de igualdade.

Sua feição deita raízes no objetivo de conceder alforrias sociais ao ser humano, preservando-o das vicissitudes do modelo econômico e da segregação social.

Devido a isso, aponta-se que, nesta seara, a expectativa que se tem da conduta estatal obedece a parâmetros distintos. Ao invés de abstenção, espera-se prestação.

Cogitando desta segunda geração de direitos, falamos dos chamados direitos sociais, econômicos e culturais, tendentes, como apontado, a resgatar a noção de igualdade entre os seres humanos.

A propósito do tema, vale transcrever o seguinte excerto do preâmbulo do Pacto Internacional dos Direitos Econômicos, Sociais e Culturais:

> Considerando que, em conformidade com os princípios proclamados na Carta das Nações Unidas, o reconhecimento da dignidade inerente a todos os membros da família humana e dos seus direitos iguais e inalienáveis constitui o fundamento da liberdade, da justiça e da paz no mundo.
>
> Reconhecendo que esses direitos decorrem da dignidade inerente à pessoa humana.
>
> Reconhecendo que, em conformidade com a Declaração universal dos Direitos Humanos, o ideal do ser humano livre, liberto do temor e da miséria, não pode ser realizado a menos que se criem condições que permitam a cada um gozar de seus direitos econômicos, sociais e culturais, assim como de seus direitos civis políticos.

É possível notar que o trecho transcrito não deixa dúvida quanto ao propósito dos direitos em estudo, no sentido de que o Estado deva assumir um papel de promotor da igualdade, mediante o reconhecimento e a proteção de direitos sociais, econômicos e culturais.

Tais direitos remetem ao início do século XX, em que a questão da dignidade material do ser humana ficou à mostra por uma série de ocorrências históricas. Dentre muitas, podemos citar a revolução socialista na União Soviética, a quebra da bolsa de valores nos Estados Unidos da América em 1929 e o pródigo reconhecimento de direitos sociais pela Constituição de Weimar, na Alemanha.

Vale sublinhar, nesse sentido, que os direitos fundamentais de segunda geração, embora, no que tange ao seu reconhecimento, reenviem a um momento histórico distinto, não podem ser analisados em desconexão com os demais.

O preâmbulo do pacto internacional acima referido deixa clara a interdependência entre os direitos indigitados, pois só o ser humano "liberto do temor e da miséria" é que pode usufruir das liberdades e demais direitos fundamentais.

5.3. Direitos fundamentais de terceira geração

Depois da Segunda Grande Guerra e dos horrores do Holocausto, a perspectiva de reconstrução dos direitos do homem veio adornado de um elemento novo, a saber, a noção de solidariedade entre os povos.

Com efeito, os chamados direitos fundamentais de terceira geração não têm por objetivo propriamente a preservação das liberdades individuais ou do ser humano como ser social, mas sim do ser humano como parte da humanidade.

Logo, não atina a um grupo específico ou a um Estado determinado, mas à humanidade, como valor ético maior a permear a relação entre os Estados e os povos.

Na espécie, cogitamos de temas como o direito à paz no mundo, o direito ao desenvolvimento por parte de países subdesenvolvidos e o direito à preservação do patrimônio comum da humanidade.

CAPÍTULO 2
DIREITOS SOCIAIS

1. Origem histórica

A ideia de direitos sociais remete aos primórdios do capitalismo industrial. Neste período histórico, preconizavam-se relações econômico-sociais libertas de amarras jurídicas, com o mercado produzindo os insumos básicos para sua autorregulação. Os institutos jurídicos gerais, em especial a propriedade privada e a autonomia da vontade, aplicados à seara das relações econômicas, eram os únicos balizamentos para as relações então entabuladas.

O chamado liberalismo original implicava, portanto, uma *fuga* do direito. O direito de propriedade era evocado para alicerçar o domínio do capitalista em relação aos chamados meios de produção. Tal instituto era, por sua vez, integrado pela autonomia da vontade, que conferia a todos a liberdade para contratar e, uma vez celebrado o pacto, o dever de submissão à avença realizada. Este, com efeito, o modelo balizador de relações comerciais, trabalhistas, de consumo etc.

Concebia-se a economia capitalista como uma ordem natural, cujos impulsos espontâneos engendravam automaticamente as relações nela inseridas.

Desse teor, a preleção de Vital Moreira:

> *A revolução burguesa, ao extinguir os direitos e privilégios feudais, ao estoirar a arquitectura corporativa medieval e a estrutura proteccionista do mercantilismo,*

pretende substituir a ordem jurídica, artificial, da economia por uma ordem natural, automática, ajurídica[48].

Perceptível, neste ponto, que as relações econômicas então estabelecidas carregavam um anacronismo congênito, na medida em que a garantia absoluta da liberdade gerava, como contraponto, a submissão dos economicamente vulneráveis aos desígnios dos detentores do poder econômico.

A partir dessa perspectiva é que se pode entender a conclusão, ditada pelo emergir de novas formas históricas, de que a garantia da liberdade de maneira absoluta, em algumas situações, engendrava mecanismos que frequentemente acabavam, como em um processo de tensão dialética, negando sua própria existência.

Aflorou, com irrecusável clareza, a insuficiência e a incapacidade do chamado Estado absenteísta para garantir a convivência livre e harmoniosa entre os seus súditos.

Interagindo com um modelo econômico, cujo ideário preconiza tratamento igualitário a seres economicamente desiguais, o liberalismo clássico acabou por revelar uma realidade tirânica e cruel em relação à classe operária que se formava nos centros industriais da Europa de então.

A situação retratada encontra perfeita descrição nas palavras de Fábio Konder Comparato:

Na França, o descontentamento do operariado urbano com os excessos capitalistas do reinado de Luís Felipe de Orléans, instalado no trono desde 1830, foi singularmente reforçado pelo agravamento da fome no campo, em consequência da desastrosa colheita de 1846-47.

A revolta popular de Paris, irrompida em 23 de fevereiro de 1848, visou claramente não só à derrubada do rei, mas à reinstauração da república, nos moldes do espírito revolucionário de 1792-93. Instalado um governo provisório, do qual participava o operário Albert – fato altamente simbólico, que não se viu em nenhum momento da grande revolução do final do século XVIII – decidiu-se convocar de imediato uma assembléia constituinte[49].

[48] MOREIRA, Vital. *A Ordem Jurídica do Capitalismo*, Portugal/ Coimbra: Centelho, 1994, p. 75.
[49] COMPARATO, Fábio Konder. São Paulo: Saraiva, 1999, p. 147.

O surgimento dos direitos sociais, como se vê, está atrelado, de um lado, ao capitalismo industrial embrionário, que, organizado com base em uma economia de mercado liberta de amarras jurídicas, produziu relações trabalhistas tirânicas, marcadas por um intenso processo de violação à dignidade do operariado; e, de outro, pelos movimentos de resistência e de afirmação de direitos, que se contrapuseram ao quadro de opressão configurado.

Realmente, a concentração operária, a situação de submissão a que estavam sujeitos e a ausência de cláusulas legais que impedissem arbitrariedades patronais acabaram por ensejar fortes movimentos de resistência que culminaram no reconhecimento dos direitos sociais.

Como se vê, os direitos sociais nasceram de uma aspiração de alforria da classe operária, em um cenário marcado por abusos nas relações constituídas sobre as duas pilastras que sustentavam a ordem jurídica de então: a propriedade privada e a autonomia da vontade.

O primeiro documento histórico, com maior significação no campo dos direitos sociais, foi a Constituição Francesa de 1848.

Editada no torvelinho de conflitos intensos entre capitalistas e operários, embora não tivesse ainda o condão de conceber o Estado francês como um Estado Social, trouxe a previsão de direitos sociais, especialmente em seu art. 13, redigido da seguinte forma:

> *art. 13. A Constituição garante aos cidadãos a liberdade de trabalho e de indústria. A sociedade favorece e encoraja o desenvolvimento do trabalho, pelo ensino primário gratuito profissional, a igualdade nas relações entre o patrão e o operário, as instituições de previdência e de crédito, as instituições agrícolas, as associações voluntárias e o estabelecimento, pelo Estado, os Departamentos e os Municípios, de obras públicas capazes de empregar os braços desocupados; ela fornece assistência às crianças abandonadas, aos doentes e idosos sem recurso e que não podem ser socorridos por suas famílias.*

Como bem observa Fábio Konder Comparato, "malgrado a falta de firmeza das fórmulas empregadas, não se pode deixar de assinalar que a instituição dos deveres sociais do Estado para com a classe trabalhadora e os necessitados em geral, estabelecida nesse mesmo art. 13, aponta para a criação do que viria a ser Estado do Bem-Estar Social, no século XX"[50] [51]. Já no século XX, inaugurando o modelo do bem-estar social, foi promulgada a Constituição mexicana de 1917.

A Carta mexicana, refletindo esse ideário de bem-estar social, promoveu a constitucionalização dos direitos de proteção do trabalho. Nela, houve minudente tratamento do tema, revelando, portanto, a preocupação dos movimentos sociais com a limitação do poder econômico nas relações de trabalho. Nesse sentido, Airton Pereira Pinto pondera que a "análise dos direitos constitucionais dos trabalhadores grafados na Carta Política de 1988, quando retornaremos a esta idéia, demonstrando que os direitos humanos dos trabalhadores ainda se assemelham nas duas Constituições, apesar de passado o tempo de quase um século"[52]. A evolução dos direitos sociais foi sucessivamente marcada pela Constituição de Weimar de 1919, que, a seu modo, consubstanciou significativos avanços no campo dos direitos fundamentais, que serviram de inspiração para diversas Constituições posteriores. Sem esquecer que a Constituição de 1919 foi a instituidora da república na Alemanha, no campo dos direitos sociais, embora não tenha tido a minudência na discriminação de direitos trabalhistas como sua antecessora mexicana, teve a fortuna de veicular um rol muito mais amplo de direitos sociais.Com efeito, a Constituição de Weimar deu especial destaque ao direito à educação, prescrevendo o direito ao ensino básico por meio de escolas públicas, bem como determinando que escolas privadas só poderiam funcionar mediante autorização do Poder Público.

Neste ponto, a observação de Carlos Roberto Jamil Cury:

> A primeira constatação é o elevado número de artigos (nove) no capítulo referente à educação. E mais: eles são analíticos, com uma intensidade de redação, por vezes minuciosa. A educação escolar goza da garantia constitucional. A seguir, pode-se assinalar quatro grandes idéias que dominam o conjunto destes artigos. Primeira: investir em educação é apostar no presente e no futuro do Reich uma vez que ela é considerada peça estratégica no soerguimento da nação. Daí o deta-

[50] Idem, p. 149.

[51] Cf. PEREIRA PINTO, Airton. *Direito do Trabalho, Direitos Humanos Sociais e a Constituição Federal*, São Paulo:LTR, 2006, p. 64-65; MEIRA ROSA, Elianne M. *Constitucionalismo Social no Mercosul*. São Paulo: Themis, 2002, p. 5.

[52] PEREIRA PINTO, Airton. Op. cit., p. 70.

> lhismo na própria Constituição. Segunda: busca-se uma democratização da educação escolar, via sistema nacional, que contemple a escola primária única, gratuita e obrigatória para todas as classes sociais e para todos os cidadãos alemães sem quaisquer discriminações. Terceira: a busca de um acordo mínimo em torno da questão do ensino religioso, penosamente obtido. Criou-se, pois, uma multiplicidade institucional de escolas públicas: umas com regime laico, outras com regime confessional e outras com regime interconfessional. Finalmente, tem-se a presença forte do Estado no sentido de ser ele o titular da educação escolar. Só ele tem a capacidade jurídica de inspecionar estabelecimentos, de autorizar a abertura de escolas privadas, de restringir a amplitude da liberdade de ensino e de interferir na educação religiosa[53].

Ademais, a lei fundamental alemã inovou ao contemplar a questão do direito à saúde e à previdência, prescrevendo, em seu art. 161, a criação de um sistema nacional de seguro predisposto exatamente ao cumprimento de tais fins. Seguindo esse caminho, houve ainda previsão da função social da propriedade, prescrevendo, na parte final de seu art. 153, que "a propriedade obriga. Seu uso há de constituir ao mesmo tempo um serviço para o bem geral".

É perceptível que a Constituição de Weimar, adotando um claro perfil social democrático, apresentou um caráter autenticamente transformador. Por isso sua grande influência em diversas constituições contemporâneas.

> Há de se agregar, finalmente, que essa preocupação humanística com os direitos sociais ainda apresentou um forte sentido universalista, uma vez que seu art. 162 indicou expressamente a busca do reconhecimento dos direitos sociais também no patamar internacional, dispondo: *O Estado lutará pela obtenção de uma regulamentação internacional das relações jurídicas de trabalho, com o objetivo de assegurar a toda humanidade um mínimo geral de direitos sociais.*

Com o fim da Segunda Guerra Mundial, o ocaso provocado pelo Holocausto e pelos instrumentos de destruição em massa deu lugar ao

[53] Cury, Carlos Roberto Jamil. "A Educação na Constituição de Weimar", *in* http://www.educacaoonline.pro.br, disponível em 7/11/2006.

ressurgimento de uma perspectiva ética nas relações humanos, baseada na revigoração dos direitos humanos.

Foi nesse contexto que a Declaração Universal dos Direitos Humanos foi adotada e proclamada pela resolução 217 A (III) da Assembleia Geral das Nações Unidas em 10 de dezembro de 1948.

Pautada pelos três princípios cardeais, que já haviam orientado a Revolução Francesa – vale dizer, a liberdade, a igualdade e a fraternidade –, a Declaração, logo no preâmbulo, se adiantou em esclarecer que uma de suas preocupações específicas com os direitos humanos era o de colocar o homem *a salvo da necessidade*, bem como *promover o progresso social e melhores condições de vida*.

Assim, após a fragmentação do mundo, gerada pela Segunda Guerra Mundial, surge uma pauta de princípios éticos norteadores das relações internacionais que alça os direitos humanos a uma nova dimensão.

Em primeiro lugar, por afirmar a universalidade e a interdependência desses direitos. Em segundo lugar, por indicar, seguindo esse caminho, que a lesão a um direito humano consiste num fato tão grave que extrapola os limites da soberania de cada país.

A universalidade fica claramente demarcada ante a constatação de que a pauta de princípios nela contida se estende a toda "família humana", cujos membros, independentemente de raça, credo, origem ou classe social, são reconhecidos como dignitários de direitos inerentes a sua condição.

A interdependência deflui do reconhecimento de que os direitos de liberdade e os direitos sociais, econômicos e culturais se apresentam em relação de mútua dependência. São incindíveis, quer dizer, liberdade e igualdade são dimensões de proteção da dignidade humana que se implicam[54].

Além disso, a Declaração de 1948 buscou um amplo reconhecimento dos direitos sociais[55], transformando-se, neste ponto, em um relevante

[54] A propósito, a manifestação de Stephen Holmes e Cass R. Sunstein em *The Cost of Rights – Why Liberty Depends on Taxes* (New York: W. W. Norton & Company, 1999) aponta que tanto os direitos de liberdade quanto os direitos sociais são direitos positivos que reclamam proteção do Estado ("The financing of basic rights through tax revenues helps us see clearly that rights are public goods: taxpayer-funded and government-managed social services designed to improve collective and individual well-being. All rights are positive rights").

[55] Artigo XXII. Toda pessoa, como membro da sociedade, tem direito à segurança social e à realização, pelo esforço nacional, pela cooperação internacional e, de acordo com a

marco histórico, na medida em que consolida a noção de direitos sociais como direitos intrínsecos à natureza humana, apontados, portanto, como de observância necessária por todos os Estados do mundo.

Pode-se afirmar, nesse sentido, que esse conteúdo fortemente impregnado de direitos sociais da Declaração de 1948 deu lugar, em 1966, ao Pacto Internacional sobre Direitos Sociais, Econômicos e Culturais, que constitui uma espécie de desdobramento, de complementação, dos princípios antes adotados por aquela.

O Pacto de 1966 ratificou a ideia de unidade e interdependência dos direitos de liberdade e dos direitos sociais, o que foi expressamente reconhecido em seu preâmbulo:

organização e recursos de cada Estado, dos direitos econômicos, sociais e culturais indispensáveis à sua dignidade e ao livre desenvolvimento da sua personalidade. Artigo XXIII. 1. Toda pessoa tem direito ao trabalho, à livre escolha de emprego, a condições justas e favoráveis de trabalho e à proteção contra o desemprego. 2. Toda pessoa, sem qualquer distinção, tem direito a igual remuneração por igual trabalho. 3. Toda pessoa que trabalhe tem direito a uma remuneração justa e satisfatória, que lhe assegure, assim como à sua família, uma existência compatível com a dignidade humana, e a que se acrescentarão, se necessário, outros meios de proteção social. 4. Toda pessoa tem direito a organizar sindicatos e neles ingressar para proteção de seus interesses. Artigo XXIV. Toda pessoa tem direito a repouso e lazer, inclusive a limitação razoável das horas de trabalho e férias periódicas remuneradas. Artigo XXV. 1. Toda pessoa tem direito a um padrão de vida capaz de assegurar a si e a sua família saúde e bem *A Afirmação Histórica dos Direitos Humanos* – estar, inclusive alimentação, vestuário, habitação, cuidados médicos e os serviços sociais indispensáveis, e direito à segurança em caso de desemprego, doença, invalidez, viuvez, velhice ou outros casos de perda dos meios de subsistência fora de seu controle. 2. A maternidade e a infância têm direito a cuidados e assistência especiais. Todas as crianças nascidas dentro ou fora do matrimônio gozarão da mesma proteção social. Artigo XXVI. 1. Toda pessoa tem direito à instrução. A instrução será gratuita, pelo menos nos graus elementares e fundamentais. A instrução elementar será obrigatória. A instrução técnico-profissional será acessível a todos, bem como a instrução superior, esta baseada no mérito. 2. A instrução será orientada no sentido do pleno desenvolvimento da personalidade humana e do fortalecimento do respeito pelos direitos humanos e pelas liberdades fundamentais. A instrução promoverá a compreensão, a tolerância e a amizade entre todas as nações e grupos raciais ou religiosos, e coadjuvará as atividades das Nações Unidas em prol da manutenção da paz. 3. Os pais têm prioridade de direito na escolha do gênero de instrução que será ministrada a seus filhos. Artigo XXVII. 1. Toda pessoa tem o direito de participar livremente da vida cultural da comunidade, de fruir as artes e de participar do processo científico e de seus benefícios. 2. Toda pessoa tem direito à proteção dos interesses morais e materiais decorrentes de qualquer produção científica, literária ou artística da qual seja autor.

> Reconhecendo que, em conformidade com a Declaração Universal dos Direitos do Homem, o ideal do ser humano livre, liberto do temor e da miséria, não pode ser realizado a menos que se criem condições que permitam a cada um gozar de seus direitos econômicos, sociais e culturais, assim como de seus direitos civis e políticos.

Fiel a tais objetivos, o pacto aponta que os direitos sociais devem se realizar mediante a proteção das relações de trabalho, da família, da infância e da juventude, da saúde, da educação e da cultura. Além disso, acena claramente para a idéia de um *mínimo vital*, declarando em seu art. 11 que "*os Estados-Partes do presente Pacto reconhecem o direito de toda pessoa a um nível de vida adequado para si próprio e para sua família inclusive à alimentação, vestimenta e moradia adequadas, assim como a uma melhoria contínua de suas condições de vida.*"

Como se vê, o pacto, por um lado, desdobra a ideia já contida na Declaração de 1948 de que o reconhecimento e o respeito aos direitos humanos implicam uma perspectiva multidimensional de proteção da dignidade humana, em que cada direito declarado e protegido pressupõe a existência e o respeito aos demais. Por outro lado, porém, o Pacto de 1966 acaba por possibilitar uma espécie de lapidação conceitual dos direitos sociais, acenando com a ideia de que os direitos sociais dizem respeito à proteção material do ser humano, mas, segundo uma perspectiva mais ampla, que se inicia com a interferência estatal nas relações de trabalho, passa por uma atuação na prestação de serviços públicos – como educação e saúde – e caminha até a ressignificação de antigos direitos de liberdade, como a propriedade, emprestando-lhes uma dimensão social.

Importante salientar, no entanto, que o Pacto dos Direitos Sociais, Econômicos e Sociais refletiu, em parte, o contexto de divisão mundial então experimentado: de um lado, o bloco dos países capitalistas, capitaneados pelos Estados Unidos, que pontuavam a necessidade do reconhecimento dos chamados direitos de liberdade; de outro, os países do bloco socialista, liderados pela antiga União Soviética, que acentuavam a necessidade de reconhecimento de direitos sociais[56].

[56] Cf. Dornelles, João Ricardo W. *O que São Direitos Humanos.* : Brasiliense, 1989, p. 41. Coleção Primeiros Passos

O desfecho de tal tensionamento foi a celebração simultânea de dois pactos internacionais, o de direitos civis e políticos e o de direitos sociais, econômicos e culturais.

Nesse sentido, aponta Flávia Piovesan:

> *Com efeito, no início de suas atividades (de 1949 a 951), a Comissão de Direitos Humanos da ONU trabalhou em um único projeto de pacto, que conjugava as duas categorias de direitos. Contudo, em 1951, a Assembleia Geral, sob a influência dos países ocidentais, determinou que fossem elaborados dois pactos em separado que deveriam ser aprovados e abertos para assinatura simultaneamente, no sentido de enfatizar a unidade dos direitos neles previstos*[57].

Conveniente sublinhar que aqueles que se alinhavam aos Estados Unidos evocavam o caráter programático das normas veiculadoras dos direitos sociais, econômicos e culturais para a defesa da separação dos pactos, prenunciando, desde logo, um dos argumentos arregimentados para a obstaculização da efetividade de tal categoria jurídica.

A ordem jurídica brasileira, muito embora tenha recebido os influxos dos movimentos internacionais, palmilhou, como não poderia deixar de ser, caminho próprio, pontilhado de peculiaridades, em relação aos direitos sociais.

Mesmo a primeira Constituição brasileira, a de 1824, outorgada pelo imperador, embora não tivesse propriamente o recorte de uma Constituição que reconhecesse e declarasse direitos sociais, sem adotar esta nomenclatura, apresentou uma abertura nesse sentido.

É o que nitidamente se extrai da leitura dos incisos XXI, XXII e XXIII, de seu art. 179, que, sucessivamente, garantem os "socorros públicos", a instrução primária universal e gratuita e a existência de colégios e universidades.

Nada obstante a parcimônia de tais disposições, é de se reconhecer que, pelo período histórico em que foi promulgada, a Constituição imperial acabava por assumir uma relativa e significante abertura para a ideia de direitos sociais.

Tais disposições, por evidente, possuíam um forte sentido assistencialista e não vieram caracterizadas como os atuais direitos sociais.

[57] Piovesan, Flávia. Op. cit., p. 154.

Porém, pela época em que foram adotadas e pelo aceno que faziam para um futuro reconhecimento de direitos sociais, não podem deixar de ter sua relevância sublinhada.

Tais atributos foram bem estampados nas sábias palavras de Paulo Bonavides e Paes de Andrade:

> O constitucionalismo do Império, tanto o da Constituinte, estampado no projeto de Antonio Carlos, como o da Carta de 1824, teve uma sensibilidade precursora para o social, sem embargo de todo o teor individualista que caracteriza os dois documentos. Tão acentuada, que deixaria bastante envergonhados os constituintes republicanos de 1891, se conduzidos a um confronto[58].

Corroborando o pensamento de tais autores, parece-nos clara a inclinação social da Carta de 1824, sobretudo, quando analisada à luz do quadro histórico em que foi engendrada.

Essa aclamada abertura para o social, contudo, acabou por não influenciar a primeira Constituição republicana, de 1891, que, refletindo o pensamento liberal da época, passou ao largo de qualquer pretensão social, negando mesmo qualquer repercussão à Carta francesa de 1848, bem como aos reclamos sociais que já se acumulavam, forjando os pressupostos sócio-jurídico-econômicos para a formação de Estados socialistas e social-democráticos, que pouco depois se apresentaram ao mundo.

A Constituição de 1891, assim, limitou-se a disposições relacionadas à organização do Estado e ao reconhecimento dos chamados direitos de liberdade, retrocedendo, assim, na abertura criada para a questão social pela Constituição do Império.

Um ponto importante diz respeito à reforma que a Constituição de 1891 sofreu em 1926, que, dentre outras modificações imprimidas, integrou o direito do trabalho à Constituição.

Tal modificação, embora significativa, não teve o poder de mudar acentuadamente, mesmo no plano hipotético, a natureza da ordem jurídica estabelecida.

Essa renovação veio verdadeiramente a lume com a Constituição de 1934. Produto do movimento de 1930 – que levou Vargas ao poder – e

[58] Bonavides, Paulo; Andrade, Paes de. *História Constitucional do Brasil*. 3. ed. São Paulo: Paz e Terra, pp. 100-101.

do movimento constitucionalista ocorrido dois anos depois, a Constituição de 1934 teve o claro propósito de fincar as pedras fundamentais do assim chamado Estado Social de Direito.

Com efeito, em seu Título IV, tratou expressamente da "Ordem Econômica e Social", em que avanços notáveis foram realizados.

Em primeiro lugar, houve minudente alusão aos direitos de proteção do trabalho, como a questão do repouso remunerado, das férias anuais, salário mínimo etc.

Revelando a intensidade com que se apegou a tais objetivos, aludiu expressamente que "para dirimir questões entre empregadores e empregados, regidas pela legislação social, fica instituída a Justiça do Trabalho[...]".

As inovações não pararam aí. Houve ainda prescrição dos dissídios coletivos, proteção da família e, em especial, um capítulo sobre a educação, notando-se, portanto, os traços de uma Constituição predisposta à formatação de um Estado Social de Direito.

Perfilhando o mesmo entendimento, segue a preleção de Paulo Bonavides e Paes de Andrade:

> Todos esses fatores apontam para o sentido eminentemente social da Constituição de 1934. Seguindo uma certa tendência européia do pós-guerra, mas que na verdade só iria se firmar definitivamente ao término da Segunda Grande Guerra, alguns dos preceitos do chamado "Welfare State" foram consagrados no texto. Pela primeira vez na história constitucional brasileira, considerações sobre a ordem econômica e social estiveram presentes. Uma legislação trabalhista garantia a autonomia sindical, a jornada de oito horas e os dissídios coletivos. A família mereceria proteção especial, particularmente aquela de prole numerosa. O deputado Prado Kelly foi em larga medida o responsável pela inclusão de um outro item social até então inédito: um capítulo especial sobre a educação[59].

Como se vê, refletindo nos movimentos internacionais da época, que buscavam incorporar aos países capitalistas premissas de um Estado Social, nossa Carta de 1934, de efêmera vigência, foi, dentre as Consti-

[59] Idem, p. 319.

tuições brasileiras de até então, a que efetivamente se preocupou com a identificação de um Estado fortemente marcado pela presença institucional dos direitos sociais.

A Constituição de 1934, fruto de um esforço constituinte, vigorou por cerca de três anos, sendo sua revogação determinada pela superveniência da Constituição de 1937, que pôs termo ao curto período de institucionalidade democrática então vivenciada.

A Constituição de 1937 ficou conhecida como "A Polaca", em virtude das influências do pensamento autoritário que tomava conta da Europa naquele momento. Recebeu influência de diversas vertentes desse pensamento autoritário, sobretudo da Constituição da Polônia, o que explica a alcunha supramencionada.

No plano político, a inspiração nazifascista se fez presente pelos poderes quase que absolutos atribuídos ao presidente da República[60], além de restrições evidentes impostas na seara das liberdades públicas, como, por exemplo, a possibilidade de lei prescrever "*com o fim de garantir a paz, a ordem e a segurança pública, a censura prévia da imprensa, do teatro, do cinematógrafo, da radiodifusão, facultando à autoridade competente proibir a circulação, a difusão ou a representação*"[61].

No que tange aos direitos políticos, a influência da *Carta del Lavoro*[62] foi nítida, refletindo-se em disposições como a de indicar o trabalho como um *dever social* e pelo rígido controle dos sindicatos pelo Estado.

Assim, embora disposições de proteção individual do trabalho tenham permanecido presentes na Carta de 1937, um balanço geral apontaria a ocorrência de um nítido retrocesso que, apesar de muito mais impactante na seara das liberdades públicas, também ocorreu em matéria de direitos sociais.

Calha transcrever, neste ponto, a explanação de Elianne M. Meira Rosa:

> Considera-se que tenha havido significativa ampliação de direitos relativos à ordem social e amparo à legislação ordinária resultante da Carta de 1934. Sob a égide da Constituição de 1937 foram criados a Justiça do Trabalho (já instituída pelo art. 122 da Carta de 1934), os Conselheiros

[60] Dentre outros, expedir decretos-leis, dissolver a Câmara dos Deputados, indicar candidato a presidente da República etc.

[61] Cf. art. 122, "15", "a".

[62] Cf. Faria, José Eduardo. *Os Novos Desafios da Justiça do Trabalho*, p. 24.

> Regionais de Trabalho, o Conselho Nacional (no Rio), Juntas de Conciliação e Julgamento nas capitais dos Estados e no Rio, todos esses órgãos sob a competência do Ministério do Trabalho, porém gozando de alguma autonomia. Entretanto, estava suspenso o direito de greve (considerado delito), não existia a autonomia sindical. Estes encontravam-se vinculados ao Ministério do Trabalho[63].

Marcando um período de ocaso das liberdades democráticas, a Constituição outorgada em 1937 submergiu junto com o regime ditatorial – o *Estado Novo* – no qual se integrara.

A Constituição de 1946 frutificou uma espécie de repúdio ao espírito autoritário que imbuía sua predecessora.

Influenciada pelos ventos de renovação democrática que varriam o país, com o anúncio do fim do *Estado Novo*, recuperou as liberdades formais, colocando-as à margem de qualquer controle autoritário do Estado.

O princípio federativo, marcado pela autonomia dos Estados e dos Municípios, ressurgiu com grande pujança ao lado de uma vontade constituinte clara de reorganização dos Poderes, sobretudo no que se refere a um fortalecimento do Legislativo e do Judiciário, que, no regime político anterior, haviam se quedado enfraquecidos pela automática expansão do poder Executivo em tempos ditatoriais.

Do ponto de vista dos direitos sociais, a Constituição de 1946 buscou, ainda uma vez, fortalecer a noção de Estado Social. Algumas disposições inovadoras, nessa linha, são dignas de nota: a previsão de participação dos trabalhadores nos lucros das empresas (art. 157, IV), a instituição do repouso semanal remunerado (art. 157, VI), o reconhecimento do direito de greve (art. 158), a ampliação do direito à educação (art. 168), a aposentadoria facultativa do servidor com 35 anos de serviço (art. 191, § 1º) e a inserção formal da Justiça do Trabalho no poder Judiciário (arts. 122/3)[64].

A Constituição de 1946, entusiasmando os defensores do Estado Democrático Social de Direito, acabou confinada a um difícil papel histórico, o de ficar situada entre duas Cartas ditatoriais: a de 1937 e a de 1967.

[63] Rosa, Elainne M. Meira. Op. cit., p. 143.

[64] Cf. Bonavides, Paulo; Andrade, Paes. Op. cit., p. 413.

A Constituição de 1967, caudatária do golpe militar de 1964, embora haja algum questionamento acerca do tema, afigura-se com um exemplo típico de Constituição outorgada, apesar de contemplada pelo beneplácito formal do poder Legislativo.

É que o Ato Institucional nº 4 convocou o Congresso Nacional "para se reunir extraordinariamente, de 12 de dezembro de 1966 a 24 de janeiro de 1967", para "discussão, votação e promulgação do projeto de Constituição apresentado pelo Presidente da República".

Ao prazo exíguo, outro fator importante na caracterização da outorga foi acrescentado:

> Art. 8º. *No dia 24 de janeiro de 1967, as Mesas da Câmara dos Deputados e do Senado Federal promulgarão a Constituição segundo a redação final da Comissão, seja o do projeto com emendas aprovadas, ou seja o que tenha sido aprovado de acordo com o art. 4º, se nenhuma emenda tiver merecido aprovação, ou se a votação não tiver sido encerrada até o dia 21 de janeiro.*

Em outras palavras, o Ato Institucional deixava claro o caráter do procedimento de elaboração do texto constitucional. O Congresso tinha 41 dias para aprovar o projeto. Caso não fizesse neste curto período, haveria uma outorga formal pelo presidente da República.

Não se pode falar, portanto, em caráter "semi-autoritário" da Carta de 1967[65], mas em um procedimento inelutavelmente autoritário de outorga da Constituição[66].

Este caráter autoritário da Constituição de 1967 prenuncia, de certo modo, o tratamento que os direitos fundamentais passaram a receber na ordem jurídica nacional.

O rol de direitos individuais (art. 150) e o de direitos sociais (art. 158) não foram estruturalmente modificados, muito embora, no mais das vezes, houvesse alusão à necessidade de lei para sua implementação, o que prenunciava uma evidente dicotomia entre a ordem normativa e a realidade.

Exemplificando a situação exposta, tome-se o art. 159 da Carta de 1967:

65 Cf. Bonavides, Paulo; Andrade, Paes de. Op. cit., p. 441.

66 Cf., dentre outros, Silva, José Afonso. Op. cit.,15. ed., p. 43.

É livre a associação profissional ou sindical; a sua constituição, a representação legal nas convenções coletivas de trabalho e o exercício de funções delegadas de poder público serão reguladas por lei.

Tal Constituição, pode-se dizer, foi a de vida mais exígua, uma vez que pouco mais de dois anos de sua vigência foi aprovada a Emenda Constitucional nº 1, que funcionou, *mutatis mutandi*, como um substitutivo da Constituição então em vigor.

Na órbita dos direitos sociais, não houve alteração estrutural dos dispositivos anteriormente vigentes, com a mesma nota de que muitos deles tinham sua eficácia condicionada a uma futura eventual legislação integradora.

2. Conceito

A delimitação conceitual dos direitos sociais não é uma tarefa simples, tampouco que comporte reducionismos, como o de traduzi-los singelamente como direitos prestacionais.

Note-se que, ao se falar em direitos sociais, aborda-se necessariamente uma pletora de direitos, cujas composturas jurídicas, não obstante marcadas por uma identidade de objetivos, não se apresentam com a mesma natureza.

Os direitos sociais, com efeito, envolvem uma ampla seara de direitos, como, por exemplo, os de proteção do trabalho, o direito de saúde e o direito de educação. Naqueles florescem disposições como as que limitam a jornada de trabalho, impõem pisos salariais e asseguram participação nos lucros da empresa, mas também outras que indicam a existência do direito de greve e do direito de sindicalização, além de outras formas organizatórias mais específicas.

É visível certa assincronia entre os direitos citados. O direito à saúde e o direito à educação, de fato, exigem do Estado uma atividade prestacional, que deve ser materializada em serviços públicos. Já quando falamos em pisos salariais ou em limitação da jornada de trabalho, cogitamos do Estado em uma atividade normativa e reguladora, é dizer, de intervenção no domínio de relações privadas, normatizando e regulando tais relações. Diferente ainda quando se pensa no direito de greve ou no de associação sindical. Neles, não se exige do Estado qualquer prestação, tampouco se reclama de uma intervenção normativa reguladora, mas, em harmonia com os chamados direitos fundamentais de primeira geração, o que se espera é uma abstenção. Cria-se uma esfera de liberdade, para cuja ocorrência se reivindica o afastamento do Estado.

É verdade que tais direitos são individuais, embora de exercício coletivo, porém, predispostos a claros objetivos reivindicatórios de outros direitos sociais: aumento salarial, diminuição de jornada, preservação do emprego etc.

O que se aponta, em suma, é que, de um lado, existem traços comuns, que permitem a conceituação de tais direitos, de outro, existem diferenças que exigem um certo grau de complexidade deste conceito.

Gerardo Pisarello, discorrendo sobre o tema, também aponta esse conteúdo polifacético dos direitos sociais:

> *Cualquier definición de derechos sociales depende del elemento que se tome como caracterizante. Por ejemplo, existen ciertos derechos sociales, como el derecho de huelga o la libertad sindical, que presentan una configuración propia de los derechos de libertad, a pesar de haber sido positivazos como derechos sociales. Su satisfacción se obtiene antes por una abstención que por una intervención de los poderes públicos y privados, y en realidad podrían considerarse como derechos de libertad de ejercicio colectivo.*
>
> *En el caso de los derechos sociales, su relevancia jurídica y su complejidad estructural aparecen con mayor claridad si se los considera como derechos a prestaciones de bienes o servicios, principalmente frente al Estado, tendentes a satisfacer las necesidades básicas que permitan a los individuos desarrollar sus propios planes de vida. Esta dimensión prestacional resalta el carácter económico de los derechos sociales, cuya satisfacción exige una transferencia de recursos de los sectores más ricos a los más pobres y, por lo tanto, genera fuertes reticencias en aquellos cuando se pretende garantizarlos jurídicamente*[67].

A complexidade inerente ao conceito que se intenta formular deve ser desvanecida por uma abordagem inicial dos vários aspectos comuns às diversas faces ou elementos que devem ser integrados ao dito esforço conceitual.

Analisemos, então, quais são as características comuns das diversas faces conceituais apontadas.

[67] PISARELLO, Gerardo. Boletín mexicano de derecho comparado. Biblioteca Jurídica Virtual. http://132.248.65.10/publica/rev/boletin/cont/92/art/art7.htm 28.2.2008.

Em primeiro lugar, devemos fixar que os direitos sociais se integram aos chamados direitos fundamentais. Afigura-se estreme de dúvidas que o objetivo de promover a adequada qualidade de vida a todos, colocando o ser humano "a salvo" da necessidade, promove uma "fundamentalização" dos direitos sociais, uma vez que não se pode pensar em exercício de liberdades, de preservação da dignidade humana, enfim, de direitos intrínsecos ao ser humano, sem que um "mínimo vital" esteja garantido caudatariamente à própria vida em sociedade.

A extensão desta "jusfundamentalização" é, não obstante, controversa, porém quer nos parecer que o propósito claro de tais direitos de preservar a dignidade humana faz com que necessariamente estejam integrados ao espectro conceitual dos direitos fundamentais.

Robert Alexy, comentando decisões da Corte alemã, aponta:

> *Si si toman ambas decisiones conjuntamente, no pude Haber ninguna duda de que el Tribunal Constitucional Federal parte de un derecho fundamental a un mínimo vital. En este sentido coincide con la jurisprudencia permanente del Tribunal Administrativo Federal y con la opinión dominante en la literatura. Por ello, pude decirse que existe, por lo menos, un derecho social tácito, es decir, basado en una norma adscripta interpretativamente a las disposiciones de derechos fundamentales*[68].

Como se vê, embora haja um campo de indeterminação, que pode sofrer variações segundo, inclusive, a opção ideológica de cada Estado, parece remansosa a idéia de que os direitos sociais, ainda que resumidos ao chamado mínimo vital, estão inscritos, mesmo que tacitamente, no rol dos direitos fundamentais dos países ditos democráticos de direito.

Não se afirma, a toda evidência, que os direitos sociais só seriam alçados à categoria de fundamentais quando circunscritos a tal mínimo vital. O que se afirma é que, independentemente do ordenamento jurídico, patrocinando este a ideia de estado democrático social de direito, há de se considerar como certamente existente, ainda que de maneira implícita, o direito a um mínimo vital.

Muito embora seja clara a noção de interdependência entre os vários direitos fundamentais, é importante ressaltar que a própria ideia de

[68] ALEXY, Robert. Op. cit., pp. 422-443.

direitos inerentes à condição humana gera a conclusão de que esta deve receber um mínimo de proteção material, sob pena de se desestruturar toda a lógica de formação desta categoria jurídica.

Com efeito, não é possível vislumbrar um ordenamento jurídico, afinado ao sentido humanístico incorporado pelos tratados e convenções internacionais, que não respeite minimamente o direito de organização dos trabalhadores, não imponha conteúdos mínimos nas relações de trabalho (jornada máxima, piso salarial etc.) e que não preveja a educação básica e a assistência à saúde como direitos inalienáveis.

Mais do que isso, pensando na natureza de ser do Estado, infere-se que a preservação da dignidade das pessoas que o integram constitui-se, rigorosamente, em um princípio que lhe é congênito e, nesta perspectiva, a proteção da vida, em sentido negativo (impedindo a cominação de pena de morte, por ex.) e positivo (assegurando um mínimo de assistência material), torna-se um ponto de legitimação de toda a ordem jurídica.

Efetivamente, conquanto admissíveis variações de conteúdo e extensão em relação a cada ordenamento jurídico, cuida-se de conclusão forçosa a indicação de que, afirmada a existência de direitos fundamentais, certamente os direitos sociais, ainda que só implicitamente e, deste modo, em um patamar mínimo, a eles necessariamente estariam integrados.

Mesmo porque, dentro da já aludida unidade e indivisibilidade dos direitos fundamentais, o conteúdo mínimo de tais direitos praticamente se funde com os direitos de liberdade.

É incogitável a existência de liberdade de associação sem que tal implique o direito de organização por meio de sindicatos.

Alguns direitos trabalhistas, como os que limitam a jornada e os que garantem um piso salarial podem, por vezes, substanciar o traço diferencial entre uma relação de emprego e a submissão a uma condição análoga à de escravo.

Não é possível falar-se em direito à vida sem que haja assistência à saúde que permita, ao menos, sua preservação diante de um estado de doença.

Daí o entendimento de que, ao menos no que pertine ao chamado piso vital, os direitos sociais teriam a caracterização de direitos fundamentais análogos aos direitos de liberdade[69].

[69] A propósito: Queiroz, Cristina. *O Princípio da Não-eversibilidade dos Direitos Fundamentais Sociais*. Coimbra: Coimbra, 2006, p. 98; Alexy, Robert. Op. cit., p. 486.

Um segundo ponto comum, que ressalta, ainda uma vez, a natureza responsiva dos direitos fundamentais, diz respeito ao fato de os direitos sociais carregarem como pressuposto a existência de um contingente de pessoas que não contam com os recursos mínimos para sua subsistência digna, bem como supõem a existência de relações econômicas que, pautadas pela desigualdade de suas partes, frequentemente conduzem à submissão de uns a outros.

Neste contexto, os direitos sociais surgem como uma aspiração ética que parte da premissa de que todos que participam da vida em sociedade devem ter direito a uma parcela dos frutos por ela produzidos.

Calha transcrever, neste momento, a seguinte observação de Miguel F. Canessa Montejo:

> *En segundo lugar, se presupone que existen individuos o grupos que no cuentan con los recursos materiales para satisfacer sus necesidades básicas, por lo que se convierte en un imperativo ético lograr dicha satisfacción; esto es lo que otorga fundamento a este tipo de derechos*[70].

Um terceiro ponto parece permear todos os direitos sociais, qual seja, o de ter o Estado como referência, quer em uma perspectiva normativa e reguladora, quer em uma perspectiva estritamente prestacional.

Mazziotti aponta a existência dos direitos sociais em dois distintos planos: o subjetivo e o objetivo. O primeiro consistiria na prerrogativa de todo e qualquer cidadão aos benefícios da vida associada, da qual nasceria, por reflexo, direitos específicos a determinadas prestações estatais. O segundo consubstanciaria o conjunto de normas através das quais o Estado leva a efeito sua função moderadora e equilibradora das relações sociais[71].

Canotilho e Vital Moreira, discorrendo sobre a Constituição de Portugal, apresentam os direitos econômicos, sociais e culturais com a seguinte roupagem:

> Os direitos e deveres econômicos (arts. 58 a 62) têm a ver com o estatuto econômico das pessoas, seja na qualidade genérica de titulares de

[70] Montejo, Miguel F. Canessa. Los derechos sociales en el marco de los derechos humanos. Red de Información Juridica. http://www.cajpe.org.pe/guia/canes

[71] Cf. verbete *Diritti Sociali*. Enciclopédia del Diritto. Vol XII. Milan: Giufrè.

> um direito a trabalhar, seja no papel de trabalhadores, de consumidores, empresários ou de proprietários (provavelmente não é por acaso que este capítulo se inicia com o direito ao trabalho e acaba pelo direito à propriedade privada).
> Os direitos e deveres sociais (arts. 63 a 72) abarcam dois grupos distintos: (a) os direitos relativos às condições de vida fundamentais (segurança social, saúde, habitação); (b) os direitos de certas categorias sociais ou de certas instituições mais carecidas de proteção específica (família, pais e mães, crianças, jovens, deficientes, idosos).
> Por último, os direitos e deveres culturais (arts. 73 a 79) dividem-se igualmente em dois grupos: (a) os que respeitam a certos bens culturais fundamentais (ensino e cultura, fruição e criação cultural, desporto); (b) os que se referem a certas instituições directamente interessadas na satisfação desses direitos (escolas, universidades)[72].

Andreas J. Krell, em uma abordagem mais sintética, conceitua direitos sociais da seguinte maneira:

> São os Direitos Fundamentais do homem-social dentro de um modelo de Estado que tende cada vez mais a ser social, dando prevalência aos direitos coletivos antes que aos individuais. O Estado, mediante leis parlamentares, atos administrativos e a criação real de instalações de serviços públicos, deve definir, executar e implementar, conforme as circunstâncias, as chamadas 'políticas públicas' (de educação, saúde, assistência, previdência, trabalho, habitação) que facultem o gozo efetivo dos direitos constitucionalmente protegidos[73].

Contemplando a gênese dos direitos sociais, podemos perceber que um esforço conceitual deve envolver necessariamente alguns elementos já destrinçados na presente exposição, a saber:

a) Direito subjetivo. Os direitos sociais devem ser identificados a partir de uma dimensão subjetiva, como direitos a prestações públicas, que, materializadas por meio de serviços e ações do Poder

[72] Canotilho, J.J. Gomes; Moreira, Vital. Op. cit., p. 114.

[73] Krell, Andreas. J. *Direitos Sociais e Controle Judicial no Brasil e na Alemanha.* Porto Alegre: Sérgio Antonio Fabris Editor. Porto Alegre, 2002, pp. 19-20.

Público, permitam que o indivíduo partilhe dos benefícios da vida em sociedade. Neste caso, pressupõe-se a existência de segmentos da sociedade demandatários de prestações estatais para a satisfação de necessidades materiais básicas. Cogita-se aqui de prestações públicas como as que devem ocorrer em matéria de educação e saúde.

b) Atividade normativo-reguladora do Estado. Os direitos sociais devem ser enfocados a partir da premissa de que as relações sociais, se engendradas naturalmente, sem a intervenção do Estado, acabam por espelhar a correlação de forças no aparelhamento do fenômeno produtivo. Desse modo, as relações jurídicas estabelecidas se ressentem de uma atividade moduladora do Estado, que, verificando a existência de uma desigualdade ingênita em tais relações, deve, sobretudo por meio de leis, definir padrões de comportamento que coíbam o abuso do poder econômico. É o que ocorre nas relações de trabalho ou nas relações de consumo. Note-se que se não houvesse normas jurídicas limitando a jornada, estabelecendo direito ao repouso ou definindo piso de salário, existiriam situações – aliás, historicamente constatadas – de submissão absoluta do trabalhador.

c) Instrumentos assecuratórios. Os direitos sociais devem englobar mecanismos que permitam aos próprios indivíduos a proteção dos interesses envolvidos. A antiga dicotomia entre direitos e garantias fundamentais tem aplicação específica em relação aos direitos sociais. Com efeito, de um lado existem normas que, quer estabelecendo prestações públicas, quer normatizando relações econômicas, declaram direitos. Ao mesmo tempo, existem disposições predispostas a fornecer garantias, vale dizer, instrumentos assecuratórios desses direitos. Podemos dizer que existem instrumentos genéricos também aplicáveis na órbita dos direitos sociais, como o acesso à jurisdição, como também instrumentos específicos, como a greve, a organização dos trabalhadores em sindicatos, o dissídio coletivo e as convenções coletivas de trabalho.

d) Em luminar abordagem do tema, Celso Antônio Bandeira de Mello alude que:

> Nelas está plasmada a concepção de que não basta assegurar os chamados direitos individuais para alcançar-se a proteção do indi-

> víduo. Impende considerá-lo para além de sua dimensão unitária, defendendo-o também em sua dimensão comunitária, social, sem o que lhe faltará o necessário resguardo. Isto é, cumpre ampará-lo contra as distorções geradas pelo desequilíbrio econômico da própria sociedade, pois estas igualmente geram sujeições, opressões e esmagamento do indivíduo. Não são apenas os eventuais descomedimentos do Estado que abatem, aniquilam ou oprimem os homens. Tais ofensas resultam, outrossim, da ação dos próprios membros do corpo social, pois podem prevalecer-se e prevalecem de suas condições socioeconômicas poderosas em detrimento dos economicamente frágeis[74].

Fincados nestes pressupostos, podemos conceituar direitos sociais como o subsistema dos direitos fundamentais que, reconhecendo a existência de um segmento social economicamente vulnerável, busca, quer por meio da atribuição de direitos prestacionais, quer pela normatização e regulação das relações econômicas, ou ainda pela criação de instrumentos assecuratórios de tais direitos, atribuir a todos os benefícios da vida em sociedade.

3. Direitos sociais e o chamado mínimo vital

A teoria dos direitos fundamentais sociais, atualmente, hospeda uma crescente discussão em torno do que se convencionou chamar de mínimo vital (piso vital, limiar mínimo etc.), assim entendido como o dever do Estado, caudatariamente ao princípio da dignidade humana, garantir a todos um *standard* social mínimo incondicional.

Pensando-se no ser humano como único ser dotado de um valor absoluto, não-relativo, a teoria do mínimo vital impõe a preservação material do ser humano, assegurando-lhe condições mínimas para a preservação da vida e para a integração na sociedade, como uma questão prejudicial às políticas públicas a serem desenvolvidas pela governança estatal.

Veicula, a bem do rigor, uma espécie de comando implícito, determinando que outras ações só sejam realizadas uma vez satisfeitas as necessidades básicas de todas as pessoas que estejam integradas no elemento subjetivo daquele determinado Estado.

[74] Mello, Celso Antonio Bandeira de. Eficácia das Normas Constitucionais sobre Justiça Social. *Revista de Direito Público*, São Paulo, pp. 57-58.

Nesse sentido, vale transcrever o seguinte excerto da lição de Perez Luño:

> *Los derechos sociales surgieron en el tránsito del Estado liberal al Estado social de Derecho, que, en palabras de Hermann Séller, supuso 'la extensión del Estado de Derecho a la esfera del trabajo y de los bienes.*
> *En el Estado social de Derecho los poderes públicos asumen la responsabilidad de proporcionar a la generalidad de los ciudadanos las prestaciones y servicios públicos adecuados para subvenir sus necesidades vitales, es decir, vela por lo que la doctrina germana ha calificado de 'procura existencial'*[75] [76].

A ideia do mínimo vital aponta que a opção de forma de organização socioeconômica pode variar, mas, qualquer que seja a opção esposada, deve ela estar comprometida, em primeiro lugar, com a preservação da dignidade material de todas as pessoas.

A Constituição brasileira hospedou claramente essa perspectiva de um *standard* social mínimo incondicional, revelando tal opção em várias passagens de seu texto.

Citemos, a título de exemplo, algumas das disposições constitucionais claramente orientadas nessa direção: primeiro, a indicação da cidadania como fundamento do Estado (art. 1º, III); segundo, a previsão da erradicação da pobreza e a diminuição das desigualdades sociais como objetivo do Estado (art. 3º, III); terceiro, a identificação de que nossa ordem econômica, calcada na propriedade privada e na livre iniciativa, deve ter por objetivo propiciar dignidade a todos, segundo os ditames da justiça social.

Diante de normas como estas, ou se nega juridicidade a dispositivos constantes de nossa Lei Maior ou se admite que o Estado brasileiro, não importa o momento e qual a orientação do governo, está orientado à realização do mínimo vital para todos os seus cidadãos.

Evidente que o constituinte, ao que parece se servindo da história de incúria com a questão social que sempre afligiu a nossa forma de organização, não se limitou a tais previsões, veiculando outras com contornos

[75] Luño, Antonio E. Perez. Op. cit., p. 193.

[76] A propósito da doutrina e jurisprudência alemã acerca do princípio do Estado Social de Direito, conferir Heck, Luís Afonso. *O Tribunal Constitucional Federal e o Desenvolvimento dos Princípios Constitucionais.* Porto Alegre: Sergio Antonio Fabris, 1995, p. 237 e ss.

mais claros e com estrutura semântica denotativa da atribuição de direitos imediatamente fruíveis.

Tais previsões, no entanto, longe de infirmar, só reforçam o propósito do constituinte de consolidar no Brasil essa noção de um mínimo vital, em matéria de direitos sociais.

Areli Sandoval Teran, versando o tema do chamado conteúdo mínimo e do piso vital, assim se manifesta:

> *Desde los años ochenta se desarrollaron dos enfoques distintos pero complementarios que ayudan a la mejor comprensión de los des: el enfoque del contenido mínimo central o esencial (minimum core content) y el enfoque del umbral mínimo (minimum threshold). Ambos enfoques apuntan hacia la determinación del significado y nivel mínimo de cada derecho humano consagrado en el PIDESC; el primero lo hace desde una perspectiva teórica, mientras que el segundo parte de una perspectiva práctica y un método cuantitativo*[77].

O chamado conteúdo mínimo aponta que cada direito tem um núcleo mínimo irremissível, associado à sua própria razão de ser. Evoca, assim, uma abstração que enuncia a essência do direito cogitado, que não pode ser objeto de supressão ante qualquer panorama histórico ou ante quaisquer eventuais limites. Já o chamado mínimo vital opera com vetores quantitativos, ou seja, aponta quais as necessidades mínimas que um ser humano, só por sê-lo e exatamente para preservá-lo em sua dignidade, deve observar.

A propósito, Ramón Pena Casas indica, como alguns dos principais obstáculos à implementação do mínimo vital, os seguintes pontos:

- *Specification of Right and Adequacy of Legal and Other Provision*
- *Lack of explicitness in the specification of the right or entitlement*
- *Rights limited to particular sectors of the population*
- *Gaps in the social safety net*
- *Lack of specification of a basic threshold or minimum standard*
- *Exclusive conditions of access or entitlement*[78] [79].

[77] TERAN, Areli Sandoval. *Los derechos económicos, sociales e culturales*. Mexico: Asociación Latinoamericana de Organizaciones de Promoción, 2001, p. 17.

[78] CASAS, Ramón Pena. Setting Minimum Social Standards across Europe. http://www.eapn.ie/pdfs/155, p. 16. 22.8.2007.

[79] Note-se que Luiz Afonso Heck em *O Tribunal Constitucional Federal e o Desenvolvimento dos Princípios Constitucionais* (Porto Alegre: Sérgio Antonio Fabris Editor, 1995, p. 237), conci-

Logo, a opção por uma Constituição com regras mais claras e específicas acerca do tema envolve, certamente, uma preocupação com a efetivação dos direitos sociais, ainda que em patamares mínimos.

Há de se ponderar que uma Constituição principiológica apresenta como virtude uma maior permeabilidade à realidade emergente, mas, sem dúvida, lhe subtrai uma maior eficácia na garantia de direitos sociais que, à míngua de maior especificação, certamente flutuarão ao sabor dos governantes e das conjunturas políticas de momento, sem abrir oportunidade para uma atividade reivindicatória mais consistente e fundamentada.

Nessa trilha, partindo-se do pressuposto de que cada Constituição trabalha com realidades socioeconômicas distintas, não raro radicalmente diferentes, é razoável que se entenda que cada país tenha um caminho diferente a trilhar nesta matéria. Em outras palavras, a noção de bem-estar social certamente estará influenciada pelo contexto político, social, cultural e econômico de cada Estado.

Assim, muito embora se possa pensar em um piso vital internacional, ainda assim, cada país, segundo suas características e opções políticas, pode inscrever em sua Constituição um piso próprio, entendendo que, naquele contexto, a cidadania pressupõe mais direitos do que os apontados internacionalmente.

Entendemos, deste modo, que a ideia de um mínimo existencial vem se consolidando não só nos ordenamentos estatais, mas também numa perspectiva internacional.

Nesse sentido, quer nos parecer que, face a algumas situações específicas, como a dos países africanos, há uma tendência de alojar o tema dos direitos sociais em uma escala de solidariedade internacional, compondo um arcabouço de apoio dos quais os países necessitados possam

tando uma compreensão da jurisdição constitucional da Alemanha, aponta que "se as observações críticas da juíza constitucional Rupp V. Brünneck indicam para a existência de um Princípio do Estado Social que subsiste, em grande parte na sombra, e revelam uma certa timidez do Tribunal Constitucional Federal em fazê-lo frutificar em sua jurisprudência, o Tribunal Constitucional Federal, contudo, sempre acentuou que a realização e o aperfeiçoamento do Princípio do Estado Social cabem ao legislador. Ocorre que o Princípio do Estado Social da Lei Fundamental não contém regularmente, em consequência da amplitude e indeterminação, instruções de ação imediatas, que poderiam, pelos tribunais, sem base legal, serem convertidas em simples direito. Nisso, é menos acessível à determinação judicial do conteúdo do que os direitos fundamentais".

se valer para a obtenção de assistência externa em matéria de direitos sociais, sob acompanhamento dos organismos internacionais de proteção dos direitos da pessoa humana.

Pensando-se na questão da SIDA – Síndrome da Imunodeficiência Adquirida, nos países africanos, haveria a necessidade de a ideia de mínimo existencial ser ventilada para determinar ações substantivas de proteção da população vulnerável, como a flexibilização de procedimentos, os contemplados no Trade Related Aspects Of Intelectual Property Rights (Trips) em relação às patentes de medicamentos.

4. Direitos sociais e positivação constitucional

Um ponto fundamental a ser abordado na análise do tema diz respeito às formas, estratégias ou técnicas de positivação constitucional dos direitos sociais.

Envolvendo obrigações ao Estado, direitos do cidadão e, ao mesmo tempo, disciplina da relação entre particulares, a problemática das formas de positivação dos direitos sociais, a nosso juízo, assume peculiar importância, visto que, em verdade, enunciam a estratégia de proteção que o constituinte encampou à busca da concretização desses direitos.

Não se pode descurar que os direitos fundamentais apresentam uma dimensão objetiva, concorrendo para demarcar o perfil do Estado que os reconhece e protege. Desse modo, a arquitetura dos direitos fundamentais sociais prenuncia o tipo de Estado e de estrutura socioeconômica que se pretende realizar. São depositários de importante opção ideológica do constituinte, o que realça, evidentemente, a relevância da adequada compreensão das estratégias de proteção utilizadas pela Constituição.

Com efeito, a forma de positivação de um direito fundamental social é essencial na definição de seu conteúdo jurídico, revelando, ademais, a compostura de interação que se pretende entre a norma e a realidade preestabelecida.

É fácil aquilatar a diferença de significado jurídico entre um mero enunciado da erradicação da pobreza como uma das finalidades do Estado e previsões que, ao lado ou independentemente desta, invistam o indivíduo em prerrogativas *jusfundamentais* que se lhe viabilize prestações concretas em favor de seu bem-estar.

Ademais, o constituinte, ao definir a forma de positivação de um direito fundamental social, como dissemos, lança mão de uma estratégia de proteção do direito, antevendo, não raro, os obstáculos que serão eventualmente opostos à concretização destes, à luz das conjunturas políticas e econômicas supervenientes.

Diante do amplo repertório de situações que, em matéria de proteção social, exigem juridicização, a Constituição pode usar mais de uma forma de positivação, quer para criar regimes jurídicos distintos para direitos voltados à proteção de situações igualmente distintas, quer para, não raro, sobrepor formas de proteção de uma mesma prerrogativa, exatamente pela sensibilidade do constituinte de que algumas dessas prerrogativas *jusfundamentais* deveriam ser objeto de um reforço defensivo, à vista da importância de sua efetividade para a preservação e desenvolvimento do ser humano.

Já nessa direção, fazemos presente a premissa de incorreção da conclusão genérica de que as normas definidoras de direitos sociais sejam sempre catalogáveis no rol das chamadas normas programáticas.

Assim, só se conhece o conteúdo e o alcance de uma disposição constitucional depois de sua adequada interpretação. Portanto, é perfeitamente cogitável que uma Constituição não faça uso exclusivamente de normas programáticas para a veiculação de direitos sociais, mas lance mão também de outras formas de positivação, em que se estabeleçam novas formas de vinculação tanto do Poder Público como dos particulares envolvidos.

Só a análise do direito positivo é que vai permitir uma conclusão adequada a respeito da forma ou técnica de positivação utilizada pela Constituição em relação a cada direito fundamental social, mesmo porque, como já afirmado, frequentemente a Constituição positiva um mesmo direito por mais de uma forma, criando caminhos distintos para a sua realização.

Desse modo, se existe um direito que a Constituição deseja garantir sua efetividade, sua concreta aplicação social, da maneira mais ampla possível, é compreensível que o constituinte o formule por mais de um caminho, plasmando, portanto, estratégias diferentes, mas que sejam conducentes de um mesmo objetivo.

As normas programáticas, nas palavras de Regina Maria Macedo Nery Ferrari, "ora determinam um princípio, ora uma tarefa, ora um fim ou objetivo a atingir, cuja realização depende da liberdade de escolha dos meios convenientes e razoavelmente adequados".

José Afonso da Silva define normas programáticas como "aquelas normas constitucionais através das quais o constituinte, em vez de regular, direta e imediatamente, determinados interesses, limitou-se a traçar-lhes os princípios para serem cumpridos para seus órgãos (legislativos, executivos, jurisdicionais e administrativos), como programas das respectivas atividades, visando a realização dos fins sociais do Estado"[80].

Em lapidar definição, Vezio Crisafulli entende como "programáticas as normas constitucionais mediante as quais um programa de ação é adotado pelo Estado e atribuído a seus órgãos legislativos, de direção política e administrativa, precisamente como programa que se lhes incumbe realizar nos modos e formas da respectiva atividade"[81].

Muito embora se reconheça que esta possivelmente seja uma das formas mais presentes de positivação de direitos fundamentais sociais, fato é que o constituinte, ao menos em relação à parte dos direitos sociais que consagrou, não quis se quedar limitado à demarcação de princípios a serem ulteriormente realizados.

Com efeito, não obstante certa confusão doutrinária estabelecendo quase que uma relação de sinonímia entre normas programáticas e as definidoras de direitos sociais, a leitura do texto constitucional permite evidenciar uma, *data-venia*, clara distinção entre elas, revelando que, na verdade, as normas programáticas se constituem em uma das formas de positivação de direitos sociais, mas não a única.

A confusão tem, de certo modo, sua razão de ser, já que, conforme a lição dos precitados *experts*, normas programáticas são as que definem diretrizes e programas ao Estado. Por razões de conformação histórica, os direitos sociais, diferentemente dos direitos de liberdade, não grassaram o mesmo consenso em termos de reconhecimento jurídico e vinculação dos entes estatais, antes, foram contestados e objeto de uma forte resistência, até hoje, em parte verificada, quanto a sua aplicação.

Assim, boa parte das constituições modernas optou por conformá-los como parte do ideário estatal, fixando programas de realização paulatina e à mercê da vontade política e administrativa da governança de cada Estado.

[80] SILVA, José Afonso da. *Aplicabilidade das Normas Constitucionais*. 3. ed. São Paulo: Malheiros. 1998. 138.

[81] CRISAFULLI, Vezio. *La constituzione e lê sue disposizioni di principio*. Milão: Giuffrè, 1952, p. 104.

A insuficiência dessas previsões e a conclusão incontornável de que, ao menos em alguns aspectos essenciais, os direitos sociais não poderiam vicejar das variações das disputas políticas de momento fizeram com que se projetassem novas formas de contemplá-los. Como anunciado, alguns países em que esta é a única forma de positivação, como a Alemanha, optaram por desenvolver noções como a de limiar mínimo em matéria social; outros países, como o Brasil, sem prejuízo de formulações como esta, optaram por plasmar disposições autoaplicáveis, investindo os cidadãos em direitos subjetivos, frente ao Estado, ao lado de outros mecanismos de previsão e proteção desses direitos.

Pensando na importância ou mesmo na imanência de alguns desses direitos à dignidade humana, a Constituição brasileira lançou mão de mais de uma estratégia de positivação que, isolada ou conjuntamente, guardam o objetivo de conformar o conteúdo e a eficácia dos direitos fundamentais sociais.

De feito, se, de um lado, consagra programas ou tarefas, de outro, preconiza direitos imediatamente realizáveis e exigíveis, quando não fez uso, em relação a um mesmo direito, de mais de uma estratégia de proteção.

A pretexto de reforço de raciocínio, tomemos brevemente, ao menos por ora, o exemplo do direito à educação básica. A preocupação com a efetividade do direito foi tão grande pelo constituinte que o mesmo foi positivado por meio de três diferentes estratégias: 1) consolidou-se a educação como um dever do Estado, revelando-se, portanto, uma tarefa ou programa cometido ao Poder Público; 2) clausulou-se a educação como um direito de todos, cuidadosamente minudenciado no art. 208 de nossa Carta, sobrescrevendo-a, assim, como um direito público subjetivo do cidadão; 3) criou-se, finalmente, uma garantia institucional pela vinculação de verbas orçamentárias a despesas com manutenção e desenvolvimento do ensino (art. 212).

Emerge cristalina, aliás, insofismável a existência de mais de uma estratégia de positivação dos direitos fundamentais sociais, o que pode ser depurado por meio de uma singela análise gramatical dos diversos dispositivos que abrigam direitos fundamentais sociais.

O acerto dessa linha de raciocínio pode ser apurado pela leitura, por exemplo, do art. 212 da Constituição, que, por si, submete todos os entes da federação à aplicação de percentuais mínimos da receita resultante de impostos na manutenção e desenvolvimento do ensino.

Não se trata de um princípio programático, mas de uma regra de aplicação direta e imediata, vinculando, desde seu nascedouro, a execução orçamentária dos respectivos entes federativos.

Nessa linha, calha transcrever o seguinte excerto da obra de José Carlos Vasconcellos dos Reis:

> Essas características em comum são, certamente, os fatores que contribuem para uma intensa confusão doutrinária entre as normas programáticas e as normas definidoras de direitos sociais, especialmente aquelas que carecem de integração infraconstitucional. Na verdade, a parte social da Constituição é a mais embebida de aspectos programáticos, sendo justamente aquela em que mais agudamente se sentem as dificuldades e dúvidas de interpretação. Entretanto, os efeitos jurídicos oriundos de umas e outras são diversos, o que torna imperioso que se faça uma clara distinção entre elas e que se explicitem corretamente as características das normas programáticas, no intuito de identificá-las com relativa segurança[82].

Perfilhando esse entendimento, forçosa a preliminar conclusão de que só se conhece a extensão e o alcance de uma norma consagradora de um direito fundamental social ao entender qual a estratégia, técnica ou forma pelo qual foi positivado.

Não é ocioso lembrar que nenhuma das normas jurídicas, sobretudo as de maior hierarquia, consente exegese isolada, distante das relações de interação com as demais normas do sistema.

Assim, é evidente que, apesar de positivados de formas diferentes, os direitos sociais advêm de uma mesma origem e compartilham de um mesmo objetivo, de tal modo que cada uma das normas deve sempre ser interpretada à luz dos objetivos maiores do subsistema do qual fazem parte.

Entretanto, parece claro que a Constituição, de um lado, inscreve fins que enxerga mais distantes, e de outro, delimita a existência de direitos cujo reconhecimento e, nessa medida, exigência e aplicabilidade, não possa ser postergado, pena de violação do princípio da dignidade humana e da própria razão de ser da vida em sociedade.

[82] Vasconcellos dos Reis, José Carlos. *As Normas Constitucionais e o Controle do Estado.* Rio de Janeiro: Renovar, 2003, p. 45.

Em relação aos fins maiores do Estado, vale dizer, aos princípios que devam presidir a conduta estatal na persecução de um bem-estar social cada vez mais evoluído, por certo, estarão empalmados por normas programáticas, predispostas a direcionar a realização de políticas públicas e a atividade legiferante nesta matéria.

Todavia, pensando o constituinte em direitos mais prementes, que implicam aspectos como a preservação da vida e a integração mínima ao convívio social, dentre outros, não há como, em nenhuma ordem que se pretenda minimamente justa, pensar-se em realização protraída, à mercê da vontade política dos governantes do momento e das opções orçamentárias que estes venham a realizar.

Neste caso, parte-se do pressuposto de que a negação de um direito desta natureza, que priva o indivíduo de necessidades as mais primárias, traduzir-se-ia em uma violação tão atroz aos direitos humanos que a própria Constituição se dá pressa em vazá-los sob a forma de normas atributivas de direitos subjetivos, autoaplicáveis e autonomamente desfrutáveis por todos e por cada um, independentemente e sem prejuízo da realização de políticas públicas por parte dos entes aos quais o correlato dever de prestar foi atribuído. O objetivo do constituinte foi claro, qual seja, o de retirar a implementação de tais prerrogativas do torvelinho dos litígios partidários, dos programas ideológicos e da disputa de interesses, comuns ao desempenho da atividade político-administrativa.

Por outro lado, existem comandos destinados à vinculação imediata de relações econômicas entre particulares, amainando, pela cogência de regras de proteção do trabalho, uma situação de notória discrepância de forças no jogo do relacionamento econômico que travam.

Tentar submeter todo esse arcabouço normativo ao parâmetro das normas programáticas é, com efeito, subverter os mais simples princípios de direito, desconhecendo a estrutura das normas que reconhecem tais direitos e, quando não, pretender negar juridicidade e, portanto, exigibilidade e aplicabilidade às normas que consagram os direitos fundamentais sociais.

Figure-se, a título de ilustração, que uma determinada Constituição tenha como meta a diminuição de desigualdades regionais em um país. Certamente, haverá de materializar tal intenção por meio de uma norma programática, apontando que a conduta estatal deve estar orientada a tal finalidade.

Caso, contudo, se entendesse, em relação a outro tema, como, por exemplo, a assistência à saúde, que tal direito devesse ser inscrito imediatamente na órbita do patrimônio jurídico de todos os cidadãos, fá-lo-ia por meio de uma norma constitucional atributiva de um direito subjetivo.

Como bem apontado por Robert Alexy, "la protección más fuerte la otorgan normas vinculantes que garantizan derechos subjetivos definitivos a prestaciones; la más débil, las normas no vinculantes que fundamentan un mero deber objetivo *prima facie* del Estado a otorgar prestaciones"[83].

Segue-se que, a depender da espécie e da intensidade de proteção que se pretenda estabelecer, a Constituição lança mão de uma diferente estratégia, ou forma de positivação de direitos fundamentais sociais, podendo inclusive positivar o mesmo direito por mais de uma forma, como mecanismo de reforço de sua proteção.

Note-se que a classificação dos direitos fundamentais sociais com base na forma de positivação tem por escopo categorizar as diferentes estratégias de proteção utilizadas pela Constituição para proteção dos mesmos, não se confundindo, deste modo, com outras classificações como as que tomam como critério a eficácia e aplicabilidade das normas constitucionais, quer genericamente consideradas, quer as atinentes especificamente aos direitos sociais.

Eficácia, nas palavras de Maria Helena Diniz, é a "qualidade da norma vigente (sentido estrito) de ter a possibilidade de produzir, concretamente, seus efeitos jurídicos, não só em suas relações inter-normativas, como também relativamente à realidade social, aos valores positivos e ao seu elaborador e destinatários"[84].

Falar-se em eficácia, portanto, consiste em se perquirir a força ou a aptidão da norma para produzir os efeitos para os quais nasceu predisposta. Eficaz é a norma cuja compostura lhe permita irradiar as consequências deônticas para as quais foi concebida.

Vem a bom termo, neste ponto, a lição de Luiz Roberto Barroso:

> A eficácia dos atos jurídicos consiste na sua aptidão para a produção de efeitos, para a irradiação das consequências que lhe são próprias. Eficaz é o ato idôneo para atingir a finalidade para a qual foi gerado. Tratando-

[83] Alexy, Robert. Op. cit., p. 484.

[84] Diniz, Maria Helena. *Norma Constitucional e Seus Efeitos*. São Paulo: Saraiva, 1989, p. 34.

> -se de uma norma, a eficácia jurídica designa a qualidade de produzir, em maior ou menor grau, os seus efeitos típicos [...][85].

Assim, a abordagem que se tem em mente diz com a designação de uma tipologia que não venha a refletir propriamente a eficácia e aplicabilidade das normas constitucionais, como aquela brilhantemente formulada por José Afonso da Silva[86], nem tampouco pela classificação, irreparável, engendrada, com magnificência, por Celso Antônio Bandeira de Mello, cujo critério "é o da investidura, em favor dos administrados, de direitos mais ou menos amplos descendentes diretamente do Texto Constitucional"[87], concernente, especificamente, às normas constitucionais atinentes a direitos sociais.

Nesse sentido, Celso Antônio Bandeira de Mello formula uma sistematização tripartida das normas constitucionais sobre justiça social, que, em apertada síntese, pode ser assim apresentada:

- Normas que "compõe em sua dicção a outorga de um 'poder jurídico', isto é, de uma situação subjetiva ativa cujo desfrute independe de uma prestação alheia, vale dizer, cuja satisfação não se resolve no cumprimento de uma obrigação a ser solvida por outrem". A norma que consagra o direito de greve seria das que se agregam a esta categoria. Averba o citado autor que este tipo de norma admite duas espécies: aquelas que encerram poderes insuscetíveis de restrição e as que enfeixam poderes restringíveis por lei ordinária;
- Normas que "compõe, em sua dicção, o necessário e suficiente para gerar, em prol do administrado, uma concreta utilidade, suscetível de fruição mediante desfrute positivo e que consiste em um direito propriamente dito, isto é, bem jurídico cuja fruição depende de uma prestação alheia". Agrega o citado autor que este tipo de norma também apresenta subdivisão em duas espécies: "a) normas que delimitam, com exatidão o conteúdo do direito, porque a dicção constitucional se vale de expressões inelásticas, isto é, de

[85] Barroso, Luiz Roberto. *O Direito Constitucional e a Efetividade de Suas Normas*. 3. ed. Rio de Janeiro, Renovar. 1996, p. 81.

[86] Cf. Silva, A. J. da. Op. cit.

[87] Bandeira de Mello, Celso Antônio. Eficácia das Normas Constitucionais sobre Justiça Social, op. cit., p. 57-58.

significado preciso; b) normas que delimitam aproximativamente o conteúdo do direito, porque a dicção constitucional se vale de expressões elásticas, de significado algo fluído, altanto impreciso". Neste último caso, cita o autor, a pretexto de exemplo, as normas que protegem contra o trabalho insalubre e noturno, anotando nestas expressões a existência da citada imprecisão.

- Normas que expressam "em sua dicção apenas uma finalidade a ser cumprida obrigatoriamente pelo Poder Público, sem entretanto apontar os meios a serem adotados para atingi-la, isto é, sem indicar as condutas específicas que satisfariam o bem jurídico consagrado na regra"[88].

Como se vê, a classificação formulada toma como critério a imediata geração de efeitos para os administrados, servindo, pois, como um dos vetores para a tipologia que ora se pretende estruturar, a qual, no entanto, palmilha caminho diverso, pretendendo construção tipológica que decalque as estratégias de proteção constitucional dos direitos sociais, não a partir de uma graduação eficacial, e sim de conteúdos deônticos que, quer direcionados ao Estado, quer direcionado aos particulares, predispõem diferentes maneiras de, no plano normativo, buscar a realização de justiça social.

Em rigor, a classificação que ora se pretende realizar se situa em um momento anterior ao da análise da eficácia da norma, na medida em que atina com os meios preexistentes para que, ao sabor do constituinte, os direitos sociais sejam positivados.

Evidentemente, uma Constituição pode optar por um único caminho, como acontece com a Lei Fundamental da Alemanha, que se limita a uma única previsão programática[89], constante de seu art. 20, alínea "1", que prescreve: "A República Federal da Alemanha é um Estado Federal, democrático e social"[90]. Deste dispositivo é que se extrai o chamado princípio do Estado Social, com base no qual foi formatada a noção do

[88] .- op. cit., pág. 242/4.

[89] Apesar de, em praticamente todas as constituições dos Estados-membros (*länder*), existir a previsão de direitos sociais. Cf. Krell, Andreas J. *Direitos Sociais e Controle Judicial no Brasil e na Alemanha*. Porto Alegre: Sérgio Antonio Fabris Editor, 2002.

[90] Heck, Luís Afonso. *O Tribunal Constitucional Federal e o Desenvolvimento dos Princípios Constitucionais*. Porto Alegre: Sergio Antonio Fabris Editor, 1995, p. 168.

chamado mínimo existencial. Outras constituições, no entanto, podem se valer de todos os meios existentes, o que, com efeito, se constata na Constituição da República Federativa do Brasil de 1988.

Cristina Queiroz, aludindo a esta doutrina tradicional, averba que os direitos fundamentais sociais costumam vir "caracterizados segundo diferentes 'estratégias', 'métodos' ou 'técnicas' de positivação:

- como tarefas legislativas (*Gesetzgebungsaufträge*),
- como determinação dos fins do Estado (*Staatszielbestimmungen*),
- como tarefas constitucionais (*Verfassungsaufträge*),
- como princípios diretivos (*Leitprinzipien*),
- como mandatos de optimização (*Optimierungsgebote*)[91].

As técnicas ou formas de positivação acima apresentadas constituem-se, em rigor, em desdobramento das chamadas normas programáticas, que, a cada momento, podem se apresentar sob uma das formas elencadas.

É notória, nessa linha, a insuficiência de tais conceitos, que, de um lado, buscam a caracterização dos direitos sociais como uma questão de caráter exclusivamente político administrativo e, de outro, acabam por retirar de tais normas um mínimo de eficácia, projetando, deste modo, até a falta de validade jurídica de suas disposições, que estariam adornadas de um caráter moral, mas destituídas de exigibilidade.

Mantidos tais pressupostos, os direitos fundamentais sociais seriam, nas palavras de Schimitt, verdadeiros "aleluias jurídicos", como se as normas de maior hierarquia de nosso sistema, alojadas em uma categoria constitucional especialmente protegida (direitos fundamentais) pudessem ser concebidas como desprovidas de sanção, de exigibilidade e de obrigatoriedade.

Tal raciocínio, se extremado, acaba por transportar para os domínios do direito público a ideia de "faculdade", burlando uma noção essencial do Estado de Direito, que se traduz na submissão do administrador à lei.

Ora, se as deliberações constituintes, independentemente dos conteúdos que hospedem e das formas de positivação que assumam, estivessem sempre fadadas a um "juízo" valorativo do administrador, certamente, ao menos nesta província, estaria capitulada uma autêntica

[91] QUEIROZ, Cristina. Op. cit., p. 18.

exceção à premissa de que a ação do Estado deva estar sempre jungida ao cumprimento da lei.

Nesse caminho, entendemos que as normas consagradoras de direitos sociais devam, em primeiro lugar, receber salvaguarda quanto a seu caráter estritamente jurídico, o que as faz dotadas de sanção e exigibilidade. Em segundo lugar, devemos interpretá-las à luz da forma como foram positivadas, pois daí é que se pode extrair o propósito da Constituição, inclusive quanto à sua eficácia e aplicabilidade. Em terceiro lugar, os direitos sociais, porquanto sancionáveis, obrigatórios e exigíveis, são, cada qual a seu modo, dotados de justiciabilidade, pena de subversão do princípio esculpido pelo art. 5º, XXXV, de nossa Lei Maior.

Joaquim José Gomes Canotilho, versando o tema, enxerga as seguintes possibilidades de positivação ou conformação dos direitos sociais:

> 1) positivação dos direitos económicos, sociais e culturais sob a forma de *normas programáticas* definidoras de tarefas e fins do Estado (*Staatszielbestimmungen*) de conteúdo eminentemente social;
>
> 2) positivação dos direitos económicos, sociais e culturais na qualidade de normas de organização atributivas de competência para a emanação de medidas relevantes nos planos econômico, social e cultural;
>
> 3) positivação dos 'direitos sociais' através da consagração constitucional de *garantias institucionais (Institutionnelle Garantien)*, obrigando o legislador a proteger a essência de certas instituições (família, administração local, saúde pública) e a adotar medidas estritamente conexionadas com o 'valor social eminente' dessas instituições;
>
> 4) positivação dos direitos sociais como *direitos subjetivos públicos*, isto é, inerentes ao espaço existencial dos cidadãos[92].

Numa análise crítica da classificação acima oferecida, entendemos que, ao pensar nas formas pelas quais os direitos sociais possam ser plasmados a uma Constituição, alguns pontos merecem maior reflexão, nada obstante a lisura científica da explanação apresentada.

[92] Canotilho, Joaquim José Gomes. Tomemos a sério os direitos sociais, económicos e culturais, *in Estudos Sobre Direitos Fundamentais*. Coimbra: Coimbra, 2004, p. 37-38.

É inegável, grassando verdadeiro consenso, que os direitos sociais, por vezes, venham vazados por meio das chamadas normas programáticas, em que se definem princípios, diretrizes e tarefas ao Poder Público.

Todavia, aponta o autor, há possibilidade de positivação de direitos sociais por meio de "normas de organização atributivas de competência para a emanação de medidas relevantes nos planos econômico, social e cultural".

Quer nos parecer que a forma supra indicada de positivação não mereça ser isolada em uma das categorias de positivação, já que, a nosso juízo, podem ou ser incluídas no espectro das chamadas normas programáticas ou na categoria das garantias institucionais.

Ao se definir a atribuição de uma competência para a emanação de medidas, o que se estabelece, em última análise, é a fixação de tarefas ao Poder Público. Ainda que se vislumbre que a norma constitucional determine a criação de um órgão ou sistema, estes estariam incumbidos de determinados fins, vale dizer, da realização de determinados programas, consubstanciados nas medidas a serem emanadas pelo exercício das competências atribuídas.

Os pressupostos de tais normas consagradoras de direitos sociais e das programáticas são os mesmos: a definição de tarefas ou programas, sem que os meios sejam claramente identificados.

De fato, ao se determinar, por exemplo, a criação de um órgão com determinada competência para a adoção de medidas no plano social, o que se pretende é a realização de um determinado programa, investindo o Estado de uma obrigação, de um fim a ser atingido.

Considere-se a questão da preservação ao meio ambiente. Vislumbre-se, agora, a existência de uma norma constitucional que determine a criação de um sistema, envolvendo órgãos públicos, do qual deva emanar medidas de preservação ambiental. Afigura-se-nos que, em tal circunstância, definir ao Estado, genericamente, uma tarefa ou atribuir essa mesma tarefa a um organismo ou sistema de organização, por meio da especificação de competências administrativas para a realização desta tarefa, tem praticamente o mesmo significado.

Por outro lado, também poderia se vislumbrar que a criação de um sistema, com a definição de competências para emanação de medidas, poderia consubstanciar uma garantia institucional, o que, ainda uma vez, parece subtrair significado de tal apontada categoria.

Quanto às garantias institucionais, merece transcrição o sempre preciso magistério de Jorge Miranda:

> Para saber então se determinada norma se reporta a um direito ou a uma garantia institucional, haverá que indagar se ela estabelece uma faculdade de agir ou de exigir em favor de pessoas e grupos, se coloca na respectiva esfera jurídica uma situação ativa que uma pessoa ou um grupo possa exercer por si e invocar diretamente perante outras entidades – hipótese em que haverá um direito fundamental; ou se, pelo contrário, se confina a um sentido organizatório objetivo, independentemente de uma atribuição ou de uma atividade pessoal – caso em que haverá apenas uma garantia institucional[93].

As garantias institucionais atinam, em verdade, com a criação de uma ordem protetiva de valores, que, de algum modo, tenham sido prestigiados pela Constituição.

Identificados tais valores, que, de sua vez, estão incorporados por instituições jurídicas, são traçados mecanismos que irão garantir sua existência e, nessa medida, são chamados de garantias institucionais.

As garantias institucionais não visam substituir nenhum dos direitos fundamentais, ao contrário, buscam com eles se articular ao derredor da proteção de valores humanísticos plasmados à Constituição e, exatamente nesta perspectiva, como bem aponta a já transcrita classificação de Gomes Canotilho, podem ser evocadas como uma das formas, ou técnicas, de positivação de direitos fundamentais sociais, como, aliás, podemos constatar na própria Constituição brasileira, o que se procurará demonstrar linhas à frente.

Ao se falar em garantias institucionais, uma advertência deve ser, desde logo, lançada. A depender da concepção de garantias institucionais pode-se chegar à conclusão de que se trata de um instrumento teórico de vocação conservadora, na medida em que funcionaria como uma espécie de garantia para instituições preexistentes à própria Constituição, o que poderia, em última análise, concorrer até para um juízo de supressão de liberdades individuais.

[93] MIRANDA, Jorge. Op. cit., pp. 69-70.

Na espécie, quer nos parecer, que não seja esse o sentido exato do termo. As garantias institucionais devem ser pensadas como o complexo de normas predestinados a fazer com que uma instituição pública ou privada (família, educação, saúde pública...) seja protegida, constituindo-se, por isso mesmo, em um mecanismo de busca à máxima efetividade dos direitos fundamentais envolvidos com tais instituições.

Note-se que, nesse sentido, as garantias institucionais devem ser enfocadas fundamentalmente como um meio de preservação de valores e direitos. Assim, ao falarmos de direitos sociais, por evidente, podemos pensar em mecanismos criados pelo constituinte para preservação das instituições inerentes aos mesmos.

Neste caso, cuidando-se basicamente de um meio, é de se concluir que o fim maior de uma garantia institucional é a preservação do ser humano, raiz de qualquer instituição social.

A título de exemplo, figure-se a relação estabelecida entre o princípio da separação dos poderes e os direitos de liberdade: de um lado, a Constituição prescreve direitos subjetivos de liberdade, de outro, procura garanti-los, enquanto instituição (democracia etc.), por meio da separação dos poderes[94]. Enfocando-as como um meio, funcionam como forma de otimização dos direitos fundamentais, despidas de qualquer conotação conservadora, supostamente pautada pela sublimação de instituições em detrimento dos direitos fundamentais.

Considerando especificamente os direitos sociais, tome-se como objeto de estudo a educação. De um lado, a Constituição a identifica como um direito público subjetivo, prescrevendo que todos os indivíduos têm o direito à educação, o que, como se verá adiante, pode ser sindicado judicialmente. De outro, garante a instituição educação, dentre outras maneiras, determinando a vinculação de percentual da receita orçamentária no desenvolvimento e manutenção do ensino.

Por isso partilhamos do entendimento de que as garantias institucionais também se consubstanciam em uma forma de positivação dos direitos sociais.

[94] Cf. Comparato, Fábio Konder. A Garantia Institucional dos Direitos Humanos. *Enciclopédia Digital de Direitos Humanos*, http://www.dhnet.org.br/direitos/militantes/comparato/comparato_garantias.html. 22.8.2007.

A propósito do tema, importante o seguinte asserto da lição de Miguel Satrústegui:

> *Todas esas facultades están destinadas a asegurar determinadas características básicas del sistema educativo, que son indispensables para que las enseñanzas cumplan su función. En esa medida, dichas características delimitan el contenido esencial del derecho a la educación, entendido en este caso, no en su aspecto subjetivo de derecho de prestación, sino en su aspecto objetivo, de garantía institucional*[95].

Ainda no que tange à classificação oferecida pelo ilustre jurista português, também parece clara a possibilidade de se positivar direitos sociais por meio da atribuição de direitos subjetivos.

É perfeitamente possível a uma Constituição inscrever, desde logo, no âmbito das prerrogativas subjetivas do indivíduo, certos direitos sociais, solidificando, na verdade, um patamar civilizatório, qualificado pela conclusão de que alguns direitos materiais, necessários à preservação da vida e ao desenvolvimento da personalidade, integram-se congenitamente à noção de ser humano e, deste modo, inscrevem-se como direitos públicos subjetivos, o que os predica com a possibilidade de reivindicação judicial.

É bem verdade que de uma norma programática também surgem direitos subjetivos, correlacionados, porém, à perspectiva de implementação dos supostos programas que nelas se contêm.

Aqui, todavia, ao aludirmos a direito público subjetivo, cogitamos de direitos autonomamente fruíveis por cada indivíduo, independentemente de opções políticas ou administrativas do Estado, forjando, inclusive, a possibilidade de sua reivindicação individual por cada prejudicado.

O raciocínio se revela de tal modo pertinente que países cujas constituições não consagrem direitos sociais com tal caracterização buscam formas de assim caracterizá-los. É o que acontece na Alemanha com a noção do chamado mínimo existencial, tido como caudatário do princípio do Estado Social.

Assim, analisando o conteúdo e a natureza de algumas das normas consagradoras de direitos fundamentais sociais, conclui-se que seu

[95] SATRUSTEGUI, Miguel. *Derecho Constitucional*. vol. I. Valência: Tirant lo Blanc, 1994, p. 346.

anelo é o de claramente investir seus destinatários de uma prerrogativa pública subjetiva, fazendo-o, não raro, de uma forma tão clara a não permitir ao intérprete se afastar de tal conclusão.

Nesse sentido, calha sublinhar que, aplainando dúvidas, a própria Constituição Federal, em seu art. 208, § 1º, se deu pressa em delimitar que o "acesso ao ensino obrigatório e gratuito é direito público subjetivo".

Tal enunciado, sobre expressar a existência do direito público subjetivo nele mencionado, reforça que, ao longo do texto constitucional, outros enunciados podem partilhar da mesma forma de positivação, o que, com efeito, também se verifica, ao menos, no que se refere ao direito à saúde.

Forçosa, pois, a conclusão de que a definição de direitos públicos subjetivos se configura como uma das formas, ou técnicas, de positivação de direitos fundamentais sociais.

Outro aspecto muito marcante em termos de positivação dos chamados direitos sociais, econômicos e culturais, aqui designados genericamente como direitos fundamentais sociais, é a interveniência ordenadora no domínio de algumas relações privadas.

É do conhecimento geral que algumas das relações privadas são marcadas por uma profunda desigualdade entre as partes que as compõem.

Convém sublinhar, nesse sentido, que a própria história dos direitos sociais tem seu termo inicial na necessidade de ordenação das relações de trabalho.

Como ressaltado, o capitalismo, nos seus primórdios, veio assentado fundamentalmente em duas instituições jurídicas: a propriedade privada e a autonomia da vontade, vale dizer, a liberdade para contratar, ressaltando-se que, uma vez aperfeiçoada a relação contratual, o pacto celebrado vinculava as partes contratantes, sendo conhecida a asserção do Código Civil francês de 1804, o chamado Código de Napoleão, segundo a qual "o contrato faz lei entre as partes".

Nessa perspectiva, é facilmente dedutível que a desigualdade intrínseca a algumas relações econômicas, aliada aos precitados institutos jurídicos, acabava por gerar distorções de tal ordem graves que lancinavam a própria noção de liberdade, tão enfaticamente defendida na época, pelo evolver das monarquias absolutas como forma de governo para os Estados republicanos, ou monárquicos limitados, de regra, parlamentaristas.

Basta vislumbrar, como exemplo, as relações de trabalho, cujas partes que a integram desfrutam de uma situação absolutamente desigual. De um lado, o empregador, que usufrui de uma inegável situação de prepotência econômica, e, de outro, o empregado, claramente fragilizado pela necessidade de prover à própria subsistência e a de seus familiares.

A relação, engendrada sem uma interveniência protetiva do Estado, acabava por submeter os empregados ao jugo do empregador, gerando cargas de trabalho intoleráveis e remuneração muito aquém da necessária para a franquia das necessidades mínimas do obreiro e de seus familiares.

Elianne M. Meira Rosa, versando o tema, aponta:

> Muito pouco serviam ao homem comum garantias jurídicas conquistadas através dos séculos nas lutas contra o absolutismo, quando agora se via despido diante das vicissitudes implacáveis do poder econômico, sofrendo as conseqüências do rompimento de seus vínculos pessoais. O trabalhador encontrava-se esmagado pela própria liberdade, que, na verdade, apenas o expunha diante da certeza de que sozinho não resistiria".[96].

Assim, nos idos de 1830, passaram a surgir, primeiramente na França, teses de que a desigualdade econômica existente entre os homens deveria render ensejo a leis protetivas, predispostas à consolidação da ideia de igualdade jurídica entre os seres humanos.

Ao invés de se deixar as relações contratuais ao sabor das definições daqueles que detinham uma situação de verdadeira prepotência econômica, o Estado, sobretudo pela consolidação e aplicação de leis protetivas, deveria intervir nessas relações privadas, garantindo um mínimo de igualdade, quer dizer, o Estado, por meio de uma postura proativa deveria assegurar a dignidade humana nas relações de trabalho.

Convém transcrever, neste ponto, a preleção de Lygia Batista de Godoy Cavalcanti:

> As teses sobre a desigualdade fática dos homens que surgiram entre 1830 e 1848 consideravam que para manter o equilíbrio da igualdade jurídica o Estado deveria promulgar leis mais protetoras. Logo, as dou-

[96] Rosa, Elianne M. Meira. Op. cit., p. 2.

> trinas sociais, encabeçadas pelo marxismo, em favor das lutas de classe contra o sistema social engendrado pela aceleração da industrialização, mantiveram sua marca acentuada nesses movimentos políticos. O conflito capital-trabalho é, portanto, o fundamento histórico do Direito do Trabalho, sua razão de ser como disciplina independente[97].

As normas protetivas do trabalho, incluídas as que atribuem direitos e as que criam mecanismos assecuratórios (direito de greve, sindicalização etc.), em rigor, não constituem propriamente prestações estatais, tais como as clausuladas em programas e tarefas, em direitos subjetivos frente ao Estado ou em garantias institucionais, tampouco podem ser definidas como direitos de liberdade, pois não frutificam de uma ordem econômica conformada pela realidade posta, mas se trata, em última análise, de um sistema de relações jurídicas criado pelo Estado para a ordenação de relações privadas, de tal modo que reste assegurado à parte mais fraca direitos mínimos que devem ser obrigatoriamente cumpridos por aquele que seja economicamente mais forte[98].

O Estado, neste caso, cumpre função ordenadora, de intervenção em relações jurídicas travadas entre particulares, que, deste modo, deixam de se balizar pelo que exsurge espontaneamente dessas relações econômicas e passam a ficar balizadas por cláusulas impostas pelo Poder Público, como condição de manejo de uma ideia de igualdade jurídica.

Com tal estratégia de positivação, o Estado visa consagrar direitos sociais pela ordenação de relações privadas com o objetivo de compensar relações fáticas caracterizadas pela desigualdade.

Note-se que, muitas vezes, a obrigação atribuída ao particular faz com que se consolide a noção de que o poder econômico tenha que compartilhar com o Estado os mesmos deveres sociais. Confira-se, a propósito, o art. 7º, XXV, da Constituição, que inclui nos contratos de trabalho, a obrigação do empregador fornecer "assistência gratuita aos

[97] Cavalcanti, Lygia Maria de Godoy Batista. A Dignidade da Pessoa Humana como Norma Principiológica de Aplicação do Direito do Trabalho, *in Direitos Humanos*: essência do direito do trabalho. Coordenação de Alessandro da Silva, Jorge Luiz Souto Maior, Kenarik Boujkian Felippe e Marcelo Semer. Juízes para a Democracia, São Paulo: LTR, 2007, pp. 144-145.

[98] Em posição semelhante, conferir a exposição de Cristina Queiroz (Op. cit., pp. 101-102) sobre o papel do Estado ao ordenar a propriedade privada.

filhos e dependentes dos zero aos cinco anos de idade em creches e pré-escolas", direito este assegurado a todos, na rede pública, como parte do direito à educação, por força do que dispõe o art. 208, IV, também de nossa Lei Maior.

Na hipótese declinada, a consagração do direito social não se fez pela definição de um direito subjetivo frente ao Estado, mas pela criação de um sistema jurídico de ordenação das relações entre particulares, em que a vontade constitucional, ou legal, se faz inserir no conteúdo da relação jurídica a ser travada entre as partes da relação jurídico-privada, como aquelas estabelecidas entre o empregado e o empregador.

Neste ponto, o interesse da norma é, sem dúvida, proteger o indivíduo das vicissitudes econômicas do sistema, fazendo-o, no entanto, por via diversa, qual seja, a intervenção no domínio das relações privadas para assegurar que, nelas, exista um mínimo de comutatividade, pensando-se o ser humano não só como uma das partes do contrato, nem tampouco como um mero agente econômico, mas como um cidadão, que, integrando-se à vida associada, tem direito à partilha dos bens por ela produzidos, que devem ser garantidos também por relações econômicas mais equilibradas e justas.

Note-se que tal intervenção não se dá exclusivamente em matéria atinente a relações de trabalho, mas em relações econômicas de maneira geral, como, por exemplo, as relações de consumo.

A definição de cláusulas abusivas pelo art. 51 do Código de Defesa do Consumidor impede que contratos como os de previdência privada, ou de assistência à saúde, consagrem fórmulas que implicariam uma possível falta de assistência futura do consumidor. Assim, o que se vê, ainda uma vez, é a intervenção do Estado em relações particulares para a salvaguarda de direitos atinentes à dignidade humana de pessoas que estejam em situação de vulnerabilidade econômica e social.

Vislumbra-se, aqui, a nosso juízo, mais uma estratégia de consagração de direitos sociais.

Finalmente, entendemos que uma técnica de positivação possa ser indicada por meio de normas que ora deliberamos por denominar – por uma seleção subjetiva – de projectivas.

Contemplando o texto constitucional, tanto o brasileiro como boa parte dos estrangeiros, podemos verificar que foram consagrados alguns pilares fundamentais do modelo econômico existente no respectivo país.

Nesse sentido, uma breve leitura da Constituição de 1988 já nos furta de qualquer dúvida nessa direção: o art. 170, *caput*, qualifica a livre-iniciativa como fundamento de nossa ordem econômica e aponta a propriedade privada como um de seus princípios estruturantes.

Em relação à propriedade privada, bem como em relação a institutos que são dela caudatários, como a livre-iniciativa, é de se ver que sua conformação constitucional, exibindo-lhe todas as características de seu perfil jurídico, não frutífera de uma singela disposição constitucional, mas advém de diversos dispositivos que, compondo-lhe a substância, indicam o dever de observância de sua função social, a busca da justiça social e o objetivo de propiciar dignidade a todos, dentre outras disposições, que lhe substanciam em conteúdo e lhe orientam o sentido.

Bem a propósito, a lição de Celso Antônio Bandeira de Mello:

> À vista dos dispositivos citados, é claro a todas as luzes que a Constituição brasileira apresenta-se como uma estampada antítese do neoliberalismo, pois não entrega a satisfatória organização da vida econômica e social a uma suposta (e nunca demonstrada) eficiência do mercado. Pelo contrário, declara que o Estado brasileiro tem compromissos formalmente explicitados com os valores que nela se enunciam, obrigando a que a ordem econômica e a social sejam articuladas de maneira a realizar os objetivos apontados[99].

Em outras palavras, o direito de propriedade tem, por assim dizer, sua moldura definida não pelos dispositivos constitucionais que hospedam a previsão expressa de sua existência, mas pela confluência de um conjunto de disposições constituídas, em nível constitucional, com o escopo, direta ou indiretamente, de lhe compor o conteúdo.

A propósito, pertinentes as palavras de Themistocles B. Cavalcanti:

> Que a ordem econômica seja organizada conforme os princípios da justiça social, nada mais justo e adequado, porque subordina todo o sistema

[99] MELLO, Celso Antônio Bandeira de. *Curso de Direito Administrativo*. 20. ed. São Paulo: Malheiros, 2005, p. 747.

> econômico, ao interesse coletivo, ao reconhecimento de direitos inerentes à personalidade humana, e que pressupõem a coexistência de condições, morais e materiais, dignas do homem[100].

Considere-se, pois, a livre-iniciativa enquanto instituto jurídico. Foi objeto de previsão expressa no art. 170, *caput*, da Constituição Federal, porém, a definição de sua arquitetura jurídica reclama a incidência de diversos outros dispositivos constitucionais, tais como os que preveem a propriedade privada, a função social da propriedade, a propriedade intelectual, as normas de proteção do trabalho, o livre exercício profissional e a liberdade contratual.

Registre-se que a incidência conjunta de tais disposições na exteriorização do perfil jurídico do direito à livre-iniciativa não desqualifica o "momento anterior", o que indica que cada um desses institutos permanece com um significado próprio, um conteúdo mínimo que vale por si, mas que na relação de coordenação com outras normas concorre para ditar, enfatize-se, o perfil jurídico do direito analisado.

Perscrutando tais institutos, pode-se verificar que neles existem alguns princípios que foram incorporados ao texto constitucional com o objetivo claro de atribuir contornos sociais a institutos jurídicos que servem de fundamento ao modelo econômico vigente.

Atente-se, para argumentar, para a propriedade privada e a livre iniciativa, institutos jurídicos, por assim dizer, imanentes à organização capitalista da economia.

Se a Constituição, de um lado, contemplou-os com disposições expressamente voltadas à sua existência e proteção, de outro lado, incorporou princípios predispostos a configurá-los sob uma roupagem jurídica distinta. Assim, o direito de propriedade, por exemplo, tem o seu perfil ditado, dentre outros, pelo princípio da função social da propriedade.

A livre-iniciativa, compreendida genericamente como a faculdade de destinar bens à realização de uma atividade econômica com a finalidade de lucro, foi acomodada constitucionalmente com o objetivo de propiciar dignidade a todos, conforme os ditames da justiça social.

[100] Cavalcanti, Themístocles B. A Constituição Federal Comentada. vol. 3. São Paulo: José Konfirno Editor, 1949, p. 276.

Em ambos os exemplos, quer parecer que a finalidade do constituinte foi o de incorporar à Constituição princípios e diretrizes para que os institutos jurídicos fundantes de nossa ordem econômica estivessem inelutavelmente subordinados aos objetivos sociais que demarcam toda a sistemática jurídica de construção do Estado brasileiro.

Aparentemente tais diretrizes e princípios não estão predispostos à ordenação da atividade estatal, mas sim à conformação jurídica do mercado, subjugando-o a uma necessária conformação social.

A importância exegética destas, que podemos denominar de normas de conformação, ou, como dissemos, projectivas, tem sido trateada por boa parte da doutrina na análise das disposições com as quais estas interagem.

Como dito, a função social da propriedade cristaliza princípio a demarcar o perfil do direito de propriedade no Brasil. Do mesmo modo, o objetivo de propiciar dignidade a todos, conforme os ditames da justiça social, constitui diretriz clara a orientar a livre-iniciativa em nosso sistema jurídico.

Um dos campos de aplicação da livre-iniciativa é a atividade agrícola, que, deste modo, deve se prender à citada diretriz constitucional, o que, por evidente, faz com que a determinação contida no art. 185 da Constituição, que proíbe a desapropriação de propriedades rurais produtivas, deve ter a sua interpretação orientada por tal princípio (função social) e por tal diretriz (propiciar dignidade a todos), de tal modo que só se pode conceber a expressão propriedade produtiva ali contida como propriedade socioprodutiva, pois a orientação de que a iniciativa privada deve ter por objetivo propiciar dignidade a todos vale, por evidente, a qualquer modalidade e campo de exercício da livre-iniciativa.

Destarte, vislumbrando a existência de uma propriedade rural que, não obstante explorada adequadamente, promova a redução de seus trabalhadores à condição análoga à de escravo – como tristemente, por vezes, constatamos ocorrer no Brasil –, temos hipótese perfeita para a aplicação da chamada desapropriação-sanção, regulada pelo art. 184 de nossa Constituição.

Assim, a delimitação dos fins da propriedade e da atividade econômica privada consubstancia, sem dúvida alguma, forma de positivação de direitos sociais, forjando, nesta seara, categoria própria, com notória utilidade conceitual e hermenêutica.

Em arremate, podemos concluir que a Constituição de 1988 lançou mão das seguintes formas, técnicas ou estratégias de positivação de direitos sociais:

- Positivação por meio de normas consagradoras de finalidades a serem cumpridas pelo Poder Público, que, deste modo, se limitam a apontar diretrizes, tarefas ou finalidades a serem atingidas por este.
- Positivação por meio da atribuição de direitos subjetivos públicos, que embora criem um correlato dever de prestar para o Estado, são de fruição autônoma e imediata por qualquer indivíduo.
- Positivação por meio de garantias institucionais, predispostas, portanto, a preservar instituições sociais consagradas pela Constituição.
- Positivação por meio de cláusulas limitativas do poder econômico, predispostas fundamentalmente à busca do equilíbrio em relações socioeconômicas, marcadas, em termos fenomênicos, por uma desigualdade muito profunda. Tais normas visam, em suma, a criação de um sistema jurídico de ordenação das relações entre particulares, em que a vontade constitucional, ou legal, se faz inserir no conteúdo da relação jurídica a ser travada entre as partes da relação jurídico privada, como aquelas estabelecidas entre o empregado e o empregador.
- Positivação por meio das denominadas normas projectivas, vale dizer, normas de conformação social dos institutos jurídicos fundantes da ordem econômica capitalista.

Nessa linha de orientação, é imperioso sublinhar que a forma de positivação eleita influenciará diretamente o regime jurídico inerente ao direito social positivado, refletindo, em última análise, a opção do constituinte quanto ao nível de proteção, aos objetivos e aos meios de intervenção na realidade que se busca em cada direito social envolvido, permitindo, deste modo, verificar qual o regime jurídico de cada direito social positivado segundo a forma adotada pela respectiva Constituição.

Por isso, no capítulo seguinte, passamos à análise de cada uma das formas de positivação dos direitos sociais que propugnamos existentes na Constituição de 1988, procurando demarcar o regime jurídico por cada uma delas determinado.

CAPÍTULO 3
AS ESTRATÉGIAS DE POSITIVAÇÃO E OS RESPECTIVOS REGIMES JURÍDICOS DOS DIREITOS SOCIAIS

Como já apontado no capítulo precedente, a forma de positivação dos direitos sociais, decalcando seu regime jurídico, indicará os meios, os modos e os níveis de proteção com que foram acomodados ao texto constitucional.

Uma breve digressão se torna, porém, necessária.

Em uma análise desavisada, pode parecer que a classificação apresentada estaria assentada na eficácia e aplicabilidade das normas constitucionais envolvidas.

Não é o caso.

As estratégias de positivação dizem respeito aos meios de institucionalização dos respectivos direitos no interior da Constituição, apontando *arquétipos jurídicos* preestabelecidos, dos quais o constituinte se serviu para a consagração de direitos sociais, o que, em última análise, implica uma opção socioideológica do constituinte a demarcar o perfil do próprio Estado.

Assim, as formas de positivação não prenunciam necessariamente um tipo de eficácia ou aplicabilidade, mas sim um perfil de institucionalização de um direito social.

Assim, o que se quer afirmar é que a classificação dos direitos sociais segundo sua forma de positivação, não se confunde com a classificação das normas constitucionais segundo sua eficácia e aplicabilidade, pois cada uma destas classificações está alicerçada em um distinto critério, engendrando, portanto, categorias que, embora dialoguem, não se confundem.

Baseando-se na classificação já apresentada, passamos, então, a discorrer sobre o regime jurídico que deflui de cada uma das categorias oriundas de tal classificação.

1. Positivação por meio de normas programáticas que se limitam a apontar diretrizes, tarefas ou finalidades a serem atingidas pelo Poder Público.

Embora, como visto, não seja a única forma de positivação dos direitos sociais, frequentemente o constituinte se serve deste meio de institucionalização de direitos sociais, no qual se limita, por meio de programas, a apontar diretrizes, tarefas ou finalidades a serem atingidas.

Tal forma de positivação acaba por determinar a existência de normas constitucionais caracterizadas pela definição de um fim, criando, para o Estado, um dever de agir, sem, contudo, precisar como, quando e o que deve exatamente ser feito.

A título de figuração, tome-se como base o art. 170, VIII, da Constituição, que elege como princípio de nossa ordem econômica a busca do pleno emprego.

A diretriz constitucional, por um lado, é clara: na gestão da política econômica, o Poder Público deve buscar uma situação econômica em que oferta e demanda de mão-de-obra estejam em equilíbrio. Todavia, se há clareza na identificação do fim a ser atingido, a norma se furta a uma definição do que deva ser feito, como e quando.

Diante dela, ninguém, individualmente, se vê investido de uma prerrogativa subjetiva de reivindicar ocupação no mercado de trabalho. Em regra, não gera, individualmente, aos seus destinatários, direito subjetivo.

Mesmo pensando-se na conduta genérica do Estado, qualquer intérprete teria dificuldade de estabelecer um parâmetro para eventual contraste de legalidade entre uma ação ou omissão do Estado e a norma em comento.

Fixa-se, em rigor, uma orientação obrigatória para o planejamento econômico a ser produzido pelo Estado, porém, de uma forma dotada de tamanha amplitude e vagueza, que qualquer intérprete teria dificuldades para apontar, em casos concretos, a violação do comando nela contido.

Assim, determinações como as que indicam a busca do pleno emprego e a redução das desigualdades sociais como princípios da ordem econômica, embora consagrem direitos sociais, são disposições que comportam graus diferentes de implementação, em regra, pela intermediação de outros comandos legais.

Logo, embora normas jurídicas e passíveis de sancionamento, a conduta pública que se dispõe a lhe realizar é de difícil tangibilidade, daí a dificuldade de, isoladamente, buscar sua realização.

Registre-se, porém, que tais princípios devem orientar a interpretação de outras normas, como as que regulam relações de trabalho, seguro-desemprego, proteção da infância e assistência à saúde.

Outros direitos sociais, embora plasmados sob a forma de normas programáticas, apresentam uma definição mais clara dos fins que estão a perseguir, conquanto não costumem indicar os meios, a forma e o momento para sua realização.

São normas que, dotadas de um maior nível de especificação, atribuem tarefas ou programas ao Estado.

Regina Maria Macedo Nery Ferrari comenta sobre as normas programáticas em magistral incursão no tema:

> Tais normas definem fins e não estabelecem pressupostos de fato, isto é, não dizem quando se deve atuar, nem o conteúdo da atuação, ou seja, o que deve ser feito, embora indiquem, imperativamente, o fim a ser perseguido. O maior problema deste tipo normativo reside no fato de que o conteúdo a ser prescrito na norma é precisamente o fim a ser atingido, sem a determinação da conduta a realizar, ficando ao destinatário da norma uma ampla margem de discricionariedade para escolher os meios adequados à persecução do fim determinado. O que não arranha ou diminui a obrigatoriedade de atingi-los[101].

É bem verdade, no entanto, que o tipo normativo em apreço consente níveis distintos de densidade, pois, não raro, a norma se restringe ao enunciado de um objetivo, cujo cumprimento não é passível sequer

[101] Ferrari, Regina Maria Macedo Nery. Normas Constitucionais Programáticas. São Paulo: RT, 2001, p. 176.

de mensuração na realidade, como no exemplo em apreço, mas, em outras oportunidades, o fim a ser atingido pelo Estado é decalcado de maneira mais clara, donde se pode depurar um dever-ser, cuja aplicação na realidade comporte algum tipo de mensuração[102].

Com efeito, diante das diversas variantes econômicas, tanto no cenário interno como no internacional, haverá dificuldades em se identificar, de maneira incontroversa, qual a política econômica a ser empreendida pelo Estado.

Todavia, o mesmo raciocínio não pode ser empreendido com relação a outras disposições da espécie, como, *verbi gratia*, o art. 230 da Constituição Federal, *in verbis*:

> Art. 230. "A família, a sociedade e o Estado têm o dever de amparar as pessoas idosas, assegurando sua participação na comunidade, defendendo sua dignidade e bem-estar e garantindo-lhes o direito à vida."

O dispositivo em apreço, embora outorgue uma tarefa ao Estado – a proteção do idoso –, fá-lo por meio de uma norma de maior densidade, que, embora não enseje qualquer posição de desfrute para o administrado, como ensina Bandeira de Mello[103], é passível, ainda que em patamares mínimos, de ter a sua aplicabilidade mensurada.

De feito, vislumbrando-se a absoluta ausência de qualquer serviço ou política pública de proteção do idoso, certamente se teria o dispositivo constitucional por violado, o que ensejaria, por um lado, possibilidade de um ação judicial, de caráter metaindividual, postulando a implementação do comando jurídico nele contido e, por outro lado, havendo prejuízo individualmente mensurável, possibilidade de ação individual pleiteando a devida reparação.

[102] José Afonso da Silva classifica as normas programáticas em três categorias: as normas programáticas vinculadas ao princípio da legalidade, as normas programáticas referidas ao Poder Público e as normas programáticas dirigidas à ordem socioeconômica. A classificação, sem menos cabo do elevado nível de suposição que cristaliza, não fornece dados relevantes para o raciocínio em curso, uma vez que a apuração de um dever-ser para o Estado, no caso, depende menos dos objetivos empalmados pela norma e mais do nível de densidade que apresenta em virtude de sua estruturação redacional. (Silva, J. A. da. *Aplicabilidade* das Normas Constitucionais, op. cit., pp. 147-150.

[103] Bandeira de Mello, Celso Antônio. A Eficácia das Normas Constitucionais sobre Justiça Social, op. cit., p. 243.

Neste ponto, o preciso ensinamento de Celso Antônio Bandeira de Mello:

> "Em suma, no Brasil haver-se-á de considerar que está em pauta arguição de direito subjetivo quando (a) a ruptura da legalidade cause ao administrado um agravo pessoal do qual estaria livre se fosse mantida íntegra da ordem jurídica ou (b) lhe seja subtraída uma vantagem a que acederia ou a que pretenderia aceder nos termos da lei e que pessoalmente desfrutaria ou faria jus a disputá-la se não houvesse ruptura da legalidade, *não importando que a ilegalidade arguida alcance a um ou a um conjunto de indivíduos conjuntamente afetados, por se encontrarem na mesma situação objetiva e abstrata*".[104]

O Tribunal Federal alemão, versando o tema, identificou três formas de controle de intensidade na aplicação de um direito social:

- um controle de evidência;
- um controle de admissibilidade
- um controle intensificado de conteúdo.
- Cristina Queiroz, comentando tal decisão[105], aponta:

> Quanto ao primeiro, o Tribunal Constitucional afirmou que só poderia ocorrer uma lesão do "dever de proteção" quando o poder que tem a seu cargo o dispositivo não realizou esse dever de forma alguma ou o realizou de forma deficiente pela utilização de meios que de modo evidente se mostravam "no caso" totalmente desadequados ou totalmente insuficientes para alcançar o fim de proteção[106].

Assim, o que os alemães tacham de controle de evidência revela que, havendo um mínimo de densidade normativa, embora não seja possível se esgotar o sentido e o alcance da norma, é tangível a verificação de injuridicidade da norma que não realiza minimamente o dever ou elege meios totalmente inadequados aos fins perseguidos[107].

104 Bandeira de Mello, Celso Antônio. Curso de Direito Administrativo, op. cit., pág. 937.

105 BVerfGE 50, 290, 333.

106 Queiroz, Cristina. Op. cit., p. 57.

107 As outras duas formas de controle podem assim ser resumidas: no controle de admissibilidade, o administrador deve fornecer às instâncias de controle as fontes de conhecimento e

Havendo suficiente definição do conteúdo, a norma e o direito que a projeta são claramente exigíveis e sindicáveis.

Ressalte-se, porém, que o dispositivo em apreço, embora, em primeira linha, submetido a um juízo discricionário quanto aos meios de sua realização, na medida em que impõe ao Poder Público um dever de agir, pode engendrar o direito difuso à implementação de tal imposição constitucional, que seja em patamares mínimos, mesmo porque, ainda que se consinta na existência de um juízo discricionário quanto à realização da diretriz constitucional, é certo que tal discricionariedade não pode chegar às raias de conferir ao agente a prerrogativa de negar a aplicação da própria lei na qual está alicerçada.

Cabe transcrever, neste ponto, a sempre oportuna lição de Bandeira de Mello:

> Em suma: discricionariedade é liberdade dentro da lei, nos limites da norma legal, e pode ser definida como: A margem de liberdade conferida pela lei ao administrador a fim de que este cumpra o dever de integrar com sua vontade ou juízo a norma jurídica, diante do caso concreto, segundo critérios subjetivos próprios, a fim de dar satisfação aos objetivos consagrados no sistema legal[108].

Com base no conceito acima oferecido, forçosa a conclusão de que a discricionariedade nasce para o cumprimento da lei, de tal modo que a caracterizada omissão do agente quanto ao seu exercício, segundo critérios de razoabilidade e proporcionalidade, traduz indubitavelmente ofensa à lei, que lhe serve de alicerce legitimador.

Em diversas passagens, respeitantes aos direitos sociais consagrados em programas, a norma constitucional se limita à definição de fins, sem contudo precisar meios para que tais sejam alcançados.

É evidente que a eleição desses meios, com as implicações administrativas que lhes são inerentes, se inscreve no espectro da atividade

os fundamentos invocados para adoção da medida questionada; no controle intensificado de conteúdo, como o nome já diz, a Corte minudencia as opções legislativas ou administrativas que foram efetuadas para a proteção do direito ameaçado. Cf. Ibidem.

108 MELLO, Celso Antônio Bandeira de. *Curso de Direito Administrativo*, op. cit., p. 403.

discricionária do Estado, o que não significa, todavia, a inexistência de parâmetros para que se tenha a conduta por sindicável.

A propósito do tema, aproximando-se da linha de abordagem do Tribunal Federal alemão, vale transcrever a seguinte ementa de Acórdão do Superior Tribunal de Justiça, relatado pela eminente ministra Eliana Calmon:

> ADMINISTRATIVO E PROCESSO CIVIL - AÇÃO CIVIL PÚBLICA - OBRAS DE RECUPERAÇÃO EM PROL DO MEIO AMBIENTE - ATO ADMINISTRATIVO DISCRICIONÁRIO.
> 1. Na atualidade, a Administração pública está submetida ao império da lei, inclusive quanto à conveniência e oportunidade do ato administrativo.
> 2. Comprovado tecnicamente ser imprescindível, para o meio ambiente, a realização de obras de recuperação do solo, tem o Ministério Público legitimidade para exigi-la.
> 3. O Poder Judiciário não mais se limita a examinar os aspectos extrínsecos da administração, pois pode analisar, ainda, as razões de conveniência e oportunidade, uma vez que essas razões devem observar critérios de moralidade e razoabilidade.
> 4. Outorga de tutela específica para que a Administração destine do orçamento verba própria para cumpri-la.
> 5. Recurso especial provido[109].

Como se vê do Acórdão acima transcrito, uma norma, ainda que programática e, nessa linha, ensejadora de um juízo de discricionariedade para a Administração Pública, pode ter sua aplicabilidade mensurada à luz de princípios constitucionais que presidem a atividade administrativa do Estado.

Assim, atribuída uma tarefa ao Poder Público, muito embora não se possa definir com presteza quais os meios e as formas a serem eleitas para sua realização, pode-se, sob o crivo da razoabilidade e da moralidade, extrair-se a obrigatoriedade de certas condutas públicas, ainda que em patamares mínimos.

[109] RECURSO ESPECIAL nº 429.570 - GO (2002/0046110-8) RELATORA: MINISTRA ELIANA CALMON. RECORRENTE : MINISTÉRIO PÚBLICO DO ESTADO DE GOIÁS. RECORRIDO : MUNICÍPIO DE GOIÂNIA.

Note-se que as normas em comento não se prestam a investir o indivíduo, imediatamente após sua vigência, de uma prerrogativa subjetiva específica. Todavia, é certo que delas pode-se extrair um dever de agir, que, se de um lado, atribui ao Estado a prerrogativa discricionária de identificação de meios, de outro, não lhe escoima de eventual questionamento quanto a uma omissão violadora do próprio preceito que lhe atribui discricionariedade.

Tomando como base o indigitado art. 230 da Constituição Federal, sob o crivo da razoabilidade, seria absolutamente inadmissível que, depois de vinte anos de vigência do citado dispositivo constitucional, ainda não houvesse a organização, em determinado município ou localidade, de qualquer programa de amparo ao idoso.

De feito, tem-se que a discricionariedade administrativa, conquanto determinante de um necessário juízo de conveniência e oportunidade pela Administração, está induvidosamente jungida a um crivo de legalidade, cuja apreciação deve ser feita sobretudo à luz dos princípios gerais do direito e, mais especificamente, aqueles que orientam a atividade administrativa do Estado, como os princípios da moralidade, razoabilidade e supremacia do interesse público sobre o privado.

Maria Sylvia Zanella di Pietro aponta que os tribunais administrativos franceses frequentemente apelam para os princípios gerais do direito, a fim de reduzir o âmbito da atividade discricionária do Estado, ampliando o domínio da competência vinculada e o da legalidade.

A propósito do tema, ensina a precitada autora:

> Mas isso não significa que o Judiciário não possa apreciar os atos discricionários, reduzindo também os limites da discricionariedade pela aplicação dos princípios gerais do direito. Sempre que a Administração tenha várias opções para atingir a mesma finalidade, ela deve necessariamente optar por solução que esteja em consonância com os princípios gerais do direito.
>
> Por isso mesmo, em vez de afirmar-se que a discricionariedade é liberdade de ação limitada pela lei, melhor se dirá que a discricionariedade é liberdade de ação limitada pelo Direito. O princípio da legalidade há de ser observado, não no sentido estrito, concebido pelo positivismo jurídico e adotado no chamado Estado legal, mas no sentido amplo que

abrange os princípios que estão na base do sistema jurídico vigente, e que permitem falar em Estado de Direito propriamente dito[110].

O que se verifica, em consonância com o supracitado magistério, é que a densificação de normas programáticas é muitas vezes viável à luz dos princípios gerais do direito, em especial aqueles que informam a atividade administrativa do Estado.

Não é ocioso lembrar, nesse sentido, que um dos princípios de hermenêutica constitucional é o da unidade da Constituição, segundo o qual a Constituição deve ser concebida dentro de uma totalidade uniformizadora, conferindo, desta sorte, harmonia sistêmica aos diversos dispositivos constitucionais implicados a uma determinada situação exegética.

Desse teor, importante a preleção de Jorge Miranda:

> A Constituição deve ser tomada, a qualquer instante, como um todo, na busca de uma unidade e harmonia de sentido. O apelo ao elemento sistemático consiste aqui em procurar as recíprocas implicações de preceitos e princípios em que aqueles fins se traduzem em situá-los e defini-los em sua inter-relacção e em tentar, assim, chegar a uma síntese globalizante, credível e dotada de energia normativa[111].

Assim, tomando-se como exemplo, ainda uma vez, a determinação constante do art. 230 da Constituição Federal, emerge evidente a conclusão de que se a Lei Maior determina, de maneira clara e incontroversa, a realização de um determinado programa, muito embora não aponte os meios para a persecução de tais fins, é perfeitamente dedutível, sob o crivo da moralidade e da razoabilidade, a noção de que, após alguns poucos anos de vigência da Constituição, algum programa de proteção ao idoso deva existir. Caso isto não ocorra, caracterizar-se-á clara omissão administrativa do Poder Público, sindicável, de evidência, junto ao Poder Judiciário.

Não fosse esse o raciocínio correto, quer nos parecer que se estaria negando vigência e aplicação a um dispositivo da Constituição, que se

[110] Di Pietro, Maria Sylvia Zanella. Discricionaridade Administrativa na Constituição de 1988. 2. ed. São Paulo: Atlas, p. 173.

[111] Miranda, Jorge. Op. cit., p. 228.

tornaria "letra morta" pela mera vontade do agente público encarregado de sua aplicação.

Em um nível, por assim dizer, intrassistêmico, é inconcebível que a atividade administrativa do Estado se sobreponha a uma norma constitucional, quer por violação à hierarquia intrínseca ao nosso ordenamento jurídico, quer porque tal modo de conceber a atividade pública, isto sim, traduziria irresgatável mácula ao princípio da separação dos poderes.

Embora trivial, convém sublinhar que, na divisão orgânica do poder, o Executivo tem a função típica de aplicar a lei de ofício, por isso se aponta que a atividade administrativa tem por característica o seu desenvolvimento em nível infralegal.

Ora, se a atividade administrativa está jungida à aplicação da lei, o que se dirá quanto à aplicação da própria Constituição.

Note-se que, prestigiando-se raciocínio contrário, estar-se-ia violando a própria noção de Estado de Direito, na medida em que o cumprimento ou não da Constituição ficaria ao crivo do Poder Executivo, sempre que aquela contivesse norma a este dirigida.

Subverte-se, a toda evidência, a lógica inter-relacional intrínseca à separação de poderes, além de se lancinar a própria noção de Estado de Direito.

A propósito, deve-se sublinhar que o exemplo dissecado toma como parâmetro uma norma definidora de uma tarefa, de um dever do Estado, na qual a conduta esperada por parte da Administração pode ser minimamente identificada.

Assim, embora não haja identificação dos meios, é certo que os fins foram, ainda que embrionariamente, delimitados, competindo ao agente público a persecução desses resultados, ainda que em patamares modestos, por meios razoavelmente idôneos aos propósitos colimados.

Para arrematar, evocando como apanágio os dois exemplos normativos indicados (art. 170, VII e art. 230, ambos da Constituição Federal), podemos concluir que, em regra, o exegeta se defrontará com duas espécies de normas programáticas: uma que atribui obrigações ao Poder Público por meio de tarefas e programas, decalcando um dever de agir passível de mensuração específica; outra que veicula fins que devam orientar todo o quadro das ações estatais, conclamando, pois, o administrador à realização dos princípios adotados pela norma (busca do pleno emprego, diminuição das desigualdades sociais e regionais etc.).

1.1. Normas programáticas, direitos sociais e os princípios jurídicos informadores do Estado Democrático Social de Direito

Na linha do raciocínio em desenvolvimento - de que as normas determinadoras de tarefas e programas ao Estado devam ser interpretadas à luz dos princípios gerais do direito, especialmente aqueles atinentes à atividade administrativa do Estado - mister se faz uma abordagem dos princípios que informam especificamente o Estado Democrático Social de Direito, ou melhor, dos princípios que concorrem para que ao Estado Democrático de Direito seja acrescentado o anteriormente citado perfil social.

Refletimos, aqui, sobre especificamente dois: o princípio da dignidade humana e o princípio da justiça social.

Como já visto, o propósito primeiro dos direitos sociais é assegurar dignidade material a todos, buscando, neste ponto, a igualdade entre as pessoas. É evidente que não se cuida de uma igualdade material absoluta, incompatível com o modelo de organização da economia que adotamos, mas do princípio que aponta que as pessoas devem ser iguais em dignidade, o que implica a posse de benefícios materiais mínimos - vale dizer, de que todos devem participar do produto do esforço comum, tendo pelo menos acesso aos meios essenciais para uma vida material dotada de dignidade.

É consensual que nenhuma norma jurídica, sobretudo as de maior hierarquia, consente exegese literal, isolada do ambiente em que esteja situada.

Ora, ao se pensar em normas definidoras de direitos sociais, especialmente aquelas predispostas à fixação de programas e tarefas para o Poder Público, não pode o intérprete se afastar do ponto inicial, qual seja, que tais normas foram incorporadas à Constituição segundo um propósito maior: o de formatação de um Estado Democrático Social de Direito.

Destarte, afastar-se de tais comandos significa, em última análise, burlar uma diretriz fundante de nossa Constituição. Traduz, na verdade, um duro insulto à vontade democrática que confluiu para a formatação do Estado brasileiro. Radicalizando paradigmas, consistiria, finalisticamente, em uma espécie de "golpe branco" na composição democrática de vontades que consubstanciou nossa Constituição. Em outras palavras, o pacto constituinte auspiciou a formação de um Estado, entregando tal tarefa aos agentes públicos que, incumbidos de expressar a vontade do Estado em suas três funções fundamentais, deixariam de agir no sentido apontado pela Constituição. Logo, o povo expressou sua vontade para um sentido, enquanto autoridades constituídas caminharam para outro.

Nessa linha de raciocínio, é evidente que a interpretação de qualquer norma programática, consubstanciadora de direitos sociais, deve sempre ser direcionada no sentido da realização do Estado Democrático Social de Direito, pena de grave subversão dos valores incorporados à nossa Constituição.

É de se sublinhar que o Estado Democrático Social de Direito não viceja exclusivamente dos já citados princípios, uma vez que permeia toda nossa Constituição.

Em abono deste ponto de vista, passemos em revista algumas das disposições constitucionais pertinentes.

O art. 1º da Constituição Federal aponta como fundamentos da República a cidadania, a dignidade da pessoa humana e o valor social do trabalho.

O art. 3º, indicando os objetivos fundamentais da República, arrola, dentre outros, a construção de uma sociedade livre, justa e solidária; a erradicação da pobreza e da marginalidade; a redução das desigualdades regionais e sociais; e, finalmente, a promoção do bem de todos, sem qualquer preconceito.

Considerando as relações internacionais, o art. 4º aponta como princípio o da prevalência dos direitos humanos.

O *caput* do art. 5º prescreve que, no país, estão garantidos, dentre outros, o direito à vida e o direito à igualdade, sendo que em seu inciso III proíbe-se o tratamento desumano ou degradante e o seu inciso XXIII indica que toda propriedade privada deve cumprir a sua função social.

O art. 6º enumera como direitos sociais a educação, a saúde, o trabalho, o lazer, a segurança, a previdência social, a proteção à maternidade e à infância e a assistência aos desamparados.

Do art. 7º ao 11, encontram-se os direitos e as garantias dos trabalhadores urbanos e rurais.

Os arts. 34, VII, "e" e 35, III, respectivamente, prescrevem como motivo para intervenção federal nos Estados e intervenção estadual nos Municípios a não aplicação dos percentuais constitucionalmente previstos nas áreas de educação e saúde.

O art. 133 dispôs sobre a criação da Defensoria Pública, atribuindo-lhe a orientação e a defesa dos necessitados.

O art. 145, § 1º hospedou o assim chamado princípio da capacidade contributiva.

O art. 170 aponta como princípios da ordem econômica, no inciso III, a função social da propriedade; no inciso VII, a redução das desigualdades sociais e regionais e, no inciso VIII, a busca do pleno emprego.

Do art. 193 ao 232 encontramos as disposições atinentes à Ordem Social, somando, portanto, quarenta dispositivos relacionados especificamente ao tema.

Diante de tal quadro normativo, é inegável que a Constituição de 1988 concebeu um Estado Democrático Social de Direito, prenunciando, de maneira clara e incontroversa, o propósito de criação de um Estado voltado à realização de direitos sociais, em especial aqueles que integram o chamado piso vital, que podem ser perfeitamente denominados de direitos sociais vitais, uma vez que deles depende a vida dos indivíduos que se lhes tem por destinatários.

Conclui-se que a intelecção de qualquer dispositivo constitucional atinente ao tema, sobretudo as normas dirigidas ao Estado, bosquejando a realização de programas e tarefas implementadoras desse estado de bem-estar social, devem ser interpretadas à luz deste propósito assumido sistemicamente pela nossa Lei Maior.

Note-se, pois, que à espécie se afina inteiramente o princípio, de hermenêutica constitucional, da máxima efetividade, que preordena o exegeta a buscar a eficácia máxima do direito examinado.

Desse teor, para J. J. G. Canotilho:

> Este princípio, também designado por *princípio da eficiência* ou princípio da interpretação efectiva, pode ser formulado da seguinte maneira: a uma norma constitucional deve ser atribuído o sentido que maior eficácia lhe dê. É um princípio operativo em relação a todas e quaisquer normas constitucionais, e embora a sua origem esteja ligada à tese da actualidade das normas programáticas (Thoma), é hoje sobretudo invocado no âmbito dos direitos fundamentais (no caso de dúvidas deve preferir-se a interpretação que reconheça maior eficácia aos direitos fundamentais)[112].

[112] Canotilho, J.J. G. Direito Constitucional, op. cit., p. 233.

O princípio em causa reafirma, ainda uma vez, a noção de que o programa direcionado ao Estado é parte de um sistema, cuja orientação finalística, que elege o ser humano como razão de ser e propósito último do Estado, deve, em todos os momentos, permear a aplicação da norma em causa.

Deve-se frisar, nesse sentido, que a compreensão do Estado Democrático Social de Direito perpassa obrigatoriamente por dois princípios essenciais: o da dignidade humana e o da justiça social, destrinçados no próximo tópico.

Registre-se, a pretexto de reforço, que não há como não se acrescentar à interpretação de qualquer norma constitucional que defina programas ou tarefas ao Estado, tendentes à realização de direitos sociais, uma referência necessária aos princípios da dignidade humana e da justiça social, ambos incorporados expressamente ao texto de nossa Constituição.

1.2. O princípio da dignidade humana

O princípio da dignidade humana veio expressamente alojado como um dos fundamentos da República Federativa do Brasil, no inc. III, do art. 1º, de nossa Lei Maior.

O termo, aparentemente, é daqueles que se apresenta com algum âmbito de indeterminação, de tal modo a exigir um labor exegético maior para grafar as suas fronteiras conceituais.

Nesta tarefa, contudo, deve-se atentar para natureza do bem jurídico tratado que, se de um lado envolve alguma dificuldade de especificação, de outro preordena o intérprete a dar ao conceito a maior abrangência possível.

Com efeito, pensando-se em um valor intrínseco ao ser humano, que resgata a essência da vida em sociedade, qualquer labor conceitual deve se pautar por uma maximização de sua amplitude.

Diversos autores já se pronunciaram sobre o tema, a fim de estabelecer o balizamento conceitual do princípio da dignidade humana, o que, de certa forma, reflete as dificuldades encontradas em tal empreitada.

De regra, a preocupação inicial com o tema está associado ao cristianismo que, julgando o ser humano criado à semelhança de Deus, passou a plasmar a ideia de que existe dignidade em todo o ser humano, só por sê-lo.

O Novo Testamento é rico em passagens que apontam a dignidade inerente a todo e qualquer ser humano.

Nicola Abbagnano, versando a matéria, ensina que:

> Como "princípio da dignidade humana" entende-se a exigência enunciada por Kant como segundo fórmula do imperativo categórico: "Age de forma que trates a humanidade, tanto na tua pessoa como na pessoa de qualquer outro, sempre também como um fim e nunca unicamente como um meio" (Grundlegung zur Met. Der Sitten, II). Esse imperativo estabelece na verdade que todo homem, aliás, todo ser racional, como fim em si mesmo, possui um valor não relativo (como é, por ex., um preço), mas intrínseco, isto é, a dignidade[113] [114].

O conceito, embora, por uma perspectiva, irrepreensível, por outra, apresenta ainda um território muito amplo de indeterminação, deixando, portanto, de constituir um terreno estruturalmente sólido pelo qual se possa palmilhar a estrada que nos permitirá uma concepção mais ampla e palpável do tema.

Nesse sentido, seguindo a mesma linha de reflexão, J.J. Gomes Canotilho aponta a dignidade humana como o princípio "que acolhe a ideia pré-moderna e moderna de *dignitas hominis* (Pico della Mirandolla), ou seja, do indivíduo conformador de si próprio e da sua vida segundo seu próprio projeto espiritual (*plastes et fictor*)"[115].

Note-se que, na trilha desse raciocínio, tem-se, pois, que o primeiro dos aspectos enaltecidos pela doutrina como inerente à noção de dignidade humana é exatamente a chamada autodeterminação.

Parece-nos claro que a noção de dignidade humana, resgatando o valor intrínseco da vida humana, preordena, como consectário lógico deste valor, a autodeterminação, pois, com base no raciocínio kantiano[116],

[113] ABBAGNANO, Nicola. Dicionário de Filosofia. 2. ed.Tradução coordenada e revista por Alfredo Bosi. São Paulo: Mestre Jou, 1962, p. 259.

[114] Por isso o porquê da irrecusável constatação de que, contraposto a interesses orçamentários da administração, os direitos concretizadores da dignidade humana não podem ser mitigados, mas sim devem anteceder a qualquer outra opção do administrador.

[115] CANOTILHO, J.J. G. Direito Constitucional. 5. ed., op. cit., p. 219.

[116] Cf KANT, Immanuel. *Os Pensadores* – Kant II. Tradução de Paulo Quintela. São Paulo: Abril.

se se cuida de um valor impassível de relativização, esta capacidade não pode estar submetida a nenhuma forma de organização estatal ou social hegemônica.

O Estado, ao organizar a vida em sociedade, deve servir ao ser humano, e não este ser instrumentalizado por aqueles que detêm o controle do aparato público.

José Afonso da Silva, seguindo o mesmo pensamento, conceitua dignidade humana como o "atributo intrínseco, da essência, da pessoa humana, único ser que compreende um valor interno, superior a qualquer preço, que não admite substituição equivalente"[117].

Todavia, parece-nos que a visão adotada por tais autores, embora rigorosamente escorreita, deixa de abordar tema crucial ao próprio aspecto elementar do conceito.

Como valor absoluto, a noção de dignidade há de integrar o núcleo irredutível de qualquer direito predisposto à proteção do ser humano. Desse modo, a noção de dignidade não pode ficar adstrita à de autodeterminação, pois, por ser valor absoluto que não deve ser mitigado frente a outros interesses, a dignidade deve ser preservada também por ação positiva, quer frente ao Estado, quer frente a particulares.

Quando se determinam ações afirmativas ou se assegura o tratamento à saúde de um enfermo, o que se faz, por evidente, é a preservação da dignidade das pessoas.

Enxergar o ser humano como um fim, e não como um meio, aponta necessariamente um outro ângulo de abordagem do tema, o de que todos devem ter lugar na vida comunitária, donde resulta que a ideia de inclusão, com todos os necessários consectários, também se inclui na noção de dignidade.

Seguindo essa linha de raciocínio, a explanação do Pe. Laércio Dias de Moura sobre a noção de dignidade humana aponta que:

> [...]cada ser humano tem, pois, um lugar na sociedade humana. Um lugar que lhe é garantido pelo direito, que é a força organizadora da sociedade. Como sujeito de direitos ele não pode ser excluído da sociedade e como

117 SILVA, José Afonso da. Comentário Contextual à Constituição. São Paulo: Malheiros, 2006, p. 37.

> sujeito de obrigações ele não pode prescindir de sua pertinência à sociedade, na qual é chamado a exercer um papel positivo[118].

Sob esse ângulo, a noção de dignidade apresentaria necessariamente uma relação de interdependência com a de cidadania, assim entendida por Hannah Arendt[119] como o direito a ter direitos.

Pensando o ser humano como um fim, não há como deixar de considerar que todo e qualquer ser humano, por imperativo ético, suposto como incluído na sociedade, tem o direito a ter direitos, ressaltando-se aqui não só os direitos inerentes à autodeterminação, mas também aqueles necessários à preservação de sua dignidade material, vale dizer, os chamados direitos fundamentais sociais.

Nesse sentido, Ingo Wolfgang Sarlet, em alentada incursão no tema, aponta:

> Por outro lado, pelo fato de a dignidade da pessoa encontrar-se ligada à condição humana de cada indivíduo, não há como descartar uma necessária dimensão comunitária (ou social) desta mesma dignidade de cada pessoa e de todas as pessoas, justamente por serem todos iguais em dignidade (na iluminada fórmula da Declaração Universal de 1948) e pela circunstância de nesta condição conviverem em determinada comunidade ou grupo. O próprio Kant – ao menos assim nos parece – sempre afirmou (ou, pelo menos, sugeriu) o caráter intersubjetivo e relacional da dignidade da pessoa humana, sublinhando inclusive a existência de um dever de respeito no âmbito da comunidade dos seres humanos[120].

[118] Moura, Laércio Dias. *A Dignidade das Pessoas e os Direitos Humanos.* São Paulo: Edusc, 2002, p. 78-79.

[119] Celso Lafer. (*A Reconstrução dos Direitos Humanos*, São Paulo: Companhia das Letras, 1988, p. 151) esclarece que: "A reflexão arendtiana, no entanto, vai mais além. O que ela afirma é que os direitos humanos pressupõem a cidadania não apenas como um fato e um meio, mas sim como um princípio, pois a privação da cidadania afeta substantivamente a condição humana, uma vez que o ser humano privado de suas qualidades acidentais – o seu estatuto político – vê-se privado de sua substância, vale dizer: tornado pura substância, perde sua qualidade substancial, que é ser tratado pelos *outros* como um *semelhante*."

[120] Sarlet, Ingo Wolfgang. Dignidade da Pessoa Humana e Direitos Fundamentais na Constituição de 1988. 5. ed. Porto Alegre: Livraria do Advogado, 2002. p. 43-44.

Fincado neste entendimento, o autor citado conceitua dignidade da pessoa humana da seguinte forma:

> [...]a qualidade intrínseca e distintiva reconhecida em cada ser humano que o faz merecedor do mesmo respeito e consideração por parte do Estado e da comunidade, implicando, neste sentido, um complexo de direitos e deveres que assegurem a pessoa tanto contra todo e qualquer ato de cunho degradante e desumano, como venham a lhe garantir as condições existenciais mínimas para uma vida saudável, além de propiciar e promover sua participação ativa e corresponsável nos destinos da própria existência e da vida em comunhão com os demais seres humanos"[121].

Assim sendo, o conceito de dignidade humana deve necessariamente possuir suficiente flexibilidade para abarcar todos os aspectos citados, pois, da mesma forma que não se pode pensar a dignidade sem que se tome o indivíduo como um ser em si, dotado de autodeterminação, também não se deve pensar em dignidade quando o indivíduo, focalizado na sua comunidade, vê-se privado da participação política ou dos meios materiais necessários não só para sua sobrevivência, como para o exercício desta autodeterminação.

Ressalta-se também que a dignidade humana constitui, neste ponto, um valor absoluto, pois se assenta na premissa de que o ser humano é um fim e não um meio. Logo, a dignidade humana constitui aquele mínimo irremissível inerente a qualquer direito fundamental, inclusive os sociais, neste ponto, consubstanciados no chamado mínimo vital.

Destarte, podemos conceituar dignidade humana como o postulado ético que, incorporado ao ordenamento jurídico, consubstancia o princípio segundo o qual o ser humano, quer nas suas relações com seus semelhantes, quer nas suas relações com o Estado, deve ser tomado como um fim em si mesmo, e não como um meio, o que o faz dignitário de um valor absoluto, donde exsurge um regime jurídico que apresenta uma feição negativa e uma positiva. A primeira impõe aos demais e ao Estado o dever de respeito à sua incolumidade física, psíquica e social (entendida aqui como a liberdade para se autodeterminar e para, com

[121] Idem, p. 62.

os demais, participar da autodeterminação da comunidade na qual se integra). A segunda consubstancia a exigência de prestações do Estado que afiancem os pressupostos materiais mínimos para a preservação da vida e a inclusão na sociedade, bem como a proteção em relações privadas, em que se saliente sua situação de vulnerabilidade (por ex., relações trabalho, consumo etc.).

A interpretação de todo e qualquer direito social deve ser feita à luz do princípio em causa. Em primeiro lugar, porque o princípio indicará um mínimo irredutível dos direitos sociais, consubstanciados no chamado piso vital; em segundo lugar, porque tais direitos, situados no âmbito de projeção do princípio da dignidade humana, tomam o homem como um valor não-relativo, que, deste modo, não pode ter sua existência digna sacrificada frente a interesses secundários da administração pública.

Em matéria de normas programáticas, indica que a atividade discricionária do Estado deve ser desenvolvida à luz do princípio analisado, o que indica a precedência de atividades consideradas essenciais à preservação deste núcleo irredutível dos direitos fundamentais sociais. Assim, atribuída uma tarefa ao Poder Público, a realização desta tarefa fugiria de um espectro de discricionariedade do administrador, passando ao território da cogência sempre que sua realização for essencial à preservação da dignidade humana.

Parece, no entanto, que, em regra, tais deveres públicos não ensejam direito subjetivo individualizável, uma vez que o dever do Poder Público em situações da espécie se resume à realização de programas ou tarefas, o que torna eventual resistência à aplicação da norma constitucional, que predispõe o Estado a tais obrigações, sindicável exclusivamente a título de proteção de eventual interesse difuso.

1.3. O princípio da justiça social

Os elementos socioideológicos de nossa Constituição, especialmente os artigos 5º, XXII e 170, demonstram que o constituinte teve o propósito claro de adotar o capitalismo como modelo de organização socioeconômica.

Com efeito, a propriedade privada foi apontada como direito fundamental (art. 5º, XXII) e princípio da ordem econômica (art. 170, II), e a livre-iniciativa como fundamento de nossa ordem econômica (art. 170, *caput*).

Todavia, o modelo econômico adotado foi conformado constitucionalmente à luz do princípio da justiça social, revelando, na verdade, que a livre-iniciativa, na espécie, surge como um tipo de liberdade-função, pois, além de outras alusões e da já apontada dimensão institucional dos direitos fundamentais, inclusive os sociais, houve clara indicação no *caput*, do art. 170, inaugurando o capítulo "Da Ordem Econômica", que a economia, baseada na livre-iniciativa e na valorização social do trabalho, tem por objetivo propiciar dignidade a todos, conforme os ditames da justiça social.

Inicialmente, na sua forma mais primitiva, o capitalismo estava estruturado de tal modo a conceber as relações econômicas nele engendradas livres da coima do Estado. Baseado em instituições jurídicas gerais, como a propriedade privada e a liberdade de contratar, entendia-se que as relações econômicas possuíam engrenagens naturais que propiciavam ao mercado uma lógica autorreguladora.

Segundo Vital Moreira:

> A revolução burguesa, ao extinguir os direitos e privilégios feudais, ao estoirar a arquitetura corporativa medieval e a estrutura protecionista do mercantilismo, pretende substituir a ordem jurídica, artificial, da economia por uma ordem natural, automática, ajurídica[122].

Entretanto, a evolução da história foi produzindo relevantes ressignificações do modelo econômico. A tendência concentradora do capitalismo fez nascer as sociedades comerciais, ao mesmo tempo em que, no âmbito das relações do trabalho, surge a negociação coletiva, fruto do fortalecimento sindical da classe operária. O contrato coletivo, outrora impensado, constitui-se em uma nova e significante realidade jurídica do início do século passado.

A realidade transformadora da primeira metade do século XX acenou também, de forma clara, para uma modificação do perfil do Estado. O modelo liberal de Estado, adequado ao capitalismo primitivo, foi sendo contingenciado a mudanças, determinadas por diversos fatores históricos que impulsionaram o chamado modelo do *welfare state*.

[122] Moreira, Vital. *A Ordem Jurídica do Capitalismo*. Portugal/Coimbra: Centelho, 1978, p. 75.

O Estado, assim, passava a um novo desenho, em que a intervenção na economia, inclusive como pressuposto de sobrevivência desta, e a atividade prestacional, em matéria social, surgem como mecanismos de conciliação de interesses diversos, que, fora deste contexto, se viram eclodir em acontecimentos como a revolução socialista de 1917 e a quebra da bolsa de valores dos EUA em 1929.

Versando o tema, escreve Plauto Faraco de Azevedo:

> Esta modificação, por que passou o Estado, caracteriza a ultrapassagem de um modelo estatal liberal – eminentemente conservador, servindo à manutenção do *status quo*, para outro de cunho social, preocupado com a propriedade (sem absolutizá-la), sem o otimismo do anterior para com os efeitos das forças socioeconômicas, preocupado com a transformação da sociedade, capaz de oferecer aos administrados uma larga gama de bens e serviços, de prestações e medidas positivas, orientadas, notadamente, no sentido da realização da justiça distributiva[123].

Segue-se, nessa linha de raciocínio, que ao contemplar como objetivo da ordem econômica a justiça social, previsão esta endossada por inúmeras outras passagens do texto constitucional, especialmente pela previsão de direitos sociais, tachados de fundamentais e, em parte, contemplados no próprio Título II da Constituição, de fora previsões também específicas no Título VIII, "Da Ordem Social", além de outras dispostas de forma esparsa, a Constituição, em realidade, adotou um princípio, o da justiça social, que modula a intervenção do Estado em matéria econômica para proteção dos chamados vulneráveis.

De fato, no capitalismo inúmeras relações econômicas são geradas de forma que uma das partes fique exposta à prepotência econômica da outra. Logo, prescindindo-se de uma intervenção protetiva do Estado, por todos os seus Poderes, essa situação de desequilíbrio abismal, em desfavor de pessoas economicamente débeis, não encontraria qualquer forma de limitação. Encontramos exemplos dessa necessidade de intervenção protetiva do Estado nas relações de trabalho e nas de consumo.

[123] AZEVEDO, Plauto Faraco de. Direito, Justiça Social e Neoliberalismo. São Paulo: RT, 1999, p. 92.

Exatamente por isso, a previsão constitucional presume que, de um lado, nossa economia se funda na livre-iniciativa e, de outro, tem como objetivo maior propiciar dignidade a todos, conforme os ditames da justiça social (art. 170, *caput*).

Assim, qualquer norma constitucional atinente a direitos sociais, sobretudo aquelas de caráter programático, devem ter seu conteúdo analisado à luz do princípio em causa, que junge o Estado e interferir em matéria econômica na busca de justiça social.

1.4. A proibição do retrocesso

Tanto a doutrina nacional como a estrangeira têm, cada vez mais, cogitado no chamado princípio da proibição do retrocesso em matéria de direitos sociais.

O princípio, com efeito, não se aplica exclusivamente às normas programáticas, nem tampouco é direcionado fundamentalmente ao Poder Executivo.

Figure-se uma norma constitucional atributiva de direito subjetivo, mas que dependa de lei que a integre (norma constitucional de eficácia limitada de princípio institutivo, na classificação de José Afonso da Silva). Editada a lei e, portanto, incrementado o direito, uma possível eventual futura revogação pura e simples desta lei violaria o princípio em causa.

Todavia, embora o princípio tenha aplicação aos direitos sociais como um todo, quer parecer que, em relação às chamadas normas programáticas, tenha ele aplicação superlativa, mesmo porque na situação anteriormente citada, havendo uma determinante constitucional específica do dever de legislar, a revogação, por si, da lei geraria uma espécie de inconstitucionalidade por omissão superveniente. No caso das normas programáticas, quer nos parecer que o ponto de conflito, em situação similar, desafiaria fundamentalmente a discussão presente quanto à proibição do retrocesso.

É que quer quando tais normas definam tarefas ou obrigações para o Estado, quer quando consagrem princípios, como já afirmado, não determinam os meios e, muitas vezes não delimitam de forma clara os fins a serem alcançados.

Ademais, pela imprecisão por que não raro são permeadas, tais normas lançam um problema quantitativo, que, de sua vez, preordena uma questão de suficiência: quanta assistência social, qual o tamanho mínimo e a distância máxima do local de trabalho de uma habitação?

Assim, se se extrai destas normas, sobretudo as que fixam tarefas e obrigações ao Estado, um conteúdo mínimo, cuja inobservância permite uma conclusão de violação do preceito constitucional, é fato que, na perspectiva de melhor qualidade de vida, uma norma desta origem pode ser progressivamente concretizada e, a depender da evolução das relações socioeconômicas, direitos que outrora se concebiam como superficiais passam a comungar de uma condição de essencialidade. A título de exemplo, veja-se os diversos programas de inclusão digital desenvolvidos, embora embrionariamente, em várias esferas da Federação.

Assim, concretizado um fim ou definida uma tarefa ou diretriz do Poder Público, o retrocesso desta eventual política pública implica uma inconstitucionalidade.

Ora, se as normas programáticas possuem uma margem de indefinição quanto ao seu alcance, o que faz com que sua aplicação ótima dependa de reforços legislativos e de ações administrativas do Poder Executivo, é fato que as leis editadas e as ações e serviços disponibilizados aos administrados consubstanciam mecanismo de concretização da vontade constitucional.

De feito, suprimir um serviço já disponibilizado ou cassar, pela revogação da lei, um direito já exercido por seus destinatários, configuraria violação da norma constitucional com base na qual a lei ou a ação administrativa tenham sido desenvolvidas.

Assim, satisfeito o conteúdo mínimo do programa clausulado, não se poderia exigir do Poder Público mais medidas, conquanto esteja este embargado de impor retrocesso em relação a qualquer avanço conquistado nesta matéria.

O princípio examinado parece intimamente relacionado à noção de segurança jurídica. De fato, uma das obrigações do Estado, ao engendrar a renovação da ordem jurídica, quer por normas legais quer por atos administrativos, é o de propiciar segurança, vale dizer, estabilidade ao cidadão. É a antiga noção de previsibilidade dos atos estatais e de confiança do cidadão na ordem jurídica.

De acordo com a lição de J.J. Gomes Canotilho:

> Os princípios de proteção da confiança e da segurança jurídica podem formular-se assim: o cidadão deve poder confiar em que aos seus actos

ou às decisões públicas incidentes sobre os seus direitos, posições jurídicas e relações, praticados de acordo com as normas jurídicas vigentes, se ligam os efeitos jurídicos duradouros, previstos ou calculados com base nas mesmas normas. Estes princípios apontam basicamente para: (1) a proibição de leis retroactivas; (2) a inalterabilidade do caso julgado; (3) a tendencial irrevogabilidade de actos administrativos constitutivos de direitos[124].

Desse modo, a noção de proibição do retrocesso seria, *mutatis mutandi*, uma espécie de direito social adquirido, que, portanto, estaria salvaguardado, tanto a título individual como coletivo, por eventuais mudanças legislativas ou ainda por revisões administrativas do Poder Executivo.

A propósito, confira-se o seguinte excerto de Acórdão do Tribunal Constitucional de Portugal:

> na medida em que se lida com direitos fundamentais – e, enquanto tal, furtados à disponibilidade do poder político –, quando pretende *retroceder* no grau de realização entretanto atingido, e porque de verdadeiras restrições a direitos fundamentais se trata, o Estado não pode bastar-se, para fundamentar a afetação ou restrição do conteúdo dos direitos sociais ou dos direitos derivados a prestações neles baseados, com razões ou preconceitos de natureza ideológica não constitucionalmente sustentados ou com justificações meramente apoiadas em diferenças de opinião política próprias da variação conjuntural das maiorias de governo
>
> – e, mesmo quando se sustente numa justificação objectivamente comprovável e de base constitucional, o Estado não pode afectar ou suprimir prestações existentes de uma forma arbitrária, discriminatória, com eventual violação de princípios constitucionalmente consagrados como sejam o princípio da confiança próprio do Estado de Direito ou, mais especificamente, no caso, o *princípio da igualdade* ou o *princípio da universalidade* na titularidade e exercício dos direitos fundamentais[125].

Pelo que extrai da decisão do Pretório português, a noção de proibição do retrocesso em direitos sociais se plasma à idéia de segurança

[124] CANOTILHO, J.J. G. *Direito Constitucional*, op. cit., p. 378.

[125] Acórdão 509/2002.

jurídica, de confiança no Estado, de limites à retroatividade, enfim, de premissas que informa, já de há muito, o ordenamento jurídico em outras matérias e que, em tema de direitos sociais, tem encontrado indevida resistência em diversos setores do Estado brasileiro.

Sobre a proibição do retrocesso, vejamos ainda a seguinte conceituação de Cristina Queiroz:

> Concretamente, O princípio da proibição do retrocesso social determina, de um lado, que, uma vez consagradas legalmente "as prestações sociais" (v.g., de assistência social) o legislador não poderá depois eliminá-las sem alternativas ou compensações. Uma vez dimanada pelo Estado a legislação concretizadora do direito fundamental social, que se apresenta face a esse direito como uma "lei de proteção", a acção do Estado, que se consubstanciava num "dever de legislar", transforma-se num dever mais abrangente: o de não eliminar ou revogar essa lei[126].

Com relação à definição exposta, dois pontos parecem se ressentir de adequação. O primeiro deles é o de que a proibição do retrocesso também diz respeito às ações administrativas do Estado que venham a concretizar direitos fundamentais sociais.

Diversas vezes, os programas constitucionais obtêm realização por meio de atividades administrativas, que disponibilizam ao cidadão prestações sociais. Não raro, tais prestações, embora consentidas na Lei Orçamentária, não encontram previsão em outras disposições legais, de caráter genérico e abstrato.

Assim, a proibição de retroceder, neste caso, se traduziria pela impossibilidade de supressão ou diminuição da atividade prestacional, uma vez que ação desta têmpera contradiria o preceito constitucional que lhe serviu alicerce.

É verdade que algumas políticas de assistência social podem deixar de existir sem que o retrocesso ocorra, como, por exemplo, a assistência a vítimas de desastre de grandes proporções na natureza. Superado os problemas gerados pelo evento, a ação social, no caso, perderia a sua razão de ser.

[126] Queiroz, Cristina. Op. cit., p. 116.

O que se aponta como trateamento da Constituição é a supressão ou diminuição de um direito, por exemplo, por razões relacionadas a opções políticas, ideologia ou disputas partidárias.

Suponha-se que um país com grande percentual de pobreza adote um programa de renda mínima. O próximo governante, de um partido de oposição, desconstitui o projeto, sob qualquer argumento, malgrado as causas sociais (miséria etc.) continuem a existir.

Nessa situação, quer parecer que a determinante constitucional de diminuição das desigualdades sociais (no Brasil, agasalho pela Constituição no art. 3º, III e no art. 170, VIII), incrementada por tal programa, estaria sendo objeto de um retrocesso, o que contaminaria de inconstitucionalidade quer a lei revogadora do projeto, quer mesmo a conduta administrativa do governante, que, desta feita, estaria, sem dúvida alguma, a violar preceito fundamental de nossa Magna Carta.

Por outro lado, a citada autora aponta para possibilidade de que um direito social seja substituído ou compensado por outro, afirmando que a supressão de um direito fundamental social não pode ocorrer "sem alternativas ou compensações".

Porém, percebemos que a afirmação presente merece um reparo, qual seja, a de que as alternativas ou compensações devam, comprovadamente, preservar o *status quo ante* do destinatário da atividade prestacional, quer dizer, a nova forma de atividade deve manter ou melhorar a situação do recepiendário do serviço público.

Logo, a eventual supressão do benefício não pode estar alicerçada em opções orçamentárias do agente político, mas fundamentalmente na idéia de preservação (necessária, por exemplo, face a eventual mudança da realidade) ou de ampliação do bem-estar social das pessoas envolvidas.

A noção de segurança das relações jurídicas, aliada ao princípio da impessoalidade da ação estatal, devem, em concurso, propiciar estabilidade entre o demandatário da atividade prestacional e o órgão prestador.

Digno de nota que esta preocupação com a estabilidade sempre pontuou o relacionamento entre o Estado e o poder econômico, cujos interesses sempre estiveram garantidos por cláusulas como as que asseguram a chamada equação econômico-financeira dos contratos de concessão.

Ao mesmo tempo, esse mesmo raciocínio de preservação da estabilidade das relações entre o Estado e o demandatário social tem sido negligenciado por nossos agentes e, não raro, por nossos tribunais.

Forçosa, assim, a conclusão de que eventual supressão de prestação social deve ou preservar ou aumentar o bem-estar até então propiciado.

2. Positivação por meio de normas atributivas de direitos públicos subjetivos

Como já afirmado alhures, a consagração de direitos sociais na Constituição não se realiza exclusivamente por meio de normas programáticas, mas também por intermédio de outras técnicas de positivação.

Incursionando no repertório de normas consubstanciadoras de direitos sociais na nossa Constituição, podemos facilmente detectar que a estrutura dessas normas são nitidamente diferenciadas, assim como o seu grau de densificação.

Tomemos, a pretexto de comparação, a proteção constitucional da diminuição das desigualdades sociais e o direito à educação.

No primeiro caso, a Constituição, no seu art. 3º, III e 170, VIII, proclama, como objetivo da República e princípio da ordem econômica, a busca da diminuição das desigualdades sociais.

Os dispositivos em causa consubstanciam princípios, de suma importância, mas de pouca densidade.

A importância que dele se extrai repousa, em primeiro lugar, na sua influência constitucional, já que o valor que encerra se vê espraiado em inúmeras outras disposições constitucionais, inclusive nesta atinente ao direito de educação.

Por outro lado, incita o Poder Público à adoção de outras políticas tendentes à realização do valor que incorpora, repugnando qualquer inclusão no ordenamento jurídico de norma que lhe contradiga o conteúdo.

Todavia, quando contemplamos a estrutura do art. 205 c.c. o art. 208 de nossa Lei Maior, constata-se, sem rebuços, que a estrutura normativa ali existente é notoriamente diferente daquela utilizada no exemplo antes referido. Neste caso, a Constituição delimita, em tintas fortes, o propósito de gerar aos indivíduos uma prerrogativa subjetiva, imediatamente usufruível.

Por isso, a própria Carta, desde logo, se dá pressa e literalmente atribui ao Estado o correlato dever de prestar a atividade necessária à concretização do direito atribuído.

Note-se que nesta ocorrência existe uma clareza normativa sem igual: definiu-se a prerrogativa subjetiva, com identificação incontroversa de quem pode exercê-la, o objeto e quem possue o dever jurídico de prestá-lo, no caso, o Poder Público.

Opção constituinte por esta técnica de consagração, sobretudo quando, como nos casos dos direitos à educação e saúde, se fez com prescindência de lei (norma de eficácia plena), revela um propósito claro: o de deixar a posse de alguns direitos, tidos como essenciais à dignidade, fora dos debates políticos e das pendengas partidárias.

Assim, independentemente de quem esteja gerindo o Estado ou do partido que possua maioria legislativa, tais direitos devem ser observados, possuindo, inclusive, justiciabilidade.

São temas que a Constituição quis colocar acima das variações administrativas, partidárias e políticas, sendo certo que instituições como o Ministério Público, a Defensoria Pública e o Judiciário, quando provocados, devem garantir sua aplicação.

Houve, com efeito, uma espécie de consenso cívico na constituinte no sentido de que tais direitos fossem aplicados e exigíveis em face de qualquer organismo político responsável por tal espécie de prestação.

Exatamente por isso a Constituição, quando tratou de alguns direitos, dentre eles, a educação, trouxe uma estrutura normativa que, *data-venia*, não causa dúvidas ao intérprete, ao aplicador da lei, de que ali existe uma prerrogativa jusfundamental plena e imediatamente exigível face ao Estado.

Oportuno, neste momento, aportar a seguinte manifestação de Cristina Queiroz:

> Gozar de um "direito subjetivo" significa ter o poder de pretender perante um outro sujeito um determinado comportamento. Este é o "conteúdo" do direito subjectivo: "o dever jurídico relacional". O conteúdo do direito corresponde ao comportamento que o respectivo titular pode exigir a um outro sujeito. Em termos breves, o conceito de "direito subjetivo" pressupõe uma relação triádica entre um *sujeito*, um *objeto* e um *destinatário*.
>
> [...]
>
> A verdade é que se os direitos fundamentais podem ser configurados como direitos fundamentais, isto é, direitos reconhecidos por normas de estalão constitucional, os mesmos podem igualmente ser constituídos como "posições jurídicas jusfundamentais", isto é, como "direitos subjetivos"[127].

[127] Idem, p. 90.

Contemplando o direito constitucional positivo brasileiro, podemos detectar, com absoluta clareza, direitos sociais que foram consagrados como prerrogativas subjetivas. O caso da educação, já citado, é exemplar, pois a arquitetura constitucional não deixa espaço para dúvidas, quer em relação à atribuição do direito subjetivo, quer em relação aos seus destinatários, quer em relação ao seu objeto.

Em primeiro lugar, o art. 205 proclama que a educação é "direito de todos e dever do Estado e da família[...]".

A locução, de um lado, prescreve o direito subjetivo à educação e, de outro, determina o correlato dever do Poder Público.

Tal disposição constitucional, se isolada, poderia padecer de eventuais lacunas. Porém, suas disposições são complementadas por outras da própria Constituição.

A propósito, confira-se o art. 208, que especifica que o dever do Estado para com a educação "será efetivado mediante a *garantia* de:

- ensino fundamental obrigatório e gratuito, assegurada, inclusive, sua oferta gratuita para todos os que a ele não tiveram acesso na idade própria (I);
- progressiva universalização do ensino médio (II);
- atendimento educacional especializado aos portadores de deficiência, preferencialmente na rede regular de ensino (III);
- educação infantil, em creche e pré-escola, às crianças até 5 (cinco) anos de idade (IV);

O citado artigo prossegue em suas disposições. Porém, do quanto transcrito, pode-se perceber que o texto constitucional, aqui, não apresenta incertezas.

Aponta, por um lado, o direito subjetivo à educação e, de outro, discrimina o dever correlato do Estado de prestá-la.

Não é ocioso destacar que a Constituição, com as disposições *supra*, incluiu, não sem porquê, no rol dos direitos subjetivos do cidadão o acesso à chamada educação básica (infantil, fundamental e média).

Tal afirmação encontra reforço em outros elementos do sistema constitucional.

Em primeiro lugar, o parágrafo 1º, do próprio art. 208, é literal ao prescrever que "o acesso ao ensino obrigatório e gratuito é direito público subjetivo".

Não bastasse, o parágrafo 2º, do indigitado artigo, censura, de maneira ainda mais intensa, o descumprimento de tais presságios constitucionais, dispondo que "o não-oferecimento do ensino obrigatório pelo Poder Público, ou sua oferta irregular, importa responsabilidade da autoridade competente".

Numa análise mais alargada, verifica-se que o não-oferecimento das vagas necessárias ao atendimento do direito subjetivo positivado implicará um acúmulo de sanções, que, ao nosso ver, evocam responsabilidade quer pelo instituto do *impeachment*, quer pelo da repressão à improbidade administrativa (art. 37, § 4º).

Um intérprete desavisado poderia objetar que não houve especificação da responsabilidade pelo dever prestacional no plano federativo.

Tal advertência, de logo, se quedaria esmorecida por uma superficial análise do art. 211 de nossa Magna Carta, que, de um lado, estabelece a solidariedade entre os entes no dever de prestar educação e, de outro, define prioridades, dentre eles, o dever prioritário do Município para com educação infantil e fundamental e a do Estado para com educação fundamental e média, devendo a União financiar as instituições de ensino públicas federais e exercer, em matéria educacional, "função redistributiva e supletiva, de forma a garantir equalização de oportunidades educacionais e padrão mínimo de qualidade do ensino mediante assistência técnica e financeira aos Estados, Distrito Federal e Municípios".

Este arcabouço de disposições constitucionais, mais do que claro e específico, é enfático ao proclamar o acesso à educação básica como direito público subjetivo do cidadão, mesmo porque, não fosse o propósito do constituinte, sequer a quantidade de dispositivos atinentes ao tema estaria justificado.

Bem por isso, o remansoso entendimento do nosso Supremo Tribunal Federal acerca do tema, bem expresso na pena do ministro Celso de Mello:

> *A educação infantil representa prerrogativa constitucional indisponível, que, deferida às crianças, a estas assegura, para efeito de seu desenvolvimento integral, e como primeira etapa do processo de educação básica, o atendimento em creche e o acesso à pré-escola (CF, art. 208, IV). – Essa prerrogativa jurídica, em conseqüência, impõe, ao Estado, por efeito da alta significação social de que se reveste*

a educação infantil, a obrigação constitucional de criar condições objetivas que possibilitem, de maneira concreta, em favor das "crianças de zero a seis anos de idade" (CF, art. 208, IV), o efetivo acesso e atendimento em creches e unidades de pré-escola, sob pena de configurar-se inaceitável omissão governamental, apta a frustrar, injustamente, por inércia, o integral adimplemento, pelo Poder Público, de prestação estatal que lhe impôs o próprio texto da Constituição Federal. – A educação infantil, por qualificar-se como direito fundamental de toda criança, não se expõe, em seu processo de concretização, a avaliações meramente discricionárias da Administração Pública, nem se subordina a razões de puro pragmatismo governamental. – Os Municípios – que atuarão, prioritariamente, no ensino fundamental e na educação infantil (CF, art. 211, § 2º) – não poderão demitir-se do mandato constitucional, juridicamente vinculante, que lhes foi outorgado pelo art. 208, IV, da Lei Fundamental da República, e que representa fator de limitação da discricionariedade político-administrativa dos entes municipais, cujas opções, tratando-se do atendimento das crianças em creche (CF, art. 208, IV), não podem ser exercidas de modo a comprometer, com apoio em juízo de simples conveniência ou de mera oportunidade, a eficácia desse direito básico de índole social.[128]

No mesmo sentido, a julgamento relatado pelo eminente ministro Carlos Velloso, ementado da seguinte forma:

EMENTA: CONSTITUCIONAL. ATENDIMENTO EM CRECHE E PRÉ-ESCOLA. I. – Sendo a educação um direito fundamental assegurado em várias normas constitucionais e ordinárias, a sua não-observância pela administração pública enseja sua proteção pelo Poder Judiciário. II. – Agravo não provido.[129]

Ainda nessa direção, as seguintes decisões do Supremo Tribunal Federal: AI 455.802/SP, Rel. Min. Marco Aurélio – AI 475.571/SP, Rel. Min. Marco Aurélio – RE 401.673/SP, Rel. Min. Marco Aurélio – RE 411.518/SP, Rel. Min. Marco Aurélio.

Ao lado do exemplo citado, podemos alinhar também o direito à saúde na Constituição Federal, que, face aos dispositivos que o consagram, também tem a nítida configuração de um direito público subjetivo.

[128] RE 436.996.

[129] RE 463.210 – AgR.

À genérica previsão constante do art. 6º de nossa Lei Maior juntaram-se outras disposições de suma importância para a correta intelecção do tema, referimos-nos às disposições constitucionais constantes dos artigos 196 a 200.

O art. 196 prescreve que "a saúde é um direito de todos e um dever do Estado[...]", indicando, de forma clara, o caráter de prerrogativa jusfundamental do direito em exame.

A tal disposição, por si bastante eloqüente, deve se integrar a previsão constante do art. 198, II, que, no *caput*, institucionaliza o Sistema Único de Saúde, dispondo que "as ações e serviços públicos de saúde integram uma rede regionalizada e hierarquizada e constituem um sistema único[...]".

No inciso II, aponta, como diretriz do SUS, o "atendimento integral, com prioridade para as atividades preventivas, sem prejuízo dos serviços assistenciais".

Acoplando-se a tais prescrições, o conceito de saúde, encontradiço no preâmbulo do pacto criador da Organização Mundial de Saúde, entende-se por saúde o estado de completo bem-estar físico, mental e social.

Nessa perspectiva, verificando-se a saúde como um direito de todos e um dever do Estado (art. 196), cujo parâmetro de atuação deve se pautar pelo "atendimento integral" (art. 198, II), concebida o estado de saúde como o completo bem-estar físico, mental e social, inegável, pois, o caráter de prerrogativa jusfundamental, vale dizer, de direito subjetivo, de que se veste o direito fundamental social examinado.

O dever correlato do Estado é marcado por duas peculiaridades: 1) a criação do Sistema Único de Saúde estabelece uma exceção ao raciocínio federativo, já que, mais do que comum e solidária, a obrigação de prestar saúde deflui ações e recursos integrados a um sistema no qual entroncam todos os entes da federação; 2) se dúvidas ainda houvessem, o art. 23, II, prescreve tratar-se de competência comum da União, dos Estados, do Distrito Federal e dos Municípios "cuidar da saúde e assistência pública, da proteção e garantia das pessoas portadoras de deficiência".

Assim, para dar cabo de tais obrigações, a Constituição, secundada pela Lei 8080/90, determinou a criação de um Sistema Único de Saúde, envolvendo todos os entes da Federação, com obrigações recíprocas e um objetivo comum, o de prestar assistência à saúde.

Na espécie, há uma questão muito presente nas incursões sobre as gerações dos direitos fundamentais, que consiste no fato de que os direitos sociais, sobretudo quando contemplados na perspectiva de um padrão mínimo incondicional, se associam umbilicalmente aos direitos de liberdade, com eles efetivamente se confundindo.

O Tribunal Constitucional de Portugal[130], fazendo coro a proposições doutrinárias, chegou a sedimentar a noção de que, em termos de mínimo vital, os direitos sociais ostentam o regime jurídico próprio dos direitos de liberdade.

No caso do direito à saúde, a questão fica ainda mais clara, pois que este, enquanto direito fundamental, pode tanto ser evocado na perspectiva de um direito prestacional como não se pode descurar de que o direito à saúde é caudatário do próprio direito à vida, com ele formando quase uma síntese indecomponível, de tal modo que a proteção da saúde implica necessariamente a proteção da vida.

Afinado a este ponto de vista, o uniforme entendimento de nossa Corte Suprema, de cujas decisões pinçamos, a título de exemplo, segue o seguinte aresto:

> Medicamentos para Pacientes com AIDS (Transcrições) RE 267.612-RS* RELATOR: MIN. CELSO DE MELLO EMENTA: PACIENTES COM HIV/AIDS. PESSOAS DESTITUÍDAS DE RECURSOS FINANCEIROS. DIREITO À VIDA E À SAÚDE. FORNECIMENTO GRATUITO DE MEDICAMENTOS. DEVER CONSTITUCIONAL DO ESTADO (CF, ARTS. 5º, CAPUT, E 196). PRECEDENTES (STF). – O direito público subjetivo à saúde representa prerrogativa jurídica indisponível assegurada à generalidade das pessoas pela própria Constituição da República (art. 196). Traduz bem jurídico constitucionalmente tutelado, por cuja integridade deve velar, de maneira responsável, o Poder Público, a quem incumbe formular – e implementar – políticas sociais e econômicas que visem a garantir, aos cidadãos, o acesso universal e igualitário à assistência médico-hospitalar. – O caráter programático da regra inscrita no art. 196 da Carta Política – que tem por destinatários todos os entes políticos que compõem, no plano institucional, a organização federativa do Estado brasileiro – não pode converter-se em promessa constitucional

[130] Acórdão 509/2002.

> inconsequente, sob pena de o Poder Público, fraudando justas expectativas nele depositadas pela coletividade, substituir, de maneira ilegítima, o cumprimento de seu impostergável dever, por um gesto irresponsável de infidelidade governamental ao que determina a própria Lei Fundamental do Estado[...].

Coerente à interpretação que frutifica espontânea do texto constitucional, a Suprema Corte brasileira, em diversas passagens, reconhece o direito à saúde como direito fundamental e, desta sorte, prerrogativa indisponível do ser humano.

Na mesma decisão, atenta o Pretório para a incindibilidade entre o direito à vida e o direito à saúde, adicionando ainda que ao cumprimento de tal dever estatal não podem, sob pena de grave violação à ordem constitucional, ser antepostos interesses secundários (orçamentários) da Administração.

No ponto, vale transcrever mais um pequeno excerto do mencionado julgado:

> [...] A impostergabilidade da efetivação desse dever constitucional desautoriza o acolhimento do pleito recursal ora deduzido na presente causa. Tal como pude enfatizar, em decisão por mim proferida no exercício da Presidência do Supremo Tribunal Federal, em contexto assemelhado ao da presente causa (Pet 1.246-SC), entre proteger a inviolabilidade do direito à vida e à saúde, que se qualifica como direito subjetivo inalienável assegurado a todos pela própria Constituição da República (art. 5º, *caput* e art. 196), ou fazer prevalecer, contra essa prerrogativa fundamental, um interesse financeiro e secundário do Estado, entendo – uma vez configurado esse dilema – que razões de ordem ético-jurídica impõem ao julgador uma só e possível opção: aquela que privilegia o respeito indeclinável à vida e à saúde humana, notadamente daqueles, como os ora recorridos, que têm acesso, por força de legislação local, ao programa de distribuição gratuita de medicamentos, instituído em favor de pessoas carentes. A impostergabilidade da efetivação desse dever constitucional desautoriza o acolhimento do pleito recursal ora deduzido na presente causa. Tal como pude enfatizar, em decisão por mim proferida no exercício da Presidência do Supremo Tribunal Federal, em contexto assemelhado ao da presente causa (Pet 1.246-SC), entre proteger a inviolabilidade do direito à vida e à saúde,

> que se qualifica como direito subjetivo inalienável assegurado a todos pela própria Constituição da República (art. 5º, *caput* e art. 196), ou fazer prevalecer, contra essa prerrogativa fundamental, um interesse financeiro e secundário do Estado, entendo – uma vez configurado esse dilema – que razões de ordem ético-jurídica impõem ao julgador uma só e possível opção: aquela que privilegia o respeito indeclinável à vida e à saúde humana, notadamente daqueles, como os ora recorridos, que têm acesso, por força de legislação local, ao programa de distribuição gratuita de medicamentos, instituído em favor de pessoas carentes[...].

O excerto transcrito depura que, estabelecido o dilema entre a preservação da saúde e da vida e a proteção dos interesses orçamentários da administração, a única solução ética e juridicamente aceitável é aquela que aponta o primado do direito fundamental sobre os óbices financeiros opostos pelo Poder Público.

O caminho palmilhado, aliás, é aquele cujo ponto de partida é o princípio da dignidade humana, fundamento da República Federativa do Brasil (art. 1º, III) e apanágio de todo o nosso sistema constitucional.

Devemos lembrar, como já afirmado, que dignidade humana constitui um imperativo que faz com que todo ser humano, só por sê-lo, como fim em si mesmo, possui um valor não relativo, intrínseco, o qual não comporta nenhuma espécie de majoração, como custo de um atendimento ou preço de uma forma de assistência.

Assim, a praticamente uniforme jurisprudência dos tribunais brasileiros, no acolhimento do direito à saúde, sob a forma de determinação das variadas formas de assistência, consagra a noção de princípio da dignidade humana como pilar de nosso sistema constitucional e a conclusão de que direitos fundamentais sociais também se consubstanciam em prerrogativas *jusfundamentais* dos cidadãos.

Numa breve digressão, é curioso notar que o mesmo ente público que opõe óbices orçamentários aos pleitos em favor da saúde despenda vultosos gastos com publicidade, por isso que já um bom número de magistrados, em ações que reclamam proteção à saúde, para dar efetividade à tutela, venha determinando o sequestro dos valores destinados a gastos com publicidade governamental.

Como se vê, em suma, a afirmação de que os direitos fundamentais sociais não se encontram abrigados exclusivamente por normas indicativas de programas ou tarefas para o Estado, mas também muitas vezes se consubstanciam em direitos públicos subjetivos, encontra plena concordância no nosso entendimento pretoriano.

Mesmo porque, nossa Constituição, permeada de disposições atinentes ao tema, lançou mão, a nosso juízo, de seis diferentes técnicas de positivação de direitos sociais, cada qual gerando diferentes conseqüências jurídicas, como podemos verificar.

2.1. A atribuição de direito subjetivo: o *standard* mínimo incondicional

Há de se indagar o porquê da eleição desta técnica de positivação – atribuição de direito subjetivo – em relação a alguns dos direitos fundamentais sociais.

O desenvolvimento humano supõe, além dos direitos de liberdade, a existência de um mínimo material, necessário, aliás, para o próprio exercício daquele.

Como se falar em direito à vida sem proteção da saúde. Como se pensar em direito à liberdade de opinião, ao livre exercício profissional ou à participação política sem acesso à educação básica.

Assim, mais do que refletir propriamente sobre a interdependência entre os direitos fundamentais, é importante sublinhar que, em um patamar mínimo, os direitos sociais se igualam aos direitos de liberdade. Sem eles, não há sequer como se cogitar do próprio direito à vida, tampouco não há como se expressar o respeito por parte do Estado à dignidade da pessoa humana.

Merece transcrição literal, neste ponto, a arguta observação de Ricardo Lobo Torres, *in verbis*:

> Há um direito às condições mínimas de existência humana digna que não pode ser objeto de intervenção do Estado e que ainda exige prestações estatais positivas.
>
> O mínimo existencial não tem dicção constitucional própria. Deve-se procurá-lo na idéia de liberdade, nos princípios constitucionais da igualdade, do devido processo legal, da livre iniciativa e da dignidade do homem, na Declaração dos Direitos Humanos e nas imunidades e privilégios do cidadão.

> Despe-se o mínimo existencial de conteúdo específico. Abrange qualquer direito, ainda que originariamente não-fundamental (direito à saúde, à alimentação, etc.), considerado em sua dimensão essencial e inalienável[131].

Nessa seara, como já exposto, não há como se enxergar conflito entre o exercício do direito e os interesses orçamentários da administração. Pensando o Estado na função de organizar a sociedade, a preservação da vida constitui-se em uma de suas finalidades congênitas, logo, a preservação de um mínimo vital a todos os indivíduos constitui obrigação primária que precede a todas as outras.

Como aludimos anteriormente, qual o sentido na realização de gastos como os realizados com publicidade das ações governamentais ao tempo em que pessoas padecem sem acesso a, por exemplo, uma necessária intervenção cirúrgica?

Um dos mecanismos do qual o constituinte parece ter lançado mão para a concretização desta idéia de intransigente respeito ao mínimo vital foi o de transformar ao menos parte dos direitos que a ele se integram - como educação básica e assistência à saúde - em direitos públicos subjetivos, cuja realização, garantida em patamar constitucional, se não levada a efeito espontaneamente pelos órgãos executivos, podem e devem ser demandadas judicialmente, quer por instância do interessado, quer por instância do Ministério Público ou de associação constituída para esse fim.

A idéia foi exatamente a de furtar a realização desses direitos de discussões políticas, ideológicas ou partidárias. Trata-se, em termos orçamentários, do que poderíamos chamar de "questão prejudicial". Em outras palavras, o atendimento a tais direitos precede a qualquer outra prioridade governamental, quer na elaboração do orçamento, quer para eventuais remanejamentos de receita, quer ainda para a abertura de créditos adicionais.

Tanto do ponto vista ético como do ponto de vista jurídico, à luz da estruturação normativa de tais direitos na Constituição, não há como se imaginar que a uma pessoa seja negada atenção à saúde (inclusive, com

[131] TORRES, Ricardo Lobo. *Teoria dos Direitos Fundamentais*. 2. ed. Rio de Janeiro: Editora Renovar. 2001, p. 266.

eventual determinação de sua morte), ou o acesso à educação básica, ao tempo em que gastos de outra natureza sejam realizados.

Importante destacar, nessa ordem de idéias, que esses direitos públicos subjetivos, mais do que harmoniosos, constituem desdobramento lógico da estruturação de nosso Estado, que, primeiro, não seria denominado de democrático, segundo, não apresentaria como fundamento a cidadania e a dignidade humana e, ainda dentre vários outros aspectos, não apresentaria como objetivos fundamentais: a construção de uma sociedade livre, justa e solidária; a erradicação da pobreza e da marginalização; a redução das desigualdades sociais e regionais; e a promoção do bem de todos. Tampouco indicaria como diretriz de nossa ordem econômica propiciar dignidade a todos, segundo os ditames da justiça social.

Calha transcrever, neste ponto, o sempre oportuno magistério de Celso Antonio Bandeira de Mello:

> Uma vez que a nota típica do Direito é a imposição de condutas, compreende-se que o regramento constitucional é, acima de tudo, um conjunto de dispositivos que estabeleçam comportamentos obrigatórios para o Estado e para os indivíduos. Assim, quando dispõe sobre a realização de Justiça Social - está, na verdade, imperativamente, constituindo o Estado brasileiro no indeclinável dever jurídico de realizá-la[132].

Registre-se que em outros países, como a Alemanha, o reconhecimento do mínimo vital advém da falta de previsão expressa dos direitos que nele se intrujam. Entende-se que o mínimo vital, caudatário da proteção da dignidade humana e do sistema de proteção dos direitos fundamentais, constituiria uma espécie de direito fundamental implícito ao sistema[133].

O raciocínio palmilhado é claro: se a Constituição protege a dignidade humana e direitos como a vida e a liberdade, não há como garantir um mínimo vital, do ponto vista material, para os indivíduos.

Cumpre observar, todavia, que a Constituição de 1988, com nítido caráter analítico, optou por uma descrição mais minuciosa dos direitos

132 MELLO, Celso Antonio Bandeira de. A Eficácia das Normas Constitucionais Sobre Justiça Social, op. cit., p. 237.

133 Cf. ALEXY, Robert. Op. cit., pp. 421 e ss.

assegurados ao cidadão, provavelmente em razão do passado histórico que acabou por informar a Assembleia Constituinte na qual foi sufragada.

Assim, quer nos parecer que, ao menos a parte mais sensível deste mínimo vital – a assistência à saúde e a educação básica – tenha sido destacadamente protegida, dentre outros meios, por uma técnica de positivação constitucional que se lhe atribui o caráter de direito público subjetivo, induvidosamente exigível e dotado de justiciabilidade.

Em que pesem eventuais posições contrárias, quer a análise pontual dos dispositivos de proteção, quer a interpretação sistemática do texto constitucional, não permite, *data-venia*, conclusão diferente.

2.1.2. *O mínimo vital e a positivação de direitos sociais no Brasil*

Uma interpretação apressada do raciocínio exposto no tópico anterior poderia ensejar a conclusão de que a noção de piso vital, ou *standart* mínimo incondicional, no Brasil, seria de pouca utilidade prática, uma vez que nossa Constituição já teria positivado direitos que nele estariam integrados por meio de normas atributivas de direitos públicos subjetivos, que – com isso concordamos – tornam redundantes discussões em torno do chamado mínimo vital.

Todavia, dois pontos devem aqui ser fixados. O primeiro aponta que a Constituição plasmou o direito à educação básica e à assistência à saúde por meio de normas que investem seus destinatários de direitos subjetivos, mas não adotou o mesmo procedimento em relação a outros direitos sociais relevantes, como o direito à moradia (previsto laconicamente no art. 6º) e o direito à segurança alimentar (não propriamente na perspectiva do acesso ao alimento seguro, mas na perspectiva do direito ao consumo de um mínimo de nutrientes que dê segurança material a uma vida saudável).

Ademais, devemos sempre ter em linha de conta o conceito de Constituição como um sistema aberto de princípios e regras, o que a torna passível de constantes e renovadas ressignificações, que podem, ao longo dos anos, estender o significado dos direitos sociais, ou ainda integrar novos direitos desta natureza, na definição do que seja essencial, do ponto de vista material, ao ser humano.

Destarte, ante a eventuais omissões da Constituição, quer pela ausência de normas que qualifiquem a existência de determinado direito social, quer pela baixa densidade das eventualmente existentes (ex.: o direito à moradia na Constituição de 1988), o conceito passa a ocupar posição superlativa, servindo, pois, de parâmetro à concretização da dignidade humana nestas searas.

De fato, é impensável que um ser humano possa ser considerado como tendo sua dignidade respeitada sem o direito a um abrigo, tomado não só como fator de proteção, mas também como de projeção de privacidade sua e de sua família.

A Constituição de 1988, sensível a tal diretriz, aportou previsão do direito à moradia como direito social, em seu art. 6º. Fê-lo, como dito, por meio de uma singela menção que não especifica, nem mesmo embrionariamente, qual o conteúdo do direito.

Trata-se, por assim dizer, de uma norma programática, ademais, vestida de baixíssima densidade normativa. Apontar que a dignidade humana ficaria ao sabor exclusivo da vontade política vencedora nas sucessivas eleições, ou ainda a mercê da atividade legislativa ordinária, seria negligenciar a preeminência do princípio em nossa ordem jurídica, declinando mesmo da fundamentalidade do direito em causa, subvertendo, a bem do rigor, toda a sistemática constitucional de organização dos direitos fundamentais.

Caminhando nessa direção, quer nos parecer que, evocando-se a idéia de mínimo vital, direitos como o de moradia tornariam-se passíveis de concretização, quer dizer, poderiam ser objeto de uma construção interpretativa que o inscrevesse, ainda que em patamares modestos, no rol de direitos subjetivos do cidadão.

Aliás, ao nosso entender, é exatamente neste ponto que a idéia de mínimo vital ganha valor superlativo, na medida em que viabiliza que direitos positivados sob a forma de programas ou tarefas dirigidos ao Estado passem a integrar o rol de direitos subjetivos dos cidadãos.

Embora a definição de mínimo vital, especialmente no que diz respeito aos direitos que o integram, não seja única, nem tampouco uniforme, parece incontroverso que seja possível a identificação de uma margem de certeza, como, por exemplo, o acesso à alimentação mínima necessária para que a pessoa não venha a se encontrar em estado de subnutrição. No mesmo sentido, o direito a um abrigo contra as intempéries do tempo.

São situações extremas, incompatíveis, aliás, com o próprio senso de civilidade. Por isso mesmo inegavelmente protegidas pelo princípio da dignidade humana por meio do chamado mínimo vital, que serve, diríamos assim, como agente desta metamorfose, que faz com que programas dirigidos ao Estado sejam incorporados ao patrimônio jurídico dos cidadãos.

A ideia de mínimo vital, assim, permanece relevante e atual, mesmo em países cujas constituições abriguem direitos sociais. Escorreita, a propósito, a idéia de, no campo dos direitos humanos (entendidos em sua dimensão supra nacional), buscar-se a identificação de um piso vital que sirva de referência ao planeta.

2.2. Direito subjetivo e reserva legal

Na dogmática dos direitos fundamentais sociais, especificamente na órbita daqueles cuja consagração tenha se dado por meio da atribuição de direito subjetivo, há que se fazer referência aos direitos que foram positivados como prerrogativas *jusfundamentais* face ao Estado, mas com indicação da necessidade de lei que lhe integre o conteúdo.

Na Constituição brasileira, é exatamente esta a hipótese vertida no art. 203, V, que prescreve "a garantia de um salário mínimo de benefício mensal à pessoa portadora de deficiência e ao idoso que comprovem não possuir meios de prover à própria manutenção ou de tê-la provida por sua família, conforme dispuser a lei".

O dispositivo, de um lado, indica claramente ao portador de deficiência e ao idoso, que comprovem não possuir meios de prover à própria manutenção ou de tê-la provida por sua família, o direito subjetivo ao benefício mensal de um salário mínimo, mas, de outro lado, condiciona o direito atribuído às disposições da lei.

O ponto diferencial que deflui desta previsão de reserva legal é o poder de conformação legislativa do direito clausulado na Constituição.

Enquanto nos direitos consagrados constitucionalmente sem reserva de lei se repugna qualquer interveniência legislativa, uma vez que a própria norma constitucional já contém todos os elementos necessários para delimitação de seu próprio e sentido e alcance, no caso dos direitos albergados sob a reserva legal, permite-se ao legislador a conformação do conteúdo da prerrogativa constitucionalmente instituída.

Pensando na sua eficácia e aplicabilidade, evocando a classificação de José Afonso da Silva, a norma estaria incluída no rol das chamadas normas constitucionais de eficácia limitada de princípio institutivo.

Para o citado autor, "a caracterização fundamental das normas constitucionais de princípio institutivo está no fato de indicarem uma legislação futura que lhes complete a eficácia e lhes dê efetiva aplicação"[134].

É de se verificar que, em todas as normas da espécie, o legislador possui um âmbito de conformação discricionária, mais ou menos amplo, devendo aditar conteúdo ao dispositivo constitucional que lhe serve de supedâneo.

No exemplo citado, pode-se verificar que a margem de liberdade conformadora do legislador é sobremodo diminuta, uma vez que os beneficiários foram prévia e claramente estabelecidos, o benefício foi fixado de forma absolutamente inelástica, deixando-se ao labor legislativo simplesmente as formas de comprovação da falta de condições de prover a própria subsistência ou tê-las provida pela família.

Evidente que, havendo uma margem de penumbra, no que tange à definição do elemento quantitativo que irá qualificar o indivíduo como desprovido de condições de prover o próprio sustento ou de tê-lo provido pela família, fica também um implícito espaço de definição a cargo do legislador.

Dois pontos aqui merecem destaque.

O primeiro diz respeito a eventual integração infraconstitucional. Note-se que a lei integradora não pode, a pretexto de conclusão do trabalho normativo, negar a idéia contida no dispositivo constitucional.

Assim, a norma complementar deve necessariamente, além de guardar estrita congruência com o direito criado em nível constitucional, estabelecer elementos normativos (requisitos, pressupostos etc.) que estejam adequados e proporcionais aos fins colimados.

No exemplo examinado, não faria sentido que a lei excluísse do benefício pessoa que pertença à família cuja renda total ultrapassasse um salário mínimo.

Se o móvel do dispositivo é franquear ao portador de deficiência e ao idoso tal benefício mensal, sempre que a pessoa, por si, ou por sua família, não lograsse a obtenção de tal renda, sua situação certamente estaria incluída na previsão constitucional.

Outro ponto de vital importância é a questão da aplicabilidade do direito.

134 Silva, José Afonso da. *Aplicabilidade das Normas Constitucionais*, op. cit., p. 123.

Recuperemos, antes de mais, que, a teor do § 1º, do art. 5º, de nossa Constituição, as normas definidoras de direitos e garantias fundamentais tem aplicabilidade imediata.

Calha sublinhar que o dispositivo constitucional se refere aos direitos e garantias fundamentais, demarcando, deste modo, que o comando em apreço não se refere exclusivamente aos direitos e garantias individuais, mesmo porque a Constituição emprega as expressões, em mais de uma passagem, com significado distinto. Confira-se, a propósito, o Título II e o Capítulo I deste.

Qual, então, a conseqüência deste comando em relação a um direito fundamental social, positivado sob a forma de atribuição de direito subjetivo, mas dependente de lei ulterior?

Ao nosso ver, a indicação de necessidade de lei ulterior não provoca, por si, um juízo de inconstitucionalidade por omissão. Este depende do transcurso de um prazo razoável, sem que o Congresso tenha se pronunciado sobre o tema.

É evidente que se uma norma, quer pelo constituinte originário, quer pelo poder de reforma, ingressasse hoje no sistema jurídico, ainda que todos os mecanismos de urgência legislativa fossem acionados, não seria possível, ao talante exclusivo do Congresso, que poucos dias depois a lei já estivesse editada.

Destarte, a constatação de uma inconstitucionalidade por omissão supõe o transcurso de um prazo razoável para que se conceba em mora a atividade legislativa, inclusive para efeito do ajuizamento da medida judicial adequada, seja ela a ação direta de inconstitucionalidade por omissão, seja ela o mandado de injunção.

Em sede de direitos fundamentais, um dos efeitos mais pungentes do indigitado § 1º, do art. 5º, é exatamente o de estabelecer a noção de imediatidade na aplicação da norma para efeito de se captar eventual omissão de todo e qualquer órgão público encarregado de aplicá-la.

Note-se que parte dos chamados direitos fundamentais não podem ser propriamente aplicados de forma imediata, porém, a norma que o hospeda gera efeitos imediatos, quando não, para determinar que o órgão encarregado dos atos que lhe darão eficácia está incidindo em omissão.

Nesse caminho, tome-se como exemplo o art. 182, § 4º, da Constituição – que sabemos já regulamentado pela Lei 10257/2001. Não seria razoável uma conclusão de inconstitucionalidade por omissão pela inércia do Congresso na produção legislativa meses após a vigência da Constituição, pela, então, notória falta de tempo hábil para que a estrutura legal respectiva fosse construída.

O mesmo não há de se dizer de uma norma que enfeixe um direito fundamental, que, diante do comando de aplicação imediata, tornaria o Congresso presumidamente em mora a partir do dia em que o dispositivo constitucional estivesse em vigor, permitindo, por exemplo, o imediato ajuizamento de um mandado de injunção, buscando a implementação do dispositivo constitucional.

3. Positivação por meio de normas consagradoras de garantias institucionais

Uma das formas recorrentes de positivação de direitos sociais em nossa Constituição ocorre por meio das chamadas garantias institucionais, conceito inicialmente desvendado por Carl Schmitt que ganhou acolhida na doutrina constitucional brasileira e estrangeira.

O ponto de partida do conceito em testilha é o de que o ser humano apresenta uma natureza relacional, compartilhando com seus semelhantes, deste modo, uma organização social. Nas palavras de Peter Häberle, a idéia de garantias institucionais "exige que se considere al individuo como um ser que está inserto desde siempre en relaciones sociales ya existentes y un ser en relación com la Comunidad"[135].

Assim, existem direitos que não podem ser preservados fora dessa dimensão comunitária, uma vez que se projetam e se realizam em meio a instituições sociais, cuja existência e proteção devem ocorrer exatamente por meio das assim denominadas garantias institucionais.

Lapidar a lição de Fábio Konder Comparato:

> De modo geral, pode-se conceituar as garantias institucionais como formas de organização do Estado, ou institutos da vida social, cuja função é assegurar o respeito aos direitos subjetivos fundamentais, declarados na Constituição; não apenas das liberdades individuais (*Freiheitsrechte*), como pareceu aos autores alemães, mas de todas as demais espécies de direitos humanos. Na primeira classe de garantias institucionais,

[135] HABERLE, Peter. La Garantia del Contenido Esencial de los Derechos Fundamentales. Tradução de Joaquín Brage Camazano. Madrid: Dykinson-Constitucional, 2003, p. 95.

> situa-se, por exemplo, a separação de poderes. Na segunda, também exemplificativamente, os institutos componentes da seguridade social, ou o sistema público de ensino. Em qualquer das hipóteses, trata-se de instituições que, pela sua própria natureza, fazem parte das disposições constitucionais insuprimíveis, não só pela lei, mas até mesmo pela via do processo de emenda à Constituição.
> De minha parte, penso que as garantias institucionais podem e devem, hoje, ser analisadas como princípios fundamentais do ordenamento constitucional. Nessa condição, apresentam elas as três características essenciais de todo princípio jurídico: 1) supremacia normativa; 2) ilimitado âmbito de aplicação e 3) ilimitado grau de aplicação[136].

Com efeito, a vida em sociedade forja, nesse sentido, bens jurídicos cuja existência e proteção só se viabiliza no âmago de determinada estrutura social, vale dizer, de determinada instituição, que floresce não raro autonomamente aos direitos dos indivíduos que nela se integram.

Assim sendo, a preservação de tais instituições não pode se dar pela atribuição de um direito público subjetivo, mas deve ocorrer por meio de garantias jurídicas de sua existência institucional.

Calha oportuna, neste ponto, a adequada observação de Ingo W. Sarlet:

> Com efeito, registra-se certo consenso na doutrina no que diz com a circunstância peculiar das garantias institucionais, no sentido de não outorgarem ao indivíduo direitos subjetivos autônomos, em que pese a existência de algumas exceções, de modo especial nos casos em que as garantias institucionais se encontram intimamente vinculadas à garantia dos direitos fundamentais, como bem demonstra a liberdade de imprensa, que – a exemplo de outros direitos fundamentais com uma dimensão institucional – protege tanto a instituição da imprensa livre, quanto fundamenta direito individual subjetivo para resguardar a fruição desta liberdade individual[137] [138].

[136] Comparato, Fábio Konder. As garantias institucionais dos Direitos Humanos. http://www.dhnet.org.br/direitos/militantes/comparato/comparato_garantias.html

[137] Sarlet, Ingo Wolfgang. *A Eficácia dos Direitos Fundamentais*. 6. ed. Porto Alegre: Livraria do Advogado, 2006, p. 212.

[138] Cf. Nunes Júnior, Vidal Serrano. *A Proteção Constitucional da Informação e o Direito à Crítica Jornalística*. São Paulo: FTD, 1997.

Muito embora, no mais das vezes, as garantias institucionais digam respeito a instituições, dentro das quais não se possam destacar direitos subjetivos autônomos dos indivíduos que a ela, de algum modo, se integram, podemos constatar, como no caso da liberdade de informação jornalística, que concorre ela, de um lado, para a configuração da instituição social "opinião pública livre", mas, de outro lado, diz respeito ao direito à liberdade de informação jornalística, é dizer, à prerrogativa público subjetiva assegurada pela Constituição à não interferência do Estado na liberdade de cada um veicular informações.

Outro dado sensível do tema estudado diz respeito ao âmbito de aplicação das garantias institucionais, que não se limita ao espaço próprio da atividade pública (estabilidade dos servidores, tripartição de funções etc.), estendendo-se também para instituições originariamente oriundas do direito privado (família, estabilidade das relações jurídicas etc.).

Pertinente a manifestação de Wladimir da Rocha França:

> As garantias institucionais compreendem, por sua vez, no reconhecimento constitucional de determinadas instituições jurídicas como fundamentais para o desenvolvimento pacífico das relações jurídicas de uma dada sociedade, submetida a uma determinada Constituição. Podem tanto se referir a instituições político-jurídicas (como o município, os sindicatos, os partidos políticos), como a instituições jurídicas originariamente concebidas como da seara do direito privado (contrato, família, propriedade) (ver França, 1997b: 470/471).
>
> Carl Schmitt é apontado como o criador da distinção entre "direitos fundamentais" e "garantias institucionais". Aqueles caracterizariam como direitos incondicionados, típicos do indivíduo e invioláveis pelo Estado; já estas, nas palavras de Nicolau Pérez Serrano (1984: 674), "son derechos que se reconocen a determinadas instituciones, como ya el proprio nome indica, y no afectan a los Individuos, o a lo sumo repercuten oblicua e indirectamente en ellos; no pueden valer contra el Estado, sino para su adecuado funcionamento; no se conciben antes ni por encima del Estado, sino dentro de él, y no implican órbita previa de competencia ilimitada, sino radio de acción, más o menos amplio, marcado por la Constituición; se trata, en suma, de protección especial

> dispensada por el poder constituyente a instituciones que no conviene dejar entregadas a veleidades de la Ley ordinaria[139] [140].

Tais garantias, como já frisado, também se estendem ao campo da ordem constitucional social, contemplando instituições sociais, que, embora em algumas oportunidades possam também consubstanciar direitos públicos subjetivos, em outras, organizam estruturas destinadas a garantir instituições próprias da vida compartilhada.

Assim, as garantias institucionais, no caso, têm por escopo assegurar, em nível constitucional, determinadas instituições frente às vicissitudes da governança do momento e das maiorias parlamentares.

Como ressalta Ingo W. Sarlet, "a função precípua das garantias institucionais (desconsiderada aqui sua eventual função como direito subjetivo, que, como visto, pode coexistir) é a de reforçar a proteção de determinadas instituições contra a ação erosiva do legislador, o que ressalta sua dimensão ao menos preponderantemente defensiva, isto é, destinada a bloquear ingerências dos poderes públicos"[141].

Oportuna também a advertência de Maria D'Oliveira Martins:

> Entende-se tradicionalmente que as garantias institucionais têm por efeito impedir o legislador ordinário e também, mais recentemente, todos os órgãos estaduais de destruir, desfigurar e descaracterizar a essência das referidas instituições[142].

Com essa direção, encontramos diversos dispositivos constitucionais de suma importância para a cidadania social, destinados à defesa de instituições como, por exemplo, a saúde pública e o sistema público de ensino.

Oportuno registrar, neste ponto, que as garantias institucionais parecem figurar na gênese da própria noção de controle de constitucionalidade, pois, sobretudo na Europa, foi com elas que se substanciou a

139 França, Vladimir da Rocha. Perfil Constitucional da Função Social da Propriedade. http://www.escritorioonews/noticia.phpline.com/webn.

140 Serrano, Nicolás Pérez. Tratado de Derecho Político. 2. ed. Madrid: Civitas, 1984.

141 Sarlet, Ingo Wolfgang. *A Eficácia dos Direitos Fundamentais*, op. cit., p. 215.

142 Martins, Maria D'Oliveira. *Contributo para a Compreensão da Figura das Garantias Institucionais*. Coimbra: Almedina, 2007, p. 13.

imperatividade da submissão do legislador ordinário à Constituição[143], o que revela, ainda uma vez, uma clara virtude estabilizadora de tais garantias, na medida em que retiram dos embates políticos a preservação de algumas instituições.

Vejamos, a título de ilustração, algumas dessas garantias institucionais.

O art. 198, § 2º (secundada pelas demais disposições da EC 29) e o art. 212, ambos da Constituição Federal, merecem destacada atenção nessa matéria, pois consubstanciam garantias institucionais relevantíssimas para a saúde pública e para o sistema público de ensino, respectivamente.

Ambos os dispositivos tratam de vinculações de receitas orçamentárias a gastos na manutenção e desenvolvimento das respectivas prestações sociais.

Note-se que, no caso, tais disposições se ajustam perfeitamente ao conceito de garantias institucionais, além de revelarem nítido propósito defensivo.

Em primeiro lugar, os dispositivos não criam direito subjetivo, mas tratam de assegurar a existência de instituições imprescindíveis ao Estado Social.

Em segundo lugar, promovem a vinculação de receitas, o que, em nosso sistema, tem caráter excepcional. É que um dos princípios constitucionais do orçamento é exatamente o da não-vinculação, também chamado de princípio da não-afetação, que, em suma, vedam que receitas resultantes de impostos sejam predestinadas a finalidades específicas.

A lógica constitucional, com o precitado princípio orçamentário, é clara: se o imposto é a categoria tributária qualificada pela existência de fatos geradores desvinculados de qualquer prestação estatal específica, as receitas deles resultantes, obedecendo ao mesmo parâmetro, não devem ficar adscritas a objetivos preestabelecidos.

O princípio, incrustado no art. 167, IV, da Constituição Federal, permite, por assim dizer, uma liberdade de conformação ao administrador, que, a cada ano, fiel aos parâmetros delineados no Plano Plurianual e na Lei de Diretrizes Orçamentárias, pode orientar os montantes arrecadados às finalidades, diretrizes e metas que venham a definir no projeto

143 Cf. Martins, Maria D'Oliveira. Op. cit., p. 37-38.

orçamentário, de sua exclusiva iniciativa, desde que obtenha a devida chancela do Poder Legislativo.

Promovendo o constituinte – originário, no caso do sistema público de ensino, e reformador, no caso da saúde pública – a vinculação de receitas a gastos com saúde e educação, o que se verifica é a densificação desta dimensão preponderantemente defensiva, quer perante a governança, quer perante as maiorias parlamentares.

Com efeito, ainda que a vontade do Poder Executivo e a do Legislativo, em determinado exercício, seja outra, estão compelidos à realização das despesas apontadas nas indigitadas disposições constitucionais.

Tais normas, em análise absolutamente rigorosa, têm nítido caráter social, mas não foram concebidas para a criação propriamente de direitos subjetivos, nem tampouco definem diretrizes ou programas para o Estado, o que fazem é garantir a existência e a preservação das cogitadas instituições sociais, a saber, a saúde e a educação.

Note-se que a idéia de criação de garantias institucionais, nos casos acima declinados, é tão clara que o próprio legislador constitucional erigiu o dever de observância de tais disposições à condição de princípios sensíveis da Constituição, indicando, em seus artigos 34, VII, "e" e 35, III, que a não aplicação dos montantes mínimos fixados deve ensejar, respectivamente, a intervenção federal no Estado e a intervenção estadual no Município.

De fora parte, a violação de tais garantias também podem configurar crime de responsabilidade (aqui entendido como a infração político-administrativa ensejadora do *impeachment*) e a eventual caracterização de ato de improbidade (Lei 8.429/92).

Ademais, a Lei de Diretrizes e Bases da Educação Nacional (Lei 9.394/96) criou um sistema de rigorosa apuração de aplicação dos valores em pauta sob a fiscalização dos órgãos de contas e mesmo do Poder Judiciário, passível de provocação, no caso, por meio de ação civil pública[144].

[144] Art. 69. A União aplicará, anualmente, nunca menos de dezoito, e os Estados, o Distrito Federal e os Municípios, vinte e cinco por cento, ou o que consta nas respectivas Constituições ou Leis Orgânicas, da receita resultante de impostos, compreendidas as transferências constitucionais, na manutenção e desenvolvimento do ensino público.

§ 3º Para fixação inicial dos valores correspondentes aos mínimos estatuídos neste artigo, será considerada a receita estimada na lei do orçamento anual, ajustada, quando for o caso, por lei que autorizar a abertura de créditos adicionais, com base no eventual excesso de arrecadação.

§ 4º As diferenças entre a receita e a despesa previstas e as efetivamente realizadas, que resultem no não atendimento dos percentuais mínimos obrigatórios, serão apuradas e corrigidas a cada trimestre do exercício financeiro.

§ 5º O repasse dos valores referidos neste artigo do caixa da União, dos Estados, do Distrito Federal e dos Municípios ocorrerá imediatamente ao órgão responsável pela educação, observados os seguintes prazos:

I – recursos arrecadados do primeiro ao décimo dia de cada mês, até o vigésimo dia;

II – recursos arrecadados do décimo primeiro ao vigésimo dia de cada mês, até o trigésimo dia;

III – recursos arrecadados do vigésimo primeiro dia ao final de cada mês, até o décimo dia do mês subsequente.

§ 6º O atraso da liberação sujeitará os recursos a correção monetária e à responsabilização civil e criminal das autoridades competentes.

Art. 70. Considerar-se-ão como de manutenção e desenvolvimento do ensino as despesas realizadas com vistas à consecução dos objetivos básicos das instituições educacionais de todos os níveis, compreendendo as que se destinam a:

I – remuneração e aperfeiçoamento do pessoal docente e demais profissionais da educação;

II – aquisição, manutenção, construção e conservação de instalações e equipamentos necessários ao ensino;

III – uso e manutenção de bens e serviços vinculados ao ensino;

IV – levantamentos estatísticos, estudos e pesquisas visando precipuamente ao aprimoramento da qualidade e à expansão do ensino;

V – realização de atividades-meio necessárias ao funcionamento dos sistemas de ensino;

VI – concessão de bolsas de estudo a alunos de escolas públicas e privadas;

VII – amortização e custeio de operações de crédito destinadas a atender ao disposto nos incisos deste artigo;

VIII – aquisição de material didático-escolar e manutenção de programas de transporte escolar.

Art. 71. Não constituirão despesas de manutenção e desenvolvimento do ensino aquelas realizadas com:

I – pesquisa, quando não vinculada às instituições de ensino, ou, quando efetivada fora dos sistemas de ensino, que não vise, precipuamente, ao aprimoramento de sua qualidade ou à sua expansão;

II – subvenção a instituições públicas ou privadas de caráter assistencial, desportivo ou cultural;

III – formação de quadros especiais para a administração pública, sejam militares ou civis, inclusive diplomáticos;

IV – programas suplementares de alimentação, assistência médico-odontológica, farmacêutica e psicológica, e outras formas de assistência social;

Como se vê, a sistemática criada pela Constituição revela, sem qualquer dúvida, o dimensionamento de garantias institucionais por meio das disposições *supra* referidas, mesmo porque fica claro que os dispositivos em pauta objetivam impedir que a governança de momento e as maiorias parlamentares desfigurem as instituições por elas protegidas.

No que tange à instituição "saúde pública", outra garantia institucional interessante de ser avaliada, sobretudo em virtude de uma anterior situação fática, que lhe realça a importância, é aquela aportada no § 1º, do art. 199, de nossa Lei Maior.

Referido dispositivo prescreve que "as instituições privadas poderão participar de forma complementar do Sistema Único de Saúde, segundo diretrizes deste, mediante contrato público ou convênio, tendo preferência as entidades filantrópicas e as sem fins lucrativos".

Note-se, pois, que o propósito da disposição em apreço não é outro senão o de delimitar que o sistema público de saúde deve ser gerido por órgãos públicos, entidades públicas, hospitais públicos etc., cabendo à iniciativa privada uma participação *complementar*, revelando-se, por este modo, o claro escopo garantístico da disposição constitucional em estudo.

De fato, o propósito do dispositivo é assegurar ao Poder Público o comando e, também, a execução primordial dos serviços de saúde, impedindo, desta feita, a *terceirização* quer do comando, quer das atividades básicas de prestação de serviço.

Logo, mesmo a lei, ante o comando constitucional em destaque, está impedida de, por exemplo, outorgar a cooperativas, organizações sociais ou similares a gestão e a execução das atividades em saúde, podendo tão

V – obras de infra-estrutura, ainda que realizadas para beneficiar direta ou indiretamente a rede escolar;
VI – pessoal docente e demais trabalhadores da educação, quando em desvio de função ou em atividade alheia à manutenção e desenvolvimento do ensino.
Art. 72. As receitas e despesas com manutenção e desenvolvimento do ensino serão apuradas e publicadas nos balanços do Poder Público, assim como nos relatórios a que se que se refere o § 3º do art. 165 da Constituição Federal.
Art. 87. É instituída a Década da Educação, a iniciar-se um ano a partir da publicação desta Lei.
§ 6º A assistência financeira da União aos Estados, ao Distrito Federal e aos Municípios, bem como a dos Estados aos seus Municípios, ficam condicionadas ao cumprimento do art. 212 da Constituição Federal e dispositivos legais pertinentes pelos governos beneficiados.

só determinar que à gestão e à prestação público do serviço de saúde seja adicionada a cooperação de entidades privadas, preferencialmente de caráter filantróprico.

Sublinhe-se, nessa direção, que com tal Garantia Institucional assegura-se que quer o comando, quer a execução básica, quer o domínio das tecnologias essenciais em saúde permaneçam sob o controle do Poder Público, impedindo-se, pois, o risco de uma desorganização do sistema em virtude, por exemplo, da solução de continuidade das entidades privadas prestadoras, ou ainda pela constatação de inadequação da atividade privada eventualmente prestada.

A propósito, cumpre trazer a pêlo antiga experiência realizada – em desconformidade aos ditames da tal Garantia Institucional – na cidade de São Paulo, o Plano de Atendimento à Saúde (PAS).

Como muitos apontam, "o Plano foi sintetizado como uma investida de privatização da saúde e de desresponsabilização da administração pública municipal pelo atendimento à saúde dos munícipes"[145].

Ocorre que com o desgaste do projeto e a conseqüente extinção das cooperativas de médicos que prestavam, em nome do Poder Público, assistência à saúde, o sistema foi duramente golpeado, com sérios prejuízos, que resultaram, dentre outras coisas, no "comprometimento da universalidade e da equidade da atenção à saúde dos paulistanos"[146].

A experiência, reconhecidamente desastrosa, quiçá não tivesse se concretizado se àquela época essa noção de *garantias institucionais* estivesse consolidada, inclusive na prática de nossa jurisprudência.

Outra Garantia Institucional, em sede de direitos sociais, criada por nossa Constituição, consiste no que a doutrina consensualmente batizou de desapropriação-sanção, prevista, para imóveis urbanos, no art. 182, § 4º, III, e, para imóveis rurais, no art. 184, ambos, como dito, de nossa Lei Maior.

Os dispositivos em tela tem por escopo garantir uma instituição social, embora originariamente de direito privado, qual seja, a função social da propriedade privada, apontando que o proprietário do imóvel urbano ou rural que vier a descumprir sua função social, nos termos dos

[145] Cf. Cohn, Amélia; Elias, Paulo *et alii*. *O Público e o Privado na Saúde* – o PAS em São Paulo. São Paulo: Cortez, 1999, p. 34.

[146] Idem, p. 241.

precitados dispositivos, ficam expostos à possibilidade deste sancionamento por meio de desapropriações, em que o pagamento se realiza de forma parcelada e mediante títulos da dívida pública ou da dívida agrária.

Mais uma vez, uma instituição social relevante, de conformação, na hipótese, do caráter social da propriedade privada, foi objeto de uma Garantia Institucional.

Claramente, os dispositivos não criam direitos subjetivos a eventuais destinatários, mas garantem a existência de uma instituição social relevante.

Outro exemplo que pode ser colacionado é o da previdência, instituto de seguridade social fundamental à idéia de bem-estar social, que foi abrigada na Constituição com o duplo sentido atrás apontado. Por uma mão, consagra uma instituição e as garantias de sua existência e proteção, por outra, ao menos em alguns momentos, atribui direitos subjetivos aos indivíduos que nela se integram, como, por exemplo, o de aposentadoria, mediante o cumprimento de alguns requisitos (art. 201, § 7º, da CF).

Quer nos parecer, ainda uma vez, inegável a existência de uma Garantia Institucional na hipótese declinada, devendo-se ressaltar que, em matéria de direitos sociais, esta forma de positivação ganha contornos especiais.

É que, se a noção de Direito já é, por si, caudatária da vida em sociedade, em matéria de direitos sociais, tal característica de acentua, uma vez que o centro nevrálgico de tal categoria jurídica é exatamente o de criar mecanismos para que todos desfrutem dos benefícios materiais da vida em sociedade.

Nessa direção, a idéia de garantias institucionais apresenta quase que uma afinidade congênita com tal espécie de direitos fundamentais.

3.1. Garantias institucionais e justiciabilidade

Um dos pontos que chama a atenção na análise das chamadas garantias institucionais deflui exatamente de uma de suas principais características, qual seja, a de, em regra, não atribuir direito subjetivo a seus destinatários, mas preservar uma instituição de maneira autônoma aos indivíduos que a ela, de algum modo, estejam integrados

Numa interpretação mais apressada, o exegeta da Constituição poderia concluir que, sempre que a Garantia Institucional não definir aos indivíduos, que à respectiva instituição se integrem, um direito subjetivo, a norma que lhe serve de supedâneo estaria destituída de sindicabilidade.

Não nos parece acertada tal conclusão.

A falta de definição direta e expressa de um direito subjetivo público a seus eventuais destinatários não desqualifica a norma criadora de uma Garantia Institucional como norma jurídica, vale dizer, imbuída de um dever-ser, de uma imposição, cujo descumprimento seja sancionável.

Aqui, uma pequena diferenciação deve ser operada.

João dos Passos Martins Neto, partindo do pressuposto de que direitos fundamentais são sempre direitos subjetivos (no que discordamos), define-os como "a prerrogativa ou possibilidade, reconhecida a alguém e correlativa de um dever alheio suscetível de imposição coativa, de dispor como dono, dentro de certos limites, de um bem atribuído segundo uma norma jurídica positiva"[147].

Todavia, mesmo quando a norma não se direcione diretamente ao indivíduo, atribuindo-lhe um direito subjetivo público, é crucial que se perceba que ao menos um direito remanescerá, a saber, o de ver implementada a norma jurídica, na qual a instituição se estriba.

Tal dedução emerge da velha lição kelseniana, segundo a qual o direito subjetivo constitui uma espécie de reflexo do direito objetivo.

Para aplainar dúvidas, segue a lição do saudoso Miguel Reale:

> Segundo esse mestre da Teoria Pura do Direito, o direito subjetivo não é senão uma expressão do dever jurídico, ou, por outras palavras, um reflexo daquilo que é devido por alguém em virtude de uma regra de direito.
> Direito objetivo e direito subjetivo, no pensamento Kelseniano, são apenas posições distintas do Direito, que é um único sistema gradativo de normas.
> Se se analisa a estrutura de uma regra de direito verifica-se que esta enuncia um dever (Se A é B deve ser). Ora, conclui ele, o direito subjetivo não é senão a norma mesma enquanto atribui a alguém o poder jurídico correspondente ao dever que nela se contém. Pode, assim, ser vista como 'a norma enquanto referida a um sujeito[148].

[147] Martins Neto, João dos Passos. *Direitos Fundamentais*: conceito, função e tipos. São Paulo: Revista dos Tribunais, 2003, p. 77.

[148] Reale, Miguel. *Lições Preliminares de Direito*. 11. ed. São Paulo: Saraiva. 1984 , p. 254.

Incorporando essa mesma linha de raciocínio, diante de uma previsão objetiva do ordenamento jurídico, a contemplar a exigência de uma dada Garantia Institucional, engendra-se, como reflexo, o direito subjetivo dos cidadãos de vê-la implementada e protegida.

Não se desconhece que a implementação de uma determinada Garantia Institucional não se situará no patrimônio jurídico de uma só pessoa, mas de diversas, quando não, da coletividade como um todo.

Floresce, nesta hipótese, aquilo que a legislação brasileira[149] convencionou denominar de interesse metaindividual, o qual, ainda consoante à referida legislação e à própria Constituição Federal, não são sindicalizáveis por qualquer pessoa, nem tampouco por qualquer meio processual.

Exige-se, como é do conhecimento geral, legitimados específicos (Ministério Público, Associações etc.) e meio processual determinado (de regra, a ação civil pública).

4. Positivação por meio de cláusulas limitativas do poder econômico

Apesar de, atualmente, a noção de direitos sociais gerar quase que uma correlação espontânea com a de prestações estatais, é fato que tal categoria jurídica, como já explanado, surgiu em decorrência do marcante desequilíbrio constatado nas relações de trabalho, eis que o capitalismo embrionário, fincado em dois institutos jurídicos basilares – a propriedade privada e a autonomia da vontade –, acabava por engendrar relações contratuais em que o empregador-proprietário, economicamente forte, conseguia impor ao trabalhador, economicamente vulnerável, obrigações que se aproximavam muito das existentes no escravagismo e no servilismo[150].

Desse modo, a primeira das premissas, incorporadas à noção de Estado Social, era, inelutavelmente, a limitação do poder econômico.

Amauri Mascaro Nascimento, reportando-se a essa realidade histórica, aponta:

> A imposição de condições de trabalho pelo empregador, a exigência de excessivas jornadas de trabalho, a exploração das mulheres e menores, que constituíam mão-de-obra mais barata, os acidentes ocorridos com

[149] Lei 7437/85, 8078/90, 8069/90, dentre outras.

[150] Cf. Moreira, Vital. *A Ordem Jurídica do Capitalismo*, op. cit.

> os trabalhadores no desempenho das suas atividades, e a insegurança quanto ao futuro e aos momentos nos quais fisicamente não tivessem condições de trabalhar, foram as constantes da nova era no meio proletário, às quais podem se acrescentar também os baixos salários.
> Se o patrão estabelecia as condições de trabalho a serem cumpridas pelos empregados, é porque, principalmente, não havia um direito regulamentando o problema. Maria de la Cueva observa que o contrato de trabalho podia resultar do livre acordo das partes, mas, na realidade, era o patrão quem fixava as normas; e, como jamais existiu contrato escrito, o empregador podia dar por terminada a relação de emprego à sua vontade ou modifica-la a seu arbítrio[151].

Assim, essa nova dimensão de proteção da dignidade humana nasceu marcada, quer nos parecer, por dois objetivos básicos. O primeiro foi o de evocar a presença do Estado em matéria prestacional. De feito, se na seara dos direitos de liberdade o que se esperava do Estado era uma posição absenteísta, para que se pudesse projetar e demarcar uma esfera própria de irradiação das liberdades individuais, em matéria de direitos sociais, o humanismo trilhou caminho necessariamente distinto, convocando a presença estatal para aplacar as desigualdades sociais, donde a identificação de direitos como os relacionados à saúde, à educação, à previdência social etc.

O segundo foi o de determinar que os direitos fundamentais, enquanto categoria jurídica, não deveriam se restringir a focar o Estado como único polo, em contraposição ao indivíduo, nas relações *jusfundamentais*, visto que um dos claros propósitos dos direitos sociais é o de opor limites ao poder econômico, o que se verifica, com singular presteza, nas relações de trabalho.

Com efeito, em qualquer sociedade capitalista, independentemente da linha ideológica perfilhada, não se pode desconhecer a existência do chamado poder econômico, frente ao qual – a história assim o demonstrou – a ausência de limites engendrou grave comprometimento da dignidade do trabalhador.

[151] NASCIMENTO, Amauri Mascaro. *Curso de Direito do Trabalho*. 3. ed. São Paulo: Saraiva, 1984, p. 10.

Nesse sentido, vale a afirmação de Beatriz Montanhana:

> Quando o exercício do poder econômico compromete o exercício do trabalho digno, põe-se em risco a dignidade da pessoa humana como valor social e direito fundamental. A História comprovou os efeitos nefastos provocados quando predomina a ética do capital liberal, em detrimento de valores sociais, como o do trabalho.
> A constatação de que a sociedade apresenta outros polos de poder, leva à necessidade da fixação de outros limites a esses centros de poder, a fim de que eles possam de ajustar aos objetivos sociais perseguidos. Daí a importância em se afirmar e reafirmar constantemente os direitos sociais fundamentais do trabalhador[152].

O trabalhador, quando no exercício de sua atividade, não abdica de sua condição de cidadão e, neste passo, titular de direitos fundamentais, porém, ao dar-se a uma atividade laboral, sob vínculo de subordinação ao poder diretivo do empresário, emergem novas situações, cujos contornos reclamam a reafirmação da dignidade humana do trabalhador, de forma adaptada à relação econômica que se estabelece entre o capital e o trabalho[153].

Em tal seara, evidentemente o propósito maior é o de assegurar dignidade material ao trabalhador, plasmando direitos como os que limitam a jornada de trabalho, que obrigam o pagamento de horas extraordinárias, fixam pisos salariais e o direito ao descanso semanal remunerado.

Todavia, no rol dos chamados direitos fundamentais do trabalhador, também podemos encontrar direitos de liberdade, como o de sindicalização e o de greve que, embora inscrevam direitos subjetivos imediata e autonomamente exercitáveis por seus titulares, a nós parece que foram forjados como garantias fundamentais, ajustadas aos contornos das relações econômicas que se estabelecem nessa seara.

No ensinamento, sempre escorreito e preciso de Celso Antônio Bandeira de Mello, outorgam "um 'poder jurídico', isto é, de uma situação subjetiva ativa cujo desfrute independe de uma prestação alheia, vale

152 MONTANHANA, Beatriz. A Constitucionalização dos Direitos Sociais, *in Direito do Trabalho – Direitos Humanos*. Coordenação de Antonio Rodrigues de Freitas. P. 104.

153 Cf. ROMITA, Arion Sayão. *Direitos Fundamentais nas Relações de Trabalho*. 2. ed. São Paulo: LTR, 2007, pp. 203-204.

dizer, cuja satisfação não se resolve no cumprimento de uma obrigação a ser solvida por outrem"[154].

Tal "poder jurídico", que, a toda evidência, denota a eficácia da norma constitucional que o hospeda, ao nosso ver, tem caráter instrumental, mais especificamente, procura, de um lado, garantir a aplicação dos direitos já consagrados, reforçando as prerrogativas subjetivas dos trabalhadores e, de outro lado, busca assegurar maior equilíbrio nas relações negociais que possam legalmente ocorrer.

Todavia, quer quando as normas consagradoras de direitos sociais, na espécie, atribuem direitos subjetivos face ao empregador, quer quando outorguem um poder jurídico, em ambos os casos, concorrem para a limitação do poder econômico, visando a melhor qualidade de vida ao trabalhador.

No primeiro caso, as normas definidoras de direitos subjetivos dos trabalhadores integram a relação jurídica estabelecida, independentemente da vontade das partes, confluindo para que a relação econômica fique subjugada a conteúdos essenciais, cujo escopo – comum, aliás, a todos os direitos sociais – é o de garantir um patamar mínimo de dignidade material à parte vulnerável de tal relação econômica.

Note-se que a forma de estabelecer direitos sociais, nesta hipótese, ocorre por uma intervenção indireta do Estado, que, no caso, ficaria adstrito, por meio do Judiciário ou de órgãos executivos de fiscalização, a garantir a aplicação das normas constitucionais e legais de proteção do trabalho.

Como uma parte considerável dos benefícios fruíveis pelo trabalhador depende de um processo direto de negociação com o empregador, a Constituição acabou por abarcar um conjunto de normas que, nas sábias palavras de Bandeira de Mello, consubstanciam aos seus destinatários um "poder jurídico", fruível independentemente de qualquer prestação estatal ou de particulares. Deste modo, tais normas acabam por municiar os trabalhadores – a parte vulnerável da relação econômica, com instrumentos de fortalecimento de sua posição no processo de negociação.

Atente-se, nessa direção, para a compostura do art. 9º, de nossa Lei Maior, que define o direito de greve, determinando que a decisão

[154] MELLO, Celso Antônio Bandeira de. *Eficácia das Normas Constitucionais sobre Justiça Social*, p. 57-58.

quanto à oportunidade e os interesses que visam proteger compete aos trabalhadores.

A Constituição estabelece, assim, um mecanismo de alforria contratual, viabilizando, por assim dizer, um meio de autodefesa aos trabalhadores.

Segundo Giovanni Tarello, a greve constitui-se, "pela natureza, uma abstenção do trabalho que vem proclamada com o fim de obter a composição de uma controvérsia de interesses"[155].

Com a atribuição de tal "poder jurídico", objetiva a ordem jurídica avigorar a posição dos trabalhadores de tal modo a viabilizar um processo de negociação mais equânime, ou menos desigual, a fim de impedir que uma situação de prepotência econômica acabe por se consubstanciar em uma espécie de unilateralidade na definição dos conteúdos negociados do contrato.

Quer nos parecer, trilhando esse caminho, que a proteção dos direitos sociais ante ao poder econômico se estabelece por duas vias distintas. A primeira, por meio de normas que, interferindo no âmbito de projeção da autonomia da vontade, preestabelecem um conteúdo mínimo intransigível na relação de emprego. A segunda, por meio de normas que investem o trabalhador de poderes jurídicos, buscando sua qualificação e fortalecimento para o processo de negociação. Em outras palavras, embora, em matéria trabalhista, a Constituição franqueie um espaço válido para manifestação da liberdade contratual, dá-se pressa em fortalecer a parte mais fraca, para que a autonomia da vontade não se quede desnaturada pela prevalência das posições subjetivas daquele que desfrute de uma situação de maior vigor econômico.

Em ambos os casos, é importante frisar: a Constituição atribui ao empregado direito subjetivo, cuja norma que o hospeda pode ou não depender de regulamentação. No entanto, quanto ao conteúdo mínimo essencial do contrato de trabalho, o direito subjetivo apresenta um correlato dever jurídico de prestar por parte do empregador. Quanto às normas de empoderamento do trabalhador, detectado em direitos como o de sindicalização e de greve, garante-se uma espécie de liberdade

155 TARELLO, Giovanni. *Teorie e ideologie nel diritto sindicale*. Milano: Edizioni di Comunità, 1972, p. 65, *apud* NASCIMENTO, Amauri Mascaro. Op. cit., p. 649.

frente ao poder econômico, que se quedaria obrigado a um dever passivo de respeito ao exercício de tais direitos.

Na primeira situação retratada, o poder econômico estaria limitado pelo chamado dirigismo contratual, já que, independentemente de sua vontade, a formação do vínculo obrigacional pelo contrato de trabalho já convocaria a presença de conteúdos mínimos intransponíveis em tal relação, todos voltados, de evidência, a franquear direitos ao trabalhador.

Na segunda situação, haveria uma limitação do poder econômico pela imposição de um dever de passividade, de respeito, de abstenção, ante o exercício da liberdade atribuída constitucionalmente. Em uma relação bilateral, o fortalecimento da posição de quem ostenta uma vulnerabilidade implica, em rigor, a limitação do poder da parte economicamente forte. Logra-se, por assim dizer, a mitigação da situação fática de prepotência econômica do empregador, que, se não tivesse os limites apontados, poderia, a toda evidência, impor e mesmo, a qualquer tempo, alterar unilateralmente os termos da relação contratual.

Desse teor, cabe citar a lição de Perez Luño:

> Pero es um hecho notorio que em la sociedad moderna neocapitalista esa igualdad formal no supone uma igualdad material, y que em ella el pleno disfrute de los derechos fundamentales se vê, em muchas ocasiones, amenazado por la existencia en el plano privado de centros de poder, no menos importantes quelos que corresponden a los órganos públicos[156].

Por isso, os direitos sociais possuem uma face voltada ao poder econômico[157], dele exigindo conteúdos mínimos essenciais em relações jurídicas privadas, além de assegurar liberdades (ex: greve) com o objetivo de empoderar as categorias vulneráveis, viabilizando relações jurídicas e econômicas mais paritárias e comutativas.

[156] Luño, Antonio Henrique Perez. *Derechos humanos, Estado de derecho y Constitución*. 6.ed. Madrid: Tecnos, 1999, p. 93.

[157] Cf. Montejo, Miguel F. Canessa. Los Derechos Sociales em el Marco de los Derechos Humanos. http://www.cajpe.org.pe/guia/canes-1.htm; Castro, José Luis Cascajo. La Tutela Constitucional de los Derechos Sociales. Madrid/1988. Centro de Estudios Constitucionales.

Convém lembrar que, em termos históricos, os meios de subjugação do ser humano, como a escravidão[158] e o servilismo[159] , sempre tiveram contornos de um relacionamento que, embora amparado pelos respectivos ordenamentos jurídicos, era estabelecido entre particulares.

Essa necessidade de proteção dos economicamente vulneráveis acaba por destacar, mais uma vez, a interdependência dos direitos fundamentais.

Com efeito, a limitação do poder econômico, por meio de cláusulas assecuratórias de direitos sociais, acaba por servir de chancela às liberdades individuais, pois sem aquelas, ainda que indiretamente, a submissão absoluta de um ser humano por outra estaria franqueada.

A velha afirmação de Marx, segundo a qual "a liberdade é escrava da necessidade", colhe bem o significado que se quer explanar. Sem limites opostos pelo ordenamento jurídico, pela consubstanciação de direitos sociais, mesmo o direito à liberdade – embora formalmente possa estar protegido – restaria sacrificado.

Deste modo, a definição de conteúdos irremissíveis do contrato de trabalho e o empoderamento da classe obreira, pela garantia de direitos como o de sindicalização e o de greve, constituem os meios mínimos essenciais para a alforria do trabalhador face ao poder econômico.

A prova de que em tal afirmação não se hospeda qualquer exagero está na prática, captada pelo Código Penal (art. 149), da chamada

[158] Escravidão, segundo Paulo Sandroni (Dicionário de Economia. 6.ed. São Paulo: Beste Seller, 1989, p. 111, é a "condição em que um ser humano – o escravo – é propriedade de outro – o senhor – dono absoluto do produto de seu trabalho. Em sua forma olena, a condição de escravo é perpétua e hereditária, isto é, transmissível aos herdeiros do cativo. O escravo constitui também uma mercadoria, podendo, portanto, ser objeto de compra e venda, herança, doação, aluguel, hipoteca e seqüestro judicial".

[159] "O servo não é considerado um escravo, porém não é um trabalhador livre. O que determina a condição servil é seu vínculo com a terra, ou seja, o servo esta preso à terra. Ao receber um lote de terra para viver e trabalhar e receber (teoricamente) proteção, o servo será forçado a trabalhar sempre para o mesmo senhor feudal, não podendo abandonar a terra. Essa relação foi sendo definida lentamente desde a crise do Império Romano, com a formação do colonato. Além da corvéia e da talha, obrigações mais importantes devidas pelo servo ao senhor, existiam outras obrigações que eram responsáveis por retirar dos servos praticamente tudo o que produzia". Cf. http://www.historianet.com.br/conteudo/default.aspx?codigo=295 Franco Junior, Hilário. *O Feudalismo*. São Paulo: Brasiliense. Coleção Tudo é História.

redução análoga à condição de escravo, em que a falta de efetiva aplicação dos direitos sociais resulta, em termos concretos, num reavivamento da escravidão[160].

A indivisibilidade e a interdependência dos direitos fundamentais, tal qual destacado na presente abordagem, foram incorporadas, dentre outros relevantes documentos, pela Carta dos Direitos Fundamentais da União Europeia, que, por sua vez, incorporou as determinações da Carta Social Europeia e da Carta Comunitária dos Direitos Sociais Fundamentais, dispondo que os direitos de liberdade devem ser contemplados conjunta e inexoravelmente com os direitos sociais, tais como os de proteção do trabalho, de proteção à saúde e de defesa do consumidor[161].

[160] Cf. http://www.noticiasdaamazonia.com.br/1859-relatorio-da-cpt-mostra-reducao-de-trabalho-escravo-e-assassinatos-de-trabalhadores-rurais-na-regiao-norte/. "A publicação enfoca os conflitos trabalhistas, com destaque para a superexploração e a escravização dos cortadores de cana, diante do avanço da agroenergia, principalmente do etanol. A CPT faz o registro dos dados com o objetivo de denunciar os conflitos e a violência a que são submetidos os trabalhadoras rurais. Os números mostram que 52% dos trabalhadores libertados pelo Grupo Móvel do Ministério do Trabalho em condições análogas à escravidão estavam em usinas do setor sucroalcooleiro (3.131 de 5974)".

[161] A Carta compreende um preâmbulo de introdução e 54 artigos repartidos em sete capítulos:

- Capítulo I: *Dignidade* (dignidade do ser humano, direito à vida, direito à integridade do ser humano, proibição da tortura e dos tratos ou penas desumanos ou degradantes, proibição da escravidão e do trabalho forçado);
- Capítulo II: *Liberdades* (direito à liberdade e à segurança, respeito pela vida privada e familiar, proteção de dados pessoais, direito de contrair casamento e de constituir família, liberdade de pensamento, de consciência e de religião, liberdade de expressão e de informação, liberdade de reunião e de associação, liberdade das artes e das ciências, direito à educação, liberdade profissional e direito de trabalhar, liberdade de empresa, direito de propriedade, direito de asilo, protecção em caso de afastamento, expulsão ou extradição);
- Capítulo III: *Igualdade* (igualdade perante a lei, não discriminação, diversidade cultural, religiosa e linguística, igualdade entre homens e mulheres, direitos das crianças, direitos das pessoas idosas, integração das pessoas com deficiência);
- Capítulo IV: *Solidariedade* (direito à informação e à consulta dos trabalhadores na empresa, direito de negociação e de ação coletiva, direito de acesso aos serviços de emprego, proteção em caso de despedimento sem justa causa, condições de trabalho justas e equitativas, proibição do trabalho infantil e proteção dos jovens no trabalho, vida familiar e vida profissional, segurança social e assistência social, proteção da saúde, acesso a serviços de interesse econômico geral, proteção do ambiente, defesa dos consumidores);

Em suma, o reconhecimento de direitos sociais pressupõe a incorporação de normas voltadas à limitação do poder econômico, quer por meio do reconhecimento de um conteúdo mínimo essencial nos contratos de trabalho, quer pelo empoderamento da classe trabalhadora pelo reconhecimento de direitos como os de sindicalização e de greve.

4.1. Os direitos sociais e a defesa do consumidor como meio de limitação do poder econômico

A defesa do consumidor, do modo como incorporada à nossa Constituição – erigida ao patamar de direito fundamental, pelo art. 5º, XXXII, e princípio da ordem econômica, pelo art. 170, V –, apresentou-se vestida de fortes traços caracterizadores de uma função social.

Com efeito, muito embora se preste, em regra, à disciplina de relações entre particulares, o fato é que seu traço essencial, tal como o direito do trabalho, é o propósito de limitação do poder econômico.

Sublinhe-se que para a visualização deste traço essencial basta a leitura dos dois dispositivos constitucionais de proteção, que prescrevem a *defesa* do consumidor. Vale formular a trivial indagação: *defesa* frente a quem?

Como se vê, a noção de que o direito do consumidor se presta a colocar arestas ao chamado poder econômico está diretamente enraizada na Constituição, que, de sua vez, incorporou tal noção de uma leitura da realidade econômica, donde resulta clara a preestabelecida situação de fragilidade do consumidor.

Nesse sentido, o direito do consumidor, sistemicamente analisado, parece muito mais voltado a um intento de disciplina, de amansamento, do mercado, subjugando a iniciativa privada a um escopo maior de realização de justiça social, do que propriamente como uma disciplina meramente tutelar.

- Capítulo V: *Cidadania* (direito de eleger e de ser eleito nas eleições para o Parlamento europeu, direito de eleger e de ser eleito nas eleições municipais, direito a uma boa administração, direito de acesso aos documentos, provedor de justiça, direito de petição, liberdade de circulação e de permanência, proteção diplomática e consular);
- Capítulo VI: *Justiça* (direito à ação e a um tribunal imparcial, presunção de inocência e direitos de defesa, princípios da legalidade e da proporcionalidade dos delitos e das penas, direito a não ser julgado ou punido penalmente mais do que uma vez pelo mesmo delito);
- Capítulo VII: *Disposições gerais*.

A propósito, oportuna lição de Newton de Lucca:

> Quanto ao direito do consumidor, parece importante assinalar que ele não pode ser compreendido somente como disciplina tutelar, sob pena de estarmos reconhecendo, de certo modo, que o fundamento axiológico de todo esse direito nada mais é que a submissão estrutural, de que nos fala, com acerto, Norberto Reich[162].
>
> Penso, ao revés, que o consumidor – a par dessa inquestionável submissão estrutural diante da realidade da empresa e de sua irrecusável vulnerabilidade nas relações de consumo – deve ser encarado como um elo fundamental do mercado, com função essencial para que se complete o ciclo das relações econômicas, constituindo-se o direito do consumidor, sob certo ângulo de análise, um objetivo social a ser atingido em razão dos superiores valores da dignidade humana[163].

Na verdade, o que temos são disposições que, quer por meio de um empoderamento dos consumidores (convenção coletiva de consumo, legitimação de associações de consumidores para a propositura de ações coletivas etc.), quer por meio da atribuição de direitos subjetivos (direito à correção e verossimilhança da publicidade comercial, direito de modificação e revisão de cláusulas contratuais desproporcionais etc.), buscam a consagração de direitos sociais por meio de normas limitativas do poder econômico.

Comentando o art. 1º do Código de Defesa do Consumidor, em que se afirma que as normas nele aportadas são de "ordem pública e interesse social", José Geraldo Brito Filomeno discorre que, "no que tange, agora especificamente, ao 'interesse social', tenha-se em conta que o Código ora comentado visa resgatar a imensa coletividade de consumidores da marginalização não apenas em face do poder econômico, como também dotá-la de instrumentos adequados para o acesso à justiça do ponto de vista individual e, sobretudo, coletivo"[164].

[162] REICH, Norbert. *Mercado y derechos.* Tradução de Font de Ribas. Ariel, Barcelona, 1985, p. 161. Cf. DE LUCCA, Newton. *Direito do Consumidor.* São Paulo: Quartier Latin, 2003, p, ademais, . 65.

[163] DE LUCCA, Newton. Op. cit., pp. 65-66.

[164] FILOMENO, José Geraldo Brito. *Código de Defesa do Consumidor.* Comentado pelos autores do Anteprojeto. 8. ed. Rio de Janeiro: Forense Univesitária, 2004, p, ademais, . 27.

O direito do consumidor, contudo, não tem, por assim dizer, uma textura jurídica homogênea, ora preservando interesses meramente econômicos (o dano na pintura de um automóvel, por ex.), ora preservando direitos de liberdade (direito de informação ou à liberdade de escolha, por ex.), ora preservando direitos sociais (direito à educação, à saúde etc.).

Assim, a proteção frente ao poder econômico, como franquia do direito ao consumo de alimentos saudáveis, de contratos de seguro-saúde adequados e de prestação de serviços de educação, conforme às diretrizes e planos da educação nacional, faz do direito do consumidor, à semelhança do direito do trabalho, depositário de normas consagradoras de direitos sociais por meio da limitação do poder econômico.

Importante destacar, com Newton de Lucca, que, "sob certo ângulo de análise, o interesse dos consumidores, em geral, penetra quase tudo: no direito à saúde, à previdência e à assistência sociais, à educação etc."[165].

Em uma sociedade capitalista[166], em que, por um lado, grande gama de serviços públicos essenciais é franqueado à iniciativa privada (educação e saúde, conforme, respectivamente, arts. 199 e 209 da CF) e, por outro, uma grande quantidade de produtos, embora de produção e comercialização realizáveis, como regra, por empreendedores privados, sejam essenciais à dignidade do ser humano (alimentos, remédios etc.), é quase que congênito à ideia de direitos sociais a limitação do poder econômico frente aos assim chamados consumidores[167].

165 De Lucca, Newton. Op. cit., p. 75.

166 Apontando a tendência autoritária das sociedades capitalistas (donde deflui, portanto, a necessidade, nesta seara, de novas formas de limitação do poder econômico), discorre Herbert Marcuse: "Na sociedade industrial desenvolvida, o aparato técnico de produção e distribuição (com um crescente setor de automatização) não funciona como a soma total de meros instrumentos que possam ser isolados de seus efeitos sociais e políticos, mas, antes, como um sistema que determina, *a priori*, tanto o produto do aparato como as operações de sua manutenção e ampliação. Nessa sociedade, o aparato produtivo tende a tornar-se totalitário no quanto determina não apenas as oscilações, habilidades e atitudes socialmente necessárias, mas também as necessidades e aspirações individuais. Oblitera, assim, a oposição entre a existência privada e pública, entre necessidades individuais e sociais." (*A Ideologia na Sociedade Industrial* – o homem unidimensional. Rio de Janeiro: Zahar, 1982, pp. 29 e 30.)

167 A expressão "consumidor" é plurissignificativa, pois, mesmo o Código de Defesa do Consumidor, encampa quatro significados, nos seus arts. 2º; 2º, par. único, 17 e 29.

A Constituição de 1988, sensível a tal realidade, como afirmado, contemplou a defesa do consumidor como direito fundamental e como princípio da ordem econômica.

Talvez como reforço mais categórico ao posicionamento aqui firmado, o tema é tratado da mesma forma pela Constituição de Portugal.

Nela, os direitos dos consumidores foram alojados no art. 60º, na Parte I – "Dos Direitos e Deveres Fundamentais" –, no Título III – "Direitos e deveres económicos, sociais e culturais" –, neste, por sua vez, logo depois dos direitos dos trabalhadores e antes das normas que garantem a iniciativa privada[168].

Fica claro, pois, que, na visão do constituinte português, os direitos dos consumidores estão, de forma incontroversa, reunidos ao tronco dos direitos fundamentais, especialmente aos assim chamados direitos sociais, econômicos e culturais, predispostos a colocar arestas na atuação do poder econômico.

Nota-se que de maneira semelhante ao direito do trabalho, que parte da ideia de existência de um polo economicamente vulnerável na relação jurídica, o direito do consumidor também é erigido ante o pressuposto da fragilidade relacional do consumidor.

Por isso, sensível a tal orientação, a Carta portuguesa incluiu os direitos dos consumidores no rol dos chamados direitos sociais econômicos, tendentes à proteção da dignidade humana pela garantia de um mínimo material, impedindo a manutenção e a perpetuação de disparidades sociais que subtraiam de seres humanos o direito de participar economicamente dos benefícios gerados pelo conjunto da sociedade, à qual estão integrados. Os direitos sociais econômicos, neste passo, estariam orientados a proteger o ser humano, do ponto de vista social, mas frente ao poder econômico, de tal modo que poderíamos incluir nesse rol, à moda da Constituição de Portugal, o direito do trabalho e o direito do consumidor[169].

[168] Segundo J.J.G. Canotilho e Jorge Miranda (*in Constituição da República Portuguesa Anotada*, vol. I, 4. ed. Coimbra: Coimbra Editora/ RT, 2007), "A protecção constitucional dos consumidores, que no texto originário da Constituição estava inserida na constituição económica (Parte II da CRP), surge agora localizada em sede de direitos fundamentais (depois dos direitos dos trabalhadores e antes das normas referentes à garantia de iniciativa económica e do direito de propriedade); o que se traduz numa evidente promoção."

[169] José Afonso da Silva, no seu *Curso de Direito Constitucional Positivo* (São Paulo: Malheiros. 21. ed., 2002) utiliza a classificação dos direitos sociais, a qual divide os direitos sociais do homem produtor e os direitos sociais do homem consumidor.

Em síntese, o que estamos afirmando é que os chamados direitos sociais econômicos, embora tenham exatamente a mesma natureza e o mesmo propósito dos demais direitos sociais, apresentam como característica peculiar a limitação do poder econômico, o que, em regra, se faz por normas de ordem pública e, portanto, de aplicação cogente nas relações jurídicas por eles urdidas, integrando necessariamente os contratos celebrados, mitigando, portanto, antigos institutos de direito privado, como a autonomia da vontade e a vinculatividade do pacto.

5. Positivação por meios das ora denominadas normas projectivas, vale dizer, normas de conformação do perfil social dos institutos jurídicos fundantes da ordem econômica capitalista

É importante notar que nossa Constituição acabou por plasmar direitos sociais pela conformação de um perfil social dos institutos jurídicos fundantes de nossa ordem econômica.

Os exemplos mais eloquentes de tais estratégias de positivação estão radicados na definição da função social da propriedade, revelando, pois, que o instituto da propriedade privada estaria acomodado ao nosso sistema jurídico sob o viés de uma função social, bem como nos fins aos quais nossa ordem econômica ficou coligida.

A função social da propriedade privada veio prescrita no art. 5º, XXIII – que prescreve que a propriedade "atenderá seus fins sociais" –, bem como no art. 170, III, também da Constituição Federal, que alçou a função social da propriedade como princípio da ordem econômica.

A conjugação dos dispositivos em pauta faz ver que a função social da propriedade, mais do que um princípio com função limitadora, constitui um elemento estrutural do instituto jurídico ao qual se refere. Em outras palavras, a propriedade privada e a função social constituem elementos cognatos de um mesmo instituto jurídico, enunciando que nossa Constituição protege o direito de propriedade, incorporando-lhe, porém, com perfil próprio, ditado pela função social que o exercício de tal direito deva necessariamente assumir.

Não se trata, assim, de um limite, mas de um elemento intrínseco ao conceito de direito de propriedade incorporado pela nossa Constituição.

Comentando disposição similar da Constituição espanhola, Angel M. Lopez y Lopez sintetiza:

> *Creemos que la respuesta viene fácilmente dada, si nos apercibimos de que la función social de la propriedade] há devenido um veradero principio general del Derecho, al reflejar toda uma larga evolución que ha condicionado y determinado el derecho de propriedad, siendo, como es este, um eje fundamental de Derecho privado de nuestro sistema y econômico*[170].

Na mesma direção, José Afonso da Silva afirma que "a função social da propriedade não se confunde com os sistemas de limitação da propriedade. Estes dizem respeito ao exercício do direito ao proprietário; aquela, à estrutura do direito mesmo, à propriedade"[171].

Assim sendo, constata-se que a cláusula que junge a propriedade privada ao atendimento de sua função social aflora como uma espécie de princípio de conformação de um instituto essencial ao modelo econômico adotado pela nossa Constituição[172].

Tal princípio, entretanto, acaba por hospedar um importante direito social, vale dizer, o de que os bens privados, sobretudo os que estejam aparelhados à atividade econômica, sirvam à sociedade como um todo, e não aos exclusivos desígnios de seu proprietário.

No caso, mais do que explicitar um valor e uma opção ideológica do constituinte, o princípio em causa concorre por delimitar o perfil de um instituto jurídico fundante de nossa ordem econômica, a propriedade privada, de tal modo a se constituir em um dos sustentáculos da noção de Estado social.

O segundo exemplo, como alinhado anteriormente, de tal forma de positivação de direitos sociais encontra-se hospedado na parte final, do *caput*, do art. 170, cuja compostura enuncia expressamente que "a ordem econômica, fundada na valorização do trabalho e na livre-

[170] Lopez y Lopez, Angel M. *La disciplina constitucional de la propriedad privada*. Madrid: Technos, 1998, p. 77.

[171] Silva, José Afonso da. *Curso de Direito Constitucional Positivo*, op. cit.p. 280-281.

[172] J. J. G. Canotilho, no seu livro *Direito Constitucional* (Op. cit.,p. 178), cogita dos "princípios políticos constitucionalmente conformadores", entendidos como aqueles que "explicitam as valorações políticas fundamentais do legislador constituinte. Nestes princípios se condensam as opções políticas nucleares e se reflete a ideologia inspiradora da constituição". Aduz que no rol destes princípios devem ser alojados os "definidores da forma de Estado", os da "organização econômico-social", os "definidores da estrutura do Estado" e os "caracterizadores da forma de governo e da organização política em geral".

-iniciativa, tem por fim assegurar a todos existência digna, conforme os ditames da justiça social[...]".

O dispositivo, de um lado, assegura a livre-iniciativa como fundamento de nossa ordem econômica, mas, de outro, determina que o exercício da livre-iniciativa deve estar inelutavelmente condicionado ao fim de assegurar a todos existência digna.

Logo, toda e qualquer atividade econômica só pode ser validamente desenvolvida em consonância com tal princípio de conformação, o que implica a vedação *ex vi constitutionis* de toda e qualquer atividade econômica que vulnere a dignidade da pessoa humana.

Do mesmo modo, o dispositivo em pauta, ao afirmar a valorização do trabalho humano, projeta que qualquer atividade econômica só tem um campo válido de realização respeitando a dignidade do trabalho humano.

Tais princípios conformadores têm extrema importância, uma vez que deles se podem extrair aplicações concretas de grande valia, sobretudo quando, demarcado o perfil do direito, com suas características intrínsecas (no caso, o direito de propriedade, com a característica intrínseca do dever de cumprimento de sua função social), busca-se a interação com as demais normas do ordenamento jurídico.

É, por exemplo, o modo que nos parece adequado de interpretação dos arts. 184 a 186 de nossa Lei Maior.

O art. 186 prescreve que a função social da propriedade rural se cumpre pela simultânea observância de quatro critérios: aproveitamento racional e adequado (I); utilização adequada dos recursos naturais e preservação do meio ambiente (II); observância das disposições que regulam as relações de trabalho (III); e exploração que favoreça o bem-estar dos proprietários e dos trabalhadores (IV).

Note-se que o dispositivo constitucional é de clareza solar ao explicitar que o aperfeiçoamento da função social da propriedade rural se faz pela observância simultânea de tais requisitos, de tal modo que, à falta de um deles, o princípio restaria violado.

Há de se indagar quais as consequências especificamente aparelhadas pelo descumprimento da determinação em causa, sendo certo que a própria Constituição já tenha se dado pressa em prescrever, para o caso, a chamada desapropriação-sanção, cuja compostura vem expressa em seu art. 184.

Todavia, o art. 185 veicula uma, por assim dizer, cláusula de restrição, afirmando que é insuscetível de desapropriação a propriedade produtiva.

É de se ver que a afirmação da função social da propriedade privada também como princípio da ordem econômica reafirma a noção de que os bens, sobretudo, repita-se, os aparelhados à atividade produtiva, estejam a serviço da justiça social.

Note-se que tal ponto de vista encontra endosso nas previsões aportadas no *caput* do art. 170, que prescreve a valorização do trabalho humano e o fim da ordem econômica de propiciar dignidade a todos, conforme os ditames da justiça social.

Como supor que a Constituição esteja protegendo de uma sanção uma atividade exercida em desconformidade com suas orientações?

É evidente que, em perspectiva jurídica, atividade produtiva é aquela exercida em sintonia com os ditames constitucionais, com os vaticínios que determinam a valorização do trabalho humano e o fim de assegurar dignidade a todos.

Logo, numa relação de ponderação dos princípios em causa, há de se concluir que o nosso texto constitucional só pode averbar de produtiva a propriedade socioprodutiva, de forma que a inobservância sistemática e contumaz de direitos trabalhistas, em especial nas situações em que tal conduta redunde na chamada redução dos trabalhadores à condição análoga à de escravo, tenhamos duas necessárias conclusões exegéticas: 1) a violação do dever de cumprimento da função social da propriedade rural, tal qual delimitado pelo indigitado art. 186; 2) a não-aplicabilidade da cláusula de restrição do art. 185.

Avançando nesse raciocínio, aflora certeira a possibilidade de aplicação da chamada desapropriação-sanção, prevista no precitado art. 184, ante a constatação de tal comportamento injurídico por parte do proprietário rural.

Em raciocínio similar, temos a seguinte manifestação de J.J. G. Canotilho:

> Esta optimização é possível porque os princípios transportam dimensões objectivas possibilitadoras de uma ponderação de bens jurídico-constitucionais efectuada a partir da própria constituição. Nota-se, porém: esta ponderação assenta na idéia: 1) de que entre normas constitucionais não há qualquer hierarquia normativa material (ex. o 'bem da

> saúde pública' não é superior ao 'direito de greve'); 2) de que a ponderação éfeita entre 'bens constitucionais'; não é unia ponderação de valores extraconstitucionais, pois tem de tratar-se de bens constitucionalmente reconhecidos; 3) a optimização de bens constitucionais levada a efeito através da ponderação não pressupõe qualquer 'exercício abusivo', 'arbitrário' ou 'inespecífico' de um direito, não reentrante no âmbito de proteção de um direito, pois o problema dos 'limites imanentes' não pode ser resolvido através de critérios prévios, livres de qualquer ponderação, mas, ao invés, só pode construir-se como resultado de uma ponderação de princípios jurídico-constitucionalmente consagrados. Numa palavra: os chamados 'limites imanentes' são o resultado de uma ponderação de princípios jurídico- constitucionais que leva à exclusão definitiva, em um caso concreto, de uma protecção que, *prima facie*, cabia no âmbito de um direito, liberdade e garantia. Assim, o direito de greve inclui, ***prima facie***, no seu âmbito de protecção, a greve dos trabalhadores dos serviços de saúde, mas, através dapondera ção de princípios (bens) jurídico-constitucionais – direito à greve, saúde pública, bem da vida –, pode chegar-se a excluir, como resultado dessa ponderação, a 'greve total' que não cuidasse de manter os serviços estritamente indispensáveis à defesa da saúde e da vida[173].

Como se vê, o princípio da função social da propriedade e os demais princípios, aqui declinados ou não, segundo o ensinamento acima transcrito, carregam uma dimensão objetiva, com base na qual, ademais, pode se extrair o verdadeiro conteúdo de uma norma jurídica, demarcando-lhe o sentido e o alcance.

Da mesma forma que o direito de greve, no exemplo transcrito, tem um campo de projeção para seu legítimo exercício, a proibição de desapropriação da propriedade produtiva também tem um sentido jurídico, que é conformado pela noção de função social da propriedade e por outros valores constitucionais, de modo que de tal proibição não se pode extrair a noção de que uma propriedade que, embora explorada do ponto de vista econômico, seja considerada produtiva (ou, melhor dizendo, socioprodutiva) se explora mão-de-obra em condição análoga à de escravo.

[173] Canotilho, J. J. G. , ademais, op. cit., p, ademais, . 620-621.

Ademais, tais princípios de conformação dos institutos nos quais se funda a ordem econômica adotada pela Constituição de 1988 também irradiam seu conteúdo social em diversas direções.

Com efeito, não existe disposição jurídica, sobretudo as de maior hierarquia, destituída de eficácia. No caso das normas constitucionais, embora parte delas – as de eficácia limitada – só irradiem todos os seus efeitos com a integração de disposições infraconstitucionais.

Dentre outros, uma norma constitucional, ao menos, deve condicionar a interpretação do direito infraconstitucional, revogar as disposições anteriores com ela incompatíveis e estabelecer relações de coordenação com outras normas de igual hierarquia.

Por conseguinte, só se pode pensar em atividade econômica validamente desenvolvida uma vez obedecidos os valores chancelados pela Constituição. Assim, a exploração de mão-de-obra infantil, a realização de atividades aviltantes da dignidade humana, dentre outras, estariam, *ipso iure*, proibidas e inaptas ao recebimento de qualquer sorte de proteção.

As palavras de José Afonso da Silva realçam a importância de tais princípios:

> Não é que seja destituída de valor jurídico e de eficácia a determinante constitucional de que as ordens econômica e social objetivem realizar a justiça social. Esta é uma regra determinante essencial que impõe e obriga que todas as demais regras da constituição econômica sejam entendidas e operadas em função dela. E mais, releva essa importância quando se lembra que parte da doutrina reconhece que a justiça social se erige em fator de legitimação constitucional. A questão, atualmente, consiste mais em compreender a natureza desse valor-fim das ordens econômica e social, a fim de que seja tido em conta na aplicação das normas definidoras dos direitos sociais do homem[174].

Conclui-se, do exposto, que as normas constitucionais, gerando situação subjetiva de vínculo negativo, impõem-se a todos os seus destinatários, forjando dever de respeito e contaminando de injuridicidade qualquer conduta com ela incompatível.

Assim, além da necessidade de concordância harmônica de outras normas constitucionais atinentes à economia com os princípios citados,

[174] Silva, José Afonso da. *Curso de Direito Constitucional Positivo*, op. cit., p. 142.

temos que os mesmos podem assumir densificação específica – exatamente pela aptidão de gerar vínculo subjetivo negativo (dever de respeito), impedindo que qualquer atividade econômica se desenvolva validamente em desconformidade com duas disposições.

Deste modo, tais princípios de conformação, que acabam por emprestar um forte significado social a institutos jurídicos essenciais à configuração de nossa ordem econômica, além de claramente cristalizarem uma das formas de positivação de direitos sociais, possuem destacada importância prática, frequentemente olvidada pelos exegetas da Constituição, mas que, recebendo o adequado manejo jurídico, podem servir de relevante esteio à consecução do objetivo expressamente coligido à nossa ordem constitucional da economia, que, a bem do rigor, transubstancia-se na finalidade última de todos os direitos fundamentais sociais: assegurar dignidade a todos conforme os ditames da justiça social.

CAPÍTULO 4
A REALIZAÇÃO DOS DIREITOS FUNDAMENTAIS SOCIAIS E SEUS LIMITES CONTINGENTES

Um dos aspectos mais intrincados na realização dos chamados direitos fundamentais sociais diz com a sua efetividade, uma vez que a concreta aplicação desses direitos, em grande parte dependentes de prestações estatais, esbarra em situações dilemáticas, contrapondo necessidades essenciais do ser humano a limites contingentes, como a chamada reserva do possível, o poder discricionário do administrador público em suas escolhas orçamentárias, o caráter programático de algumas das normas nos quais os direitos sociais se fundamentam e um possível âmbito de conformação da norma constitucional definidora de um direito social, que, por juízo de ponderação, subtrairia, em parte, a possibilidade de realização plena dos direitos sociais concretamente adotados pela Constituição.

Tais limites contingentes[175] foram assim identificados porquanto adotados em argumentações doutrinárias ou judiciais – aludidas ao longo do desenvolvimento de cada um deles –, em regra, com o escopo de opor

[175] Utilizamos o adjetivo "contingentes" em sua acepção estrita. Contingente, segundo o *Dicionário Contemporâneo da Língua Portuguesa*, ademais, (Caldas Aulete, 3. ed., 1974, vol. II), expressa o "que pode, ou não, suceder ou existir. (Filos.) Que não é necessário ou essencial, mas depende das circunstâncias: verdade contingente".

limiteis à realização de direitos sociais, o que revela a necessidade e a pertinência da presente abordagem para a completa investigação do tema.

A ideia que preside a presente abordagem é a de, em primeiro lugar, explanar acerca de cada um dos limites contingentes acima apontados, indicando em quais fundamentos se alicerçam e qual a relação conceitual que apresentam com os direitos sociais, desnudando-se, a partir de então, em que medida podem, sob uma análise estritamente jurídica, efetivamente limitar a implementação de direitos sociais hospedados, explícita ou implicitamente, na Constituição de 1988.

1. A reserva do possível

Como afirmado anteriormente, boa parte dos direitos fundamentais sociais se consubstancia em prestações estatais, que, a toda evidência, reclama a disponibilização de recursos públicos para sua realização.

Tal característica acaba por convocar à discussão do tema traços básicos de nosso ordenamento jurídico, especificamente do regime jurídico da administração pública, que tem suas atividades, neste ponto, norteadas, dentre outros, pelo princípio da legalidade.

É de conhecimento trivial que a atividade administrativa deve se desenvolver em nível infralegal, de modo que o agente público está obrigado à estrita observância da lei para a realização de seus atos.

O princípio, pedra de toque do Estado de Direito, entronca-se à gênese da divisão orgânica do poder, segundo a qual ao Executivo cabe a aplicação da lei de ofício, o que, em última análise, franqueia ao particular o direito à liberdade de agir, uma vez que imposições estatais, quer traduzidas em obrigações, quer em proibições, não podem advir da vontade do governante ou do agente público, mas da lei que alicerça as ações destes.

A propósito, citamos a lição de Hely Lopes Meirelles:

> A eficácia de toda atividade administrativa está condicionada ao atendimento da lei.
>
> Na Administração Pública não há liberdade nem vontade pessoal. Enquanto na administração particular é lícito fazer tudo o que a lei não proíbe, na Administração Pública só é permitido fazer o que a lei autoriza[176].

[176] MEIRELLES, Hely Lopes. *Direito Administrativo Brasileiro*. 21. ed.. Atualizada por Eurico de Andrade Azevedo, Délcio Balestero Aleixo e José Emmanuel Burle Filho. São Paulo: Malheiros, 1996, p. 82.

Assim, se a lei, em sua acepção lata, prescreve a seus destinatários determinados direitos fundamentais sociais, que, de sua vez, correspondem a uma determinação de agir ao Estado, este, em princípio, deve, por seus agentes, cuidar de realizá-la.

Todavia, no âmago do próprio princípio da legalidade, surge o chamado princípio da legalidade orçamentária, que, nas palavras de Ricardo Lobo Torres, "se afirma no início do Estado de Direito, amalgamando-se à própria ideia de liberdade". Legalidade, afirma o autor, "é o princípio de limitação do poder do Estado e, ao mesmo tempo, de direcionamento das atividades administrativas"[177].

Dentro dessa seara, nasce a ideia de que as despesas públicas devam sempre ser autorizadas pelo Poder Legislativo, por meio de Lei Orçamentária Anual ou de leis voltadas à aprovação de créditos especiais ou suplementares.

Neste passo, um dado essencial que, antes de mais, deve ser registrado é o fato de que a lei orçamentária autoriza, mas não vincula. É dizer, sem a previsão orçamentária, a despesa, em princípio, não pode ser realizada, mas com ela o Executivo não se vê obrigado à sua realização.

Bem por isso, afirma Lobo Torres que "a legalidade orçamentária não se confunde tampouco com a administrativa. O orçamento autoriza a despesa pública, que se realiza de acordo com as leis orçamentárias"[178].

Balizado por esses dois parâmetros, surge o conceito deste limite contingente à realização de direitos sociais, a reserva do possível, que, em suma, advoga que a concretização dos direitos fundamentais sociais ficaria condicionada ao montante de recursos previstos nos orçamentos das respectivas entidades públicas para tal finalidade.

J. J. Gomes Canotilho e Vital Moreira explicam a reserva do possível da seguinte forma:

> Em terceiro lugar, consistindo alguns direitos sociais em prestações pecuniárias (v.g., segurança social), ou implicando em maior ou menor medida despesas de diverso tipo (direitos à saúde, ao ensino, habitação, etc.), a elevação do nível de realização está sempre condicionada pelo volume de recursos susceptível de ser mobilizado para esse efeito, pelo

[177] Torres, Ricardo Lobo. *O Orçamento na Constituição.* Rio de Janeiro: Renovar, 1995, ademais, P. 179.

[178] Idem, p. 180.

> que a sua realização (**para além de um nível mínimo necessário**) está sempre sob reserva das disponibilidades da coletividade[179]. (g.n.)

A teoria em análise parte do pressuposto de que as prestações estatais estão sujeitas a limites materiais ingênitos, oriundos da escassez de recursos financeiros pelo Poder Público. Logo, a ampliação da rede de proteção social dependeria da existência de disponibilidades orçamentárias para tanto.

Tal formulação teve origem na jurisprudência do Tribunal Constitucional Federal da Alemanha[180], especificamente em julgamento em que a Corte negou pedido de acesso universal ao ensino público superior, entendendo que, para além do mínimo vital, a realização de direitos sociais ficaria condicionada à existência de recursos orçamentários suficientes para tanto.

O cerne da questão descansa na premissa de que os recursos públicos são limitados e, nessa ordem, insuficientes ao atendimento de todas as demandas da coletividade. Assim, o Estado estaria impelido à realização de escolhas as quais, de sua vez, ficariam situadas no campo de projeção da chamada discricionariedade administrativa, impedindo, pois, a exigibilidade judicial de tal direito.

Note-se, com efeito, que a definição de que tais escolhas orçamentárias estariam inseridas no âmbito da discricionariedade administrativa indicaria, mais do que a inexigibilidade judicial de tais direitos, a própria inexistência dos respectivos direitos fundamentais sociais, pois o que existiria seriam demandas sociais, cujo atendimento ficaria à mercê da vontade política da governança por meio da implementação facultativa de políticas públicas.

Dois pontos, aqui, merecem destaque: primeiro, o de que o acórdão mencionado é claro ao delimitar que a reserva do possível só existiria em relação aos direitos sociais que escapassem ao âmbito de aplicação do conceito do mínimo vital; segundo, o de que as condições jurídico-positivas nas quais a teoria nasceu não se reproduzem no Brasil.

179 Canotilho, J. J. Gomes; Moreira, Vital. Op. cit., p. 130.

180 BVerfGE nº 33, S. 333. Íntegra do Acórdão: http://www.servat.unibe.ch/dfr/bv033303.html

1.1. Reserva do possível e mínimo vital

A teoria da reserva do possível deita raízes nas formulações do Tribunal Constitucional Federal da Alemanha, especificamente em acórdão que cuida de reclamação de cidadão alemão quanto às restrições quantitativas de acesso ao ensino superior da medicina.

O acórdão apresenta a questão da seguinte maneira:

> Objeto de exame de constitucionalidade é tão-somente o *Numerus Clausus* absoluto para calouros de determinada área de especialização, causado em virtude do exaurimento de toda a capacidade de ensino, podendo deixar de ser consideradas as limitações locais e estruturais, que dificultam somente a escolha por uma determinada universidade, ou as limitações que atinjam aos estudantes de semestres mais avançados já admitidos. O *Numerus Clausus* absoluto diferencia-se dessas limitações por seu efeito extremamente incisivo, pois ele faz com que um número maior ou menor dos candidatos tenham que adiar o início do curso desejado por um tempo mais ou menos longo. Em caso de forte demanda e correspondentes longos períodos de espera, tais limitações afetam não só a escolha de tais locais de formação, como também podem influenciar na escolha profissional, provocando até mesmo o abandono das intenções originais. Candidatos mais carentes não têm as mesmas possibilidades, como os mais abastados, de passar por períodos mais longos de espera ou de tentar a realização de um curso no exterior[181].

Como se extrai do excerto acima transcrito, a teoria da reserva do possível floresce na jurisprudência alemã, ante à pretensão de dois cidadãos alemães que se insurgem contra a limitação de vagas no ensino público superior da medicina, sob o argumento inicial de que tal limitação implicaria violação ao direito de livre escolha e exercício da profissão.

O Tribunal Constitucional Federal, por sua vez, redimensionou a questão, entendendo que alguma limitação de acesso poderia existir,

[181] BVerfGE nº 33, S. 333. *Cinqüenta Anos de Jurisprudência do Tribunal Constitucional Federal Alemão*. Coletânea original: Jürgen Schwabe. Organização e introdução de Leonardo Martins. Tradução de Beatriz Henning, Leonardo Martins, Mariana Bigelli de Carvalho, Tereza Maria de Castro e Vivianne Geraldes Ferreira, edição da Fundação Konrad Adenauer, 2005, p. 659.

com base nas restrições orçamentárias, sempre que a realização de direitos sociais viesse a extravasar o campo do mínimo vital.

Nesse sentido, confira-se mais um trecho da decisão:

> A proteção constitucional do direito fundamental no âmbito do ensino e formação profissionais não se esgota, assim, na função de proteção tradicionalmente atribuída aos direitos de liberdade contra intervenções do poder público. O TCF asseverou várias vezes que os direitos fundamentais, como normas objetivas, estatuem igualmente uma ordem axiológica que vale como decisão constitucional fundamental para todas as áreas do Direito, e que, por isso, os direitos fundamentais não são apenas direitos de resistência perante o Estado (Abwehrrechte) do cidadão contra o Estado (BVerfGE 21, 362 [372] com outras referências). Quanto mais fortemente o Estado moderno se inclina à seguridade social e ao fomento social dos cidadãos, mais aparece, no contexto da relação entre cidadãos e Estado, a exigência complementar pela outorga de direito fundamental de participação (*grundrechtliche Verbürgung der Teilhabe*) em prestações estatais, ao lado do postulado original da garantia do direito fundamental de liberdade em face do Estado[182].

É de se notar, antes de mais, que o Tribunal Constitucional Federal da Alemanha, em decisão de 18 de julho de 1972, já enunciava a indivisibilidade e a interdependência dos direitos fundamentais, sublinhando que o direito a livre escolha e exercício da profissão não poderia se aperfeiçoar sem a viabilização de acesso ao ensino público superior.

Por outro lado, também é digno de registro que a decisão reconhece, aos que preenchem os requisitos de capacidade, o direito subjetivo ao ensino público superior, muito embora o entendendo restringível, de acordo com as limitações do orçamento, desde que demonstrado o esforço concreto do Estado na adequada expansão das vagas.

Como se vê, o argumento da reserva do possível, em seu nascedouro, não atinava com direitos integrantes do mínimo vital, como o acesso à assistência à saúde ou à educação básica, mas ao ensino superior público.

182 BVerfGE nº 33, S. 333, op. cit., pp. 660-661.

No ponto, apesar de não se desconsiderar o caráter social do direito fundamental em questão, mesmo porque, como aponta o acórdão, não há que se falar em franquia à liberdade de escolha de profissão, sem que o Estado garanta o acesso ao ensino profissionalizante, é fato que o acesso ao ensino superior, ao menos no nosso atual quadro de desenvolvimento, não é dos direitos que possa ser incluído no rol dos necessários à configuração do chamado limiar mínimo.

Como o desenvolvimento da personalidade reclama uma gama cada vez maior de direitos de participação nos benefícios da vida associada, apontou o Tribunal alemão que a realização desses direitos, quando extrapolassem o piso material necessário para a preservação da dignidade humana, deveriam se submeter, observado ainda o princípio da proporcionalidade, as reservas orçamentárias do Estado.

A propósito, segue outro excerto da cogitada decisão do Tribunal Constitucional Federal da Alemanha:

> Mesmo na medida em que os direitos sociais de participação em benefícios estatais não são desde o início restringido àquilo existente em cada caso, eles se encontram sob a reserva do possível, no sentido de estabelecer o que pode o indivíduo, racionalmente falando, exigir da coletividade[183].

O limite, traduzido pela teoria da reserva do possível, tem, mesmo em sua origem, o declinado caráter contingente, só sendo aplicável diante de certas condições: primeira, a de que o mínimo vital esteja satisfeito (acesso à saúde, educação básica etc.); segunda, a de que o Estado comprove gestões significativas para a realização do direito social reclamado[184]; terceira, a avaliação de razoabilidade da demanda.

183 Idem, p. 664.

184 Cf. o citado acórdão: "Com base nesses critérios, uma violação constitucional não pode ser constatada. A obrigação de fazer rapidamente o necessário na medida do possível não é negada por nenhum responsável nos órgãos estatais. No § 2 da lei de fomento à construção de universidades (*Hochschulbauförderungsgesetz*) foi reconhecido expressamente que a União e os Estados-membros, "no cumprimento das tarefas públicas de expansão e construção de novas instituições científicas do ensino superior, devem trabalhar no sentido da criação de um sistema universitário de cursos, número, tamanho e localização", "por meio do qual é garantida uma oferta suficiente e balanceada de vagas de pesquisa e formação".

O que se pode demarcar de tal orientação jurisprudencial é que a teoria da reserva do possível não foi concebida para mitigar obrigações mínimas do Estado para com obrigações sociais essenciais, que, caudatárias da dignidade humana, não encontram possibilidade de restrição válida.

Com efeito, em nenhum momento pensa-se na reserva do possível como instrumento de limitação no direito de acesso à assistência à saúde ao à educação básica, mas sim como instrumento conformador de demandas sociais, que, embora inerentes ao bem-estar social e necessárias à realização da personalidade, não se situam nesse limiar mínimo.

Em outras palavras, contrapondo-se os limites materiais do orçamento ao aumento progressivo das exigências dos cidadãos em relação aos direitos de participação nos benefícios da vida associada (direitos fundamentais sociais), a teoria da reserva do possível, em sua concepção original, pode ser sintetizada na observância de dois pontos essenciais de seu regime jurídico:

- observância, intransigente e incondicionada, do mínimo vital;
- realização de outros direitos sociais condicionada às possibilidades do orçamento, desde que comprovado o esforço proporcional do Estado em dar resposta à respectiva demanda social.

1.2. Reserva do possível e ambiência constitucional

Outro ponto a ser tocado na abordagem do tema diz respeito à ambientação jurídico positiva da teoria da reserva do possível.

No que tange ao cumprimento dessa obrigação, segundo a opinião geral, a situação emergencial atual não se deve apenas a dificuldades objetivas, mas também ao fato de que a demanda ainda mais forte provada pela propaganda educacional não foi correspondida por medidas adequadas de expansão física e de reforma acadêmica. Não obstante, já no passado fora utilizada uma parte considerável dos recursos disponíveis justamente para a expansão dos muito dispendiosos institutos de medicina. Desde o reconhecimento das dificuldades, foram implementados grandes esforços para sua superação, devendo-se aqui fazer menção ao primeiro plano de ação (*Rahmenplan*) feito depois da lei de fomento à construção de universidades. Para os Estados-membros *Hamburg* e Baviera, acrescente-se que aqui o percentual [de estudantes] no número total de estudantes de medicina é mais alto do que o percentual [de habitantes] no número de habitantes da República Federal [da Alemanha]" (BVerfGE nº 33, S. 333, op. cit., pp. 664-665).

A teoria, como mencionado, nasceu na Alemanha, carregando como pressupostos, por evidente, as normas de direito positivo nas quais foi lastreada. Logo, exsurge a indagação quase que espontânea acerca da compatibilidade entre os dois ordenamentos, de tal modo a se viabilizar a *importação* da teoria para a ordem jurídica brasileira.

Em primeiro lugar, um traço diferencial claramente existente entre as duas ordens constitucionais está em que a Constituição alemã não hospedou expressamente um catálogo de direitos sociais.

Com efeito, a Lei Fundamental alemã adscreveu sua proteção aos direitos fundamentais de liberdade, deixando de contemplar uma ordem sistemática de direitos sociais.

Nesse sentido, válida a preleção de Konrad Hesse:

> A Lei Fundamental restringe suas garantias jurídico-fundamentais no essencial aos direitos do homem clássicos, ao lado dos quais se colocam algumas garantias e regulações de princípios especiais (por exemplo, artigo 5º, alínea 3, artigo 6º, 7). Em comparação com isso, ela renuncia aos "direitos fundamentais sociais", como eles estão contidos em várias constituições estaduais[185].

A Constituição de 1949, em ressonância ao pós-guerra e às experiências do Estado totalitário, acabou por dar primazia aos direitos de liberdade, com uma delineada preocupação com o Estado de Direito, em detrimento de preocupações sociais mais pungentes, que marcaram a antecedente Constituição de Weimar.

Andréas J. Krell, versando o tema, esclarece:

> Os modernos artigos da Carta de Weimar sobre direitos sociais foram "ridicularizados" por parte dos integrantes da extrema-direita e esquerda política, como "promessas vazias do Estado burguês" e "contos de lenda". Como conseqüência, o legislador fundamental de 1949 renunciou deliberadamente à formulação de normas que conferem direitos subjetivos a prestações positivas por parte do Estado[186].

185 HESSE, Konrad. *Elementos de Direito Constitucional da República Federal da Alemanha*. Tradução de Luís Afonso Heck. Porto Alegre: Sérgio Antonio Fabris Editor, 1998, p. 170.

186 KRELL, Andréas J. *Direitos Sociais e Controle Judicial no Brasil e na Alemanha*: os (des)caminhos de um direito constitucional "comparado". Porto Alegre: Sérgio Antonio Fabris Editor, 2002, p. 46.

Assim, o primeiro dado sensível, que revela a existência de pressupostos jurídicos positivos diferenciados, é a inexistência, na Constituição alemã, de um rol de direitos fundamentais sociais, que, neste ponto, seriam caudatários do assim chamado princípio do Estado Social, ancorado, por sua vez, na previsão constante do art. 20, "1", da Constituição alemã, *in verbis*: "1. A República Federal da Alemanha é um Estado federal, democrático e social"[187].

Desta parcimoniosa previsão constitucional, extrai-se o acima citado princípio do Estado Social, que, inoculando a ideia de um Estado voltado à realização de direitos de participação nos benefícios da vida associada, acaba por jungir o Estado alemão à realização de direitos sociais.

O próprio Tribunal Constitucional Federal, em mais de uma passagem, registra a eficácia do sobredito princípio, creditando-lhe a condição de alicerce legitimador de atividades públicas voltadas à concretização de direitos sociais, como a assistência social aos necessitados, inclusive em razão de deficiência física ou mental[188], o direito de acesso ao ensino público superior[189] e assistência social ao desemprego[190].

Para melhor iluminar a compreensão do tema, citamos o seguinte excerto de Acórdão da indigitada Corte alemã:

> O princípio do Estado social contém uma ordem endereçada ao legislador (cf. BVerfGE 50, 57 [108]. Este o obriga a providenciar uma harmonização de contradições sociais (cf. BVerfGE 22, 180 [204]. Além disso, ele determina que o Estado ofereça assistência social a indivíduos ou grupos que, em razão de suas circunstâncias pessoais de vida ou de desvantagens sociais, se encontram impedidos de alcançar seu desenvolvimento pessoal ou social (BVerfGE 45, 376 [387][191].

Como se vê, o que existe na Constituição Federal da Alemanha, sob a designação de princípio do Estado Social, é uma norma programática, de um nível altíssimo de generalidade, que, neste passo, reserva ao legis-

[187] *As Constituições dos Estados da União Européia*, Lisboa: Visles, 2000.

[188] BVERFGE 40, 121, 18/6/1975.

[189] BVerfGE nº 33, S. 333, 18/7/1972.

[190] BVERFGE 100, 271, 27/4/1999.

[191] BVERFGE 100, 271, 27/4/1999. *Cinqüenta Anos de Jurisprudência do Tribunal Constitucional Federal Alemão*, op. cit., pp. 834-835.

lador uma larga margem de discricionariedade para a concretização dos ideários que adota.

Exatamente por isso construiu-se, de um lado, a noção de piso vital – o que coloca certos direitos mínimos do indivíduo acima das discussões parlamentares e dos programas de governo –, e, de outro, o critério da reserva do possível, atribuindo ao legislador, inclusive na elaboração do orçamento, poder de definição da extensão e abrangência das políticas sociais, tudo, por evidente, sob o critério da proporcionalidade, iluminado pelo indigitado princípio do Estado Social.

A Constituição brasileira, neste ponto, apresenta parâmetros notoriamente distintos.

Em primeiro lugar, em seu art. 6º, promoveu a fundamentalização formal dos direitos sociais, abrigados, com efeito, sob a rubrica genérica do Título II – Dos Direitos e Garantias Fundamentais.

Em segundo lugar, como visto, nossa Constituição lançou mão de mais de uma estratégia de positivação de direitos sociais, dentre as quais, a atribuição de direitos subjetivos e definição de garantias institucionais.

No primeiro caso, podemos citar como exemplos o direito à saúde – que, pela conjuminação dos artigos 196 e 198, II, reveste-se do caráter de direito público subjetivo – e o direito à educação básica, que, mercê do disposto no art. 205 c.c. 208, reveste-se igualmente de tal característica.

No segundo caso – garantias institucionais –, podemos citar a vinculação de receitas para gastos com educação (art. 212) e saúde (Emenda 29).

Destacamos essas duas hipóteses porque alicerçados em normas densas, que estipulam direitos e prescrevem obrigações específicas ao Estado.

A teoria da reserva do possível, como visto, limita a realização de direitos sociais às previsões aportadas no orçamento de cada entidade pública.

Ao menos em relação aos comandos invocados – definição de direitos subjetivos e estabelecimento de garantias institucionais –, quer parecer que a teoria em pauta, sob a perspectiva jurídico positiva, é absolutamente inaplicável.

As normas sobreditas não estão, como na Alemanha, acomodadas no direito infraconstitucional, o que, a toda evidência, torna viável, ao menos sob a perspectiva de um ordenamento piramidal e em uma análise estritamente formal, a ressignificação dos conteúdos ou da aplicação da norma pela lei orçamentária. Ao contrário, estão enraizadas na Constituição, encimando o sistema jurídico, colocando-se, por outro modo, como norma suprema, aplicável a todo o ordenamento que, ferindo-a, empreende uma nulidade sancionável, dentre outras formas, pelo mecanismo do controle de constitucionalidade.

Como vislumbrar, ante a rigidez constitucional brasileira, que uma norma infraconstitucional venha a negar aplicação ou restringir a eficácia de um dispositivo constitucional, sem que este tenha a tanto permitido?

Vale transcrever, neste ponto, antiga premissa de raciocínio, bem expressa na preleção de Jorge Miranda, segundo o qual o primeiro termo de uma inconstitucionalidade é a Constituição, o segundo é o comportamento do poder público, por quaisquer de suas funções.

Assim, enfatiza o mestre português, a "Constituição rege os comportamentos dos órgãos do poder que se movam no âmbito do Direito interno e, por conseguinte, todos os seus actos, quanto a todos os seus pressupostos, elementos ou requisitos, têm de ser conformes com ela"[192].

Atribuindo a Constituição, de forma expressa e incontroversa, um direito subjetivo, poderia o legislador ordinário, ao produzir a lei orçamentária, deixar de observá-la?

Poderia o presidente da República, assim como os governadores e prefeitos, no exercício da iniciativa vinculada da lei orçamentária, deixar de atender este ou outro comando constitucional?

Seria permitido ao legislador optar por outra atividade, como a agregação de verbas orçamentárias para gastos com publicidade, uma vez preconcebida a insuficiência dos recursos necessários para atendimento dos comandos constitucionais em pauta?

Responder-se afirmativamente às questões declinadas implicaria, a toda evidência, verdadeira subversão de nosso sistema jurídico, pois, formalmente, estar-se-ia a admitir que o exercício ordinário da legiferação pode se dar em descompasso com o conteúdo de normas constitucionais.

Destarte, imperiosa a conclusão de que os agentes e órgãos envolvidos na elaboração do orçamento – chefias do executivo e órgãos legislativos – estão adstritos à observância de todas as normas constitucionais, de tal modo que ante um comando que confira ao cidadão um direito público subjetivo, que, deste modo, passa a integrar o seu patrimônio

192 Miranda, Jorge. *Teoria do Estado e da Constituição*. Rio de Janeiro: Forense, 2002, p. 475.

jurídico, não existe liberdade de conformação legislativa, mesmo em termos orçamentários, ficando, pois, referida peça legal obrigada à previsão de verbas suficientes à realização dos custos derivados do respeito aos direitos consagrados em nossa Lei Maior.

Desse teor, entendimento sufragado pelo nosso Supremo Tribunal Federal, bem sintetizado em excerto do voto do eminente ministro Marco Aurélio, *verbis*:

> No caso, ficou constatada enfermidade rara e que alcança cerca de vinte crianças em todo o Estado do Rio Grande do Sul e com sérios riscos para a saúde e o desenvolvimento das mesmas. O Estado deve assumir as funções que lhe são próprias, sendo certo, ainda, que problemas orçamentários não podem obstaculizar o implemento do que previsto constitucionalmente[193] [194].

[193] RE 195192/RS, rel. Ministro Marco Aurélio.

[194] No mesmo sentido: EMENTA: RECURSO EXTRAORDINÁRIO - CRIANÇA DE ATÉ SEIS ANOS DE IDADE - ATENDIMENTO EM CRECHE E EM PRÉ-ESCOLA - EDUCAÇÃO INFANTIL - DIREITO ASSEGURADO PELO PRÓPRIO TEXTO CONSTITUCIONAL (CF, ART. 208, IV) - COMPREENSÃO GLOBAL DO DIREITO CONSTITUCIONAL À EDUCAÇÃO - DEVER JURÍDICO CUJA EXECUÇÃO SE IMPÕE AO PODER PÚBLICO, NOTADAMENTE AO MUNICÍPIO (CF, ART. 211, § 2º) - RECURSO IMPROVIDO. - A educação infantil representa prerrogativa constitucional indisponível, que, deferida às crianças, a estas assegura, para efeito de seu desenvolvimento integral, e como primeira etapa do processo de educação básica, o atendimento em creche e o acesso à pré-escola (CF, art. 208, IV). - Essa prerrogativa jurídica, em conseqüência, impõe, ao Estado, por efeito da alta significação social de que se reveste a educação infantil, a obrigação constitucional de criar condições objetivas que possibilitem, de maneira concreta, em favor das "crianças de zero a seis anos de idade" (CF, art. 208, IV), o efetivo acesso e atendimento em creches e unidades de pré-escola, sob pena de configurar-se inaceitável omissão governamental, apta a frustrar, injustamente, por inércia, o integral adimplemento, pelo Poder Público, de prestação estatal que lhe impôs o próprio texto da Constituição Federal. - A educação infantil, por qualificar-se como direito fundamental de toda criança, não se expõe, em seu processo de concretização, a avaliações meramente discricionárias da Administração Pública, nem se subordina a razões de puro pragmatismo governamental. - Os Municípios - que atuarão, prioritariamente, no ensino fundamental e na educação infantil (CF, art. 211, § 2º) - não poderão demitir-se do mandato constitucional, juridicamente vinculante, que lhes foi outorgado pelo art. 208, IV, da Lei Fundamental da República, e que representa fator de limitação da discricionariedade político-administrativa dos entes municipais, cujas opções, tratando-se do atendimento das crianças em creche (CF, art. 208, IV), não podem ser exercidas de modo a comprometer, com apoio em juízo de simples conve-

O voto do eminente ministro deixa claro que o orçamento não pode impedir a implementação de direitos que foram reconhecidos no plano constitucional, mesmo porque, acrescentamos, um problema de hierarquia entre as normas jurídicas estaria colocado.

Em outras palavras, a liberdade de conformação legislativa, enquanto não atendidos os direitos apontados, não existe, de tal modo que não é lícito ao legislador, por exemplo, aportar valores em gastos com publicidade institucional enquanto faltarem recursos para gastos com saúde ou educação[195].

niência ou de mera oportunidade, a eficácia desse direito básico de índole social. – Embora resida, primariamente, nos Poderes Legislativo e Executivo, a prerrogativa de formular e executar políticas públicas, revela-se possível, no entanto, ao Poder Judiciário, determinar, ainda que em bases excepcionais, especialmente nas hipóteses de políticas públicas definidas pela própria Constituição, sejam estas implementadas pelos órgãos estatais inadimplentes, cuja omissão – por importar em descumprimento dos encargos político-jurídicos que sobre eles incidem em caráter mandatório – mostra-se apta a comprometer a eficácia e a integridade de direitos sociais e culturais impregnados de estatura constitucional. A questão pertinente à "reserva do possível".(RE-AgR 410715 / SP – SÃO PAULO, relator Ministro Celso de Mello)

[195] A propósito mais uma modelar decisão do Supremo Tribunal Federal, onde os temas "reserva do possível" e "liberdade de conformação legislativa" são expressamente abordados: Educação Infantil – Atendimento em Creche – Dever Constitucional do Poder Público (Transcrições) RE 436996/SP* RELATOR: MIN. CELSO DE MELLO EMENTA: CRIANÇA DE ATÉ SEIS ANOS DE IDADE. ATENDIMENTO EM CRECHE E EM PRÉ-ESCOLA. EDUCAÇÃO INFANTIL. DIREITO ASSEGURADO PELO PRÓPRIO TEXTO CONSTITUCIONAL (CF, ART. 208, IV). COMPREENSÃO GLOBAL DO DIREITO CONSTITUCIONAL À EDUCAÇÃO. DEVER JURÍDICO CUJA EXECUÇÃO SE IMPÕE AO PODER PÚBLICO, NOTADAMENTE AO MUNICÍPIO (CF, ART. 211, § 2º). RECURSO EXTRAORDINÁRIO CONHECIDO E PROVIDO. – A educação infantil representa prerrogativa constitucional indisponível, que, deferida às crianças, a estas assegura, para efeito de seu desenvolvimento integral, e como primeira etapa do processo de educação básica, o atendimento em creche e o acesso à pré-escola (CF, art. 208, IV). – Essa prerrogativa jurídica, em conseqüência, impõe, ao Estado, por efeito da alta significação social de que se reveste a educação infantil, a obrigação constitucional de criar condições objetivas que possibilitem, de maneira concreta, em favor das "crianças de zero a seis anos de idade" (CF, art. 208, IV), o efetivo acesso e atendimento em creches e unidades de pré-escola, sob pena de configurar-se inaceitável omissão governamental, apta a frustrar, injustamente, por inércia, o integral adimplemento, pelo Poder Público, de prestação estatal que lhe impôs o próprio texto da Constituição Federal. – A educação infantil, por qualificar-se como direito fundamental de toda criança, não se expõe, em seu processo de concretização, a avaliações meramente discricionárias da Administração Pública, nem se subordina a razões de puro

pragmatismo governamental. - Os Municípios - que atuarão, prioritariamente, no ensino fundamental e na educação infantil (CF, art. 211, § 2º) - não poderão demitir-se do mandato constitucional, juridicamente vinculante, que lhes foi outorgado pelo art. 208, IV, da Lei Fundamental da República, e que representa fator de limitação da discricionariedade político-Administrativa dos entes municipais, cujas opções, tratando-se do atendimento das crianças em creche (CF, art. 208, IV), não podem ser exercidas de modo a comprometer, com apoio em juízo de simples conveniência ou de mera oportunidade, a eficácia desse direito básico de índole social. - Embora inquestionável que resida, primariamente, nos Poderes Legislativo e Executivo, a prerrogativa de formular e executar políticas públicas, revela-se possível, no entanto, ao Poder Judiciário, ainda que em bases excepcionais, determinar, especialmente nas hipóteses de políticas públicas definidas pela própria Constituição, sejam estas implementadas, sempre que os órgãos estatais competentes, por descumprirem os encargos político-jurídicos que sobre eles incidem em caráter mandatório, vierem a comprometer, com a sua omissão, a eficácia e a integridade de direitos sociais e culturais impregnados de estatura constitucional. A questão pertinente à "reserva do possível". Doutrina. DECISÃO: O presente recurso extraordinário foi interposto contra decisão, que, proferida pelo E. Tribunal de Justiça do Estado de São Paulo, acha-se consubstanciada em acórdão assim ementado (fls. 189): "EMBARGOS INFRINGENTES - Ação civil pública, objetivando matrícula de criança em creche municipal. Conveniência e oportunidade do Poder Público. Ato discricionário da Administração. Embargos rejeitados." (grifei) A parte recorrente sustenta que o acórdão ora impugnado teria transgredido os preceitos inscritos nos arts. 208, IV, 211, § 2º, e 227, todos da Constituição da República. O exame da presente causa convence-me da inteira correção dos fundamentos, que, invocados pelo Ministério Público do Estado de São Paulo, informam e dão consistência ao recurso extraordinário ora em julgamento. É preciso assinalar, neste ponto, por relevante, que o direito à educação - que representa prerrogativa constitucional deferida a todos (CF, art. 205), notadamente às crianças (CF, arts. 208, IV e 227, "caput") - qualifica-se como um dos direitos sociais mais expressivos, subsumindo-se à noção dos direitos de segunda geração (RTJ 164/158-161), cujo adimplemento impõe, ao Poder Público, a satisfação de um dever de prestação positiva, consistente num "facere", pois o Estado dele só se desincumbirá criando condições objetivas que propiciem, aos titulares desse mesmo direito, o acesso pleno ao sistema educacional, inclusive ao atendimento, em creche e pré-escola, "às crianças de zero a seis anos de idade" (CF, art. 208, IV). O eminente Pinto Ferreira ("Educação e Constituinte", "in" Revista de Informação Legislativa, vol. 92, p. 171/173), ao analisar esse tema, expende magistério irrepreensível: "O Direito à educação surgiu recentemente nos textos constitucionais. Os títulos sobre ordem econômica e social, educação e cultura revelam a tendência das Constituições em favor de um Estado social. Esta clara opção constitucional faz deste ordenamento econômico e cultural um dos mais importantes títulos das novas Constituições, assinalando o advento de um novo modelo de Estado, tendo como valor-fim a justiça social e a cultura, numa democracia pluralista exigida pela sociedade de massas do século XX." (grifei) Para Celso Lafer ("A Reconstrução dos Direitos Humanos", p. 127 e 130/131, 1988, Companhia de Letras), que também exterioriza a sua preocupação acadêmica sobre o tema, o direito à educação - que se mostra redutível à noção dos direitos de segunda geração - exprime, de um lado, no plano do sistema jurídico-normativo, a exigência de solidariedade social, e pressupõe, de outro, a asserção de que a dignidade humana, enquanto valor impregnado de centralidade em nosso ordenamento político, só se afirmará com a expansão das liberdades públicas, quaisquer que sejam as dimensões em que estas se projetem: "(...) É por essa razão que os assim chamados direitos de segunda geração, previstos pelo 'welfare state', são direitos de crédito do indivíduo em relação à coletividade. Tais direitos - como o direito ao trabalho, à saúde, à educação - têm como sujeito passivo o Estado porque, na interação entre governantes e governados, foi a coletividade que assumiu a responsabilidade de atendê-los. O titular desse direito, no entanto, continua sendo, como nos direitos de primeira geração, o homem na sua individualidade. Daí a complementaridade, na perspectiva 'ex parte populi', entre os direitos de primeira e de segunda geração, pois estes últimos buscam assegurar as condições para o pleno exercício dos primeiros, eliminando ou atenuando os impedimentos ao pleno uso das capacidades humanas. Por isso, os direitos de crédito, denominados direitos econômico-sociais e culturais, podem ser encarados como direitos que tornam reais direitos formais: procuraram garantir a todos o acesso aos meios de vida e de trabalho num sentido amplo (...)." (grifei) O alto significado social e o irrecusável valor constitucional de que se reveste o direito à educação infantil - ainda mais se considerado em face do dever que incumbe, ao Poder Público, de torná-lo real, mediante concreta efetivação da garantia de "atendimento em creche e pré-escola às crianças de zero a seis anos de idade" (CF, art. 208, IV) - não podem ser menosprezados pelo Estado, "obrigado a proporcionar a concretização da educação infantil em sua área de competência" (Wilson Donizeti Liberati, "Conteúdo Material do Direito à Educação Escolar", "in" "Direito à Educação: Uma Questão de Justiça", p. 236/238, item n. 3.5, 2004, Malheiros), sob pena de grave e injusta frustração de um inafastável compromisso constitucional, que tem, no aparelho estatal, o seu precípuo destinatário. Cabe referir, neste ponto, a observação de Pinto Ferreira ("Educação e Constituinte" "in" Revista de Informação Legislativa, vol. 92, p. 171/173), quando adverte - considerada a ilusão que o caráter meramente retórico das proclamações constitucionais muitas vezes encerra - sobre a necessidade de se conferir efetiva concretização a esse direito essencial, cuja eficácia não pode ser comprometida pela inação do Poder Público: "O direito à educação necessita ter eficácia. Sendo considerado como um direito público subjetivo do particular, ele consiste na faculdade que tem o particular de exigir do Estado o cumprimento de determinadas prestações. Para que fosse cumprido o direito à educação, seria necessário que ele fosse dotado de eficácia e acionabilidade (...)." (grifei) O objetivo perseguido pelo legislador constituinte, em tema de educação infantil, especialmente se reconhecido que a Lei Fundamental da República delineou, nessa matéria, um nítido programa a ser implementado mediante adoção de políticas públicas conseqüentes e responsáveis - notadamente aquelas que visem a fazer cessar, em favor da infância carente, a injusta situação de exclusão social e de desigual acesso às oportunidades de atendimento em creche e pré-escola -, traduz meta cuja não-realização qualificar-se-á como uma censurável situação de inconstitucionalidade por omissão imputável ao Poder Público. Ao julgar a ADPF 45/DF, Rel. Min. Celso de Mello, proferi decisão assim ementada (Informativo/STF nº 345/2004): "ARGÜIÇÃO DE DESCUMPRIMENTO DE PRECEITO FUNDAMENTAL. A QUESTÃO DA LEGITIMIDADE CONSTITUCIONAL DO CONTROLE E DA INTERVENÇÃO DO PODER JUDICIÁRIO EM TEMA DE IMPLEMENTAÇÃO DE POLÍTICAS PÚBLICAS, QUANDO CONFIGURADA HIPÓTESE DE ABUSIVIDADE GOVERNAMENTAL. DIMENSÃO POLÍTICA DA JURISDIÇÃO CONSTITUCIONAL ATRIBUÍDA AO SUPREMO TRIBUNAL FEDERAL. INOPONIBILIDADE DO ARBÍTRIO ESTATAL À EFETIVAÇÃO DOS DIREITOS SOCIAIS, ECONÔMICOS E CULTURAIS. CARÁTER RELATIVO DA LIBERDADE DE CONFORMAÇÃO DO LEGISLADOR. CONSIDERAÇÕES EM TORNO DA CLÁUSULA DA 'RESERVA DO POSSÍVEL'. NECESSIDADE DE PRESERVAÇÃO, EM FAVOR DOS INDIVÍDUOS, DA INTEGRIDADE E DA INTANGIBILIDADE DO NÚCLEO CONSUBSTANCIADOR DO 'MÍNIMO EXISTENCIAL'. VIABILIDADE INSTRUMENTAL DA ARGÜIÇÃO DE DESCUMPRIMENTO NO PROCESSO DE CONCRETIZAÇÃO DAS LIBERDADES POSITIVAS (DIREITOS CONSTITUCIONAIS DE SEGUNDA GERAÇÃO)." Salientei, então, em tal decisão, que o Supremo Tribunal Federal, considerada a dimensão política da jurisdição constitucional outorgada a esta Corte, não pode demitir-se do gravíssimo encargo de tornar efetivos os direitos econômicos, sociais e culturais, que se identificam – enquanto direitos de segunda geração (como o direito à educação, p. ex.) – com as liberdades positivas, reais ou concretas (RTJ 164/158-161, Rel. Min. Celso de Mello). É que, se assim não for, restarão comprometidas a integridade e a eficácia da própria Constituição, por efeito de violação negativa do estatuto constitucional motivada por inaceitável inércia governamental no adimplemento de prestações positivas impostas ao Poder Público, consoante já advertiu, em tema de inconstitucionalidade por omissão, por mais de uma vez (RTJ 175/1212-1213, Rel. Min. Celso de Mello), o Supremo Tribunal Federal: "DESRESPEITO À CONSTITUIÇÃO – MODALIDADES DE COMPORTAMENTOS INCONSTITUCIONAIS DO PODER PÚBLICO. – O desrespeito à Constituição tanto pode ocorrer mediante ação estatal quanto mediante inércia governamental. A situação de inconstitucionalidade pode derivar de um comportamento ativo do Poder Público, que age ou edita normas em desacordo com o que dispõe a Constituição, ofendendo-lhe, assim, os preceitos e os princípios que nela se acham consignados. Essa conduta estatal, que importa em um facere (atuação positiva), gera a inconstitucionalidade por ação. – Se o Estado deixar de adotar as medidas necessárias à realização concreta dos preceitos da Constituição, em ordem a torná-los efetivos, operantes e exeqüíveis, abstendo-se, em conseqüência, de cumprir o dever de prestação que a Constituição lhe impôs, incidirá em violação negativa do texto constitucional. Desse non facere ou non praestare, resultará a inconstitucionalidade por omissão, que pode ser total, quando é nenhuma a providência adotada, ou parcial, quando é insuficiente a medida efetivada pelo Poder Público. .... – A omissão do Estado – que deixa de cumprir, em maior ou em menor extensão, a imposição ditada pelo texto constitucional – qualifica-se como comportamento revestido da maior gravidade político-jurídica, eis que, mediante inércia, o Poder Público também desrespeita a Constituição, também ofende direitos que nela se fundam e também impede, por ausência de medidas concretizadoras, a própria *aplicabilidade* dos postulados e princípios da Lei Fundamental." (RTJ 185/794-796, Rel. Min. Celso de Mello, Pleno) É certo – tal como observei no exame da ADPF 45/DF, Rel. Min. Celso de Mello (Informativo/STF nº 345/2004) – que não se inclui, ordinariamente, no âmbito das funções institucionais do Poder Judiciário – e nas desta Suprema Corte, em especial – a atribuição de formular e de implementar políticas públicas (José Carlos Vieira de Andrade, "Os Direitos Fundamentais na Constituição Portuguesa de 1976", p. 207, item n. 05, 1987, Almedina, Coimbra), pois, nesse domínio, o encargo reside, primariamente, nos Poderes Legislativo e Executivo. Impende assinalar, no entanto, que tal incumbência poderá atribuir-se, embora excepcionalmente, ao Poder Judiciário, se e quando os órgãos estatais competentes, por descumprirem os encargos político-jurídicos que sobre eles incidem em caráter mandatório, vierem a comprometer, com tal comportamento, a eficácia e a integridade de direitos individuais e/ou coletivos impregnados de estatura constitucional, como sucede na espécie ora em exame. Não deixo de conferir, no entanto, assentadas tais premissas, significativo relevo ao tema pertinente à "reserva do possível" (Stephen Holmes/Cass R. Sunstein, "The Cost of Rights", 1999, Norton, New York; Ana Paula de Barcellos, "A Eficácia Jurídica dos Princípios Constitucionais", p. 245/246, 2002, Renovar), notadamente em sede de efetivação e implementação (sempre onerosas) dos direitos de segunda geração (direitos econômicos, sociais e culturais), cujo adimplemento, pelo Poder Público, impõe e exige, deste, prestações estatais positivas concretizadoras de tais prerrogativas individuais e/ou coletivas. Não se ignora que a realização dos direitos econômicos, sociais e culturais – além de caracterizar-se pela gradualidade de seu processo de concretização – depende, em grande medida, de um inescapável vínculo financeiro subordinado às possibilidades orçamentárias do Estado, de tal modo que, comprovada, objetivamente, a alegação de incapacidade econômico-financeira da pessoa estatal, desta não se poderá razoavelmente exigir, então, considerada a limitação material referida, a imediata efetivação do comando fundado no texto da Carta Política. Não se mostrará lícito, contudo, ao Poder Público, em tal hipótese, criar obstáculo artificial que revele – a partir de indevida manipulação de sua atividade financeira e/ou político-administrativa – o ilegítimo, arbitrário e censurável propósito de fraudar, de frustrar e de inviabilizar o estabelecimento e a preservação, em favor da pessoa e dos cidadãos, de condições materiais mínimas de existência (ADPF 45/DF, Rel. Min. Celso De Mello, Informativo/STF nº 345/2004). Cumpre advertir, desse modo, que a cláusula da "reserva do possível" – ressalvada a ocorrência de justo motivo objetivamente aferível – não pode ser invocada, pelo Estado, com a finalidade de exonerar-se, dolosamente, do cumprimento de suas obrigações constitucionais, notadamente quando, dessa conduta governamental negativa, puder resultar nulificação ou, até mesmo, aniquilação de direitos constitucionais impregnados de um sentido de essencial fundamentalidade. Daí a correta observação de Regina Maria Fonseca Muniz ("O Direito à Educação", p. 92, item n. 3, 2002, Renovar), cuja abordagem do tema – após qualificar a educação como um dos direitos fundamentais da pessoa humana – põe em destaque a imprescindibilidade de sua implementação, em ordem a promover o bem-estar social e a melhoria da qualidade de vida de todos, notadamente das classes menos favorecidas, assinalando, com particular ênfase, a propósito de obstáculos governamentais que possam ser eventualmente opostos ao adimplemento dessa obrigação constitucional, que "o Estado não pode se furtar de tal dever sob alegação de inviabilidade econômica ou de falta de normas de regulamentação" (grifei). Tratando-se de típico direito de prestação positiva, que se subsume ao conceito de liberdade real ou concreta, a educação infantil – que compreende todas as prerrogativas, individuais ou coletivas, referidas na Constituição da República (notadamente em seu art. 208, IV) – tem por fundamento regra constitucional cuja densidade normativa não permite que, em torno da efetiva realização de tal comando, o Poder Público, especialmente o Município (CF, art. 211, § 2º), disponha de um amplo espaço de discricionariedade que lhe enseje maior grau de liberdade de conformação, e de cujo exercício possa resultar, paradoxalmente, com base em simples alegação de mera conveniência e/ou oportunidade, a nulificação mesma dessa prerrogativa essencial, como adverte, em ponderadas reflexões, a ilustre magistrada Maria Cristina de Brito Lima, em obra monográfica dedicada ao tema ora em exame ("A Educação como Direito Fundamental", 2003, Lumen Juris). Cabe referir, ainda, neste ponto, ante a extrema pertinência de suas observações, a advertência de Luiza Cristina Fonseca Frischeisen, ilustre Procuradora Regional da República ("Políticas Públicas – A Responsabilidade do Administrador e o Ministério Público", p. 59, 95 e 97, 2000, Max Limonad), cujo magistério, a propósito da limitada discricionariedade governamental em tema de concretização das políticas públicas constitucionais, assinala: "Nesse contexto constitucional, que implica também na renovação das práticas políticas, o administrador está vinculado às políticas públicas estabelecidas na Constituição Federal; a sua omissão é passível de responsabilização e a sua margem de discricionariedade é mínima, não contemplando o não fazer. Como demonstrado no item anterior, o administrador público está vinculado à Constituição e às normas infraconstitucionais para a implementação das políticas públicas relativas à ordem social constitucional, ou seja, própria à finalidade da mesma: o bem-estar e a justiça social. Conclui-se, portanto, que o administrador não tem discricionariedade para deliberar sobre a oportunidade e conveniência de implementação de políticas públicas discriminadas na ordem social constitucional, pois tal restou deliberado pelo Constituinte e pelo legislador que elaborou as normas de integração. As dúvidas sobre essa margem de discricionariedade devem ser dirimidas pelo Judiciário, cabendo ao Juiz dar sentido concreto à norma e controlar a legitimidade do ato administrativo (omissivo ou comissivo), verificando se o mesmo não contraria sua finalidade constitucional, no caso, a concretização da ordem social constitucional." (grifei) Tenho para mim, desse modo, presente tal contexto, que os Municípios – que atuarão prioritariamente no ensino fundamental e na educação infantil (CF, art. 211, § 2º) – não poderão demitir-se do mandato constitucional, juridicamente vinculante, que lhes foi outorgado pelo art. 208, IV, da Constituição, e que representa fator de limitação da discricionariedade político-administrativa dos entes municipais, cujas opções, tratando-se de atendimento das crianças em creche (CF, art. 208, IV), não podem ser exercidas de modo a comprometer, com apoio em juízo de simples conveniência ou de mera

Nessa linha de raciocínio, nasce uma indagação acerca de como expungir o ordenamento jurídico de uma inconstitucionalidade desta cepa.

Permitamo-nos, pois, uma breve digressão para a resposta.

A questão não é simplória, uma vez que a lei orçamentária é essencial à atividade administrativa das entidades públicas.

oportunidade, a eficácia desse direito básico de índole social. As razões ora expostas convencem-me da inteira procedência da pretensão recursal deduzida pelo Ministério Público do Estado de São Paulo, seja em face das considerações que expendeu no presente recurso extraordinário, seja, ainda, em virtude dos próprios fundamentos que dão suporte a diversas decisões, sobre o tema em análise, já proferidas no âmbito desta Suprema Corte (AI 455.802/SP, Rel. Min. Marco Aurélio - AI 475.571/SP, Rel. Min. Marco Aurélio - RE 401.673/SP, Rel. Min. Marco Aurélio - RE 411.518/SP, Rel. Min. Marco Aurélio). Cumpre destacar, neste ponto, por oportuno, ante a inquestionável procedência de suas observações, a decisão proferida pelo eminente Ministro Marco Aurélio (RE 431.773/SP), no sentido de que, "Conforme preceitua o artigo 208, inciso IV, da Carta Federal, consubstancia dever do Estado a educação, garantindo o atendimento em creche e pré-escola às crianças de zero a seis anos de idade. O Estado - União, Estados propriamente ditos, ou seja, unidades federadas, e Municípios - deve aparelhar-se para a observância irrestrita dos ditames constitucionais, não cabendo tergiversar mediante escusas relacionadas com a deficiência de caixa" (grifei). Isso significa, portanto, considerada a indiscutível primazia reconhecida aos direitos da criança e do adolescente (Ana Maria Moreira Marchesan, "O princípio da prioridade absoluta aos direitos da criança e do adolescente e a discricionariedade administrativa", "in" RT 749/82-103), que a ineficiência administrativa, o descaso governamental com direitos básicos do cidadão, a incapacidade de gerir os recursos públicos, a incompetência na adequada implementação da programação orçamentária em tema de educação pública, a falta de visão política na justa percepção, pelo administrador, do enorme significado social de que se reveste a educação infantil, a inoperância funcional dos gestores públicos na concretização das imposições constitucionais estabelecidas em favor das pessoas carentes não podem nem devem representar obstáculos à execução, pelo Poder Público, notadamente pelo Município (CF, art. 211, § 2º), da norma inscrita no art. 208, IV, da Constituição da República, que traduz e impõe, ao Estado, um dever inafastável, sob pena de a ilegitimidade dessa inaceitável omissão governamental importar em grave vulneração a um direito fundamental da cidadania e que é, no contexto que ora se examina, o direito à educação, cuja amplitude conceitual abrange, na globalidade de seu alcance, o fornecimento de creches públicas e de ensino pré-primário "às crianças de zero a seis anos de idade" (CF, art. 208, IV). Sendo assim, e pelas razões expostas, conheço do presente recurso extraordinário, para dar-lhe provimento (CPC, art. 557, § 1º - A), em ordem a restabelecer a sentença proferida pelo magistrado de primeira instância (fls. 73 a 76). Publique-se. Brasília, 26 de outubro de 2005. (RE 436.996, rel. Ministro Celso de Mello, Informativo 407, publicado no DJU 7/11/2005).

Uma declaração de inconstitucionalidade, ainda que por meio de uma ADPF – Arguição de Descumprimento de Preceito Fundamental[196] –, carregaria a nódoa de deixar sem alicerce autorizativo o conjunto de despesas a ser realizada pela Administração, conduzindo, por outro lado, a um gravame quiçá ainda maior à Constituição, uma vez que, com base em duodécimos mensais, seriam realizadas a maior parte das despesas públicas, sem que houvesse uma formal aprovação do Poder Legislativo.

A declaração de inconstitucionalidade conduziria a uma anomia orçamentária, em regra solucionada pela realização dos dispêndios com base em duodécimos do montante total do orçamento passado, mas que, na correta alusão de Ricardo Lobo Torres, "não há solução jurídica, por se haver desbordado o próprio campo da Constituição, que, ao tornar obrigatório o orçamento anual, não poderia prever o impasse institucional"[197].

Assim, quer nos parecer que o equacionamento do tema não deva se dar pelo controle concentrado de constitucionalidade, mas pela via difusa, quer por meio de tutela judicial individual, quer por meio de tutela judicial metaindividual.

Em ambos os casos, a adequação do orçamento aos ditames constitucionais deve se realizar pela condenação do Poder Público à prestação dos serviços que implementarão os direitos constitucionalmente reconhecidos.

Não é ocioso lembrar, neste ponto, que o chefe do Executivo pode remanejar receitas e abrir créditos adicionais, conduzindo uma adequação da execução orçamentária aos comandos da Constituição.

O mesmo se diga em relação às garantias institucionais, mais especificamente à vinculação de percentuais mínimos em gastos com educação e saúde.

Neste caso, o sistema constitucional possui amarras mais claras, contemplando, inclusive, a possibilidade de intervenção federal no Estado e intervenção estadual no Município pela inobservância de tais preceitos, de fora parte a possibilidade de ação coletiva para ajustar a aplicação de tais mínimos exigidos pela Constituição.

[196] Tratando-se de lei de efeito concreto se entende incabível a ação direta de inconstitucionalidade.

[197] Torres, Ricardo Lobo. Op. cit., p. 183.

Realinhando-nos ao tema pontual, entendemos, pois, que a teoria da reserva possível só teria aplicação à ordem jurídica brasileira, nas hipóteses em que os direitos sociais estivessem alicerçados em comandos similares aos da Alemanha.

Com efeito, uma gama considerável de direitos sociais não foi objeto de regulação específica pela Constituição, como, por exemplo, o direito à alimentação (ingestão dos nutrientes necessários à preservação do estado de saúde) e o direito à habitação, o qual, embora mencionado no art. 6º, não foi especificamente disciplinado pela Constituição.

Nestes casos, à falta de parâmetros normativos específicos, quer nos parecer que tais direitos existam, porém, caudatariamente ao princípio da dignidade humana, que, no ponto, forjaria, por evidente, também a noção de piso vital.

A noção de um mínimo vital se nos afigura perfeitamente apropriável por nosso ordenamento jurídico em todos os casos em que o direito social não esteja explicitamente positivado, mas deflua da ideia de dignidade humana.

Não há como se negar que o direito a um mínimo alimentar e a uma habitação salubre se situem dentro do conceito de mínimo vital e, deste modo, estejam agasalhadas pelo princípio da dignidade humana.

Note-se, como já explanado, que o princípio da dignidade humana é aquele que qualifica o homem como o único ser dotado de valor não-relativo. Bem por isso, na esfera do mínimo vital, porquanto inerente à noção de dignidade humana, não há como mitigar-se, vale dizer, relativizar-se a noção de dignidade com base em previsões orçamentárias.

O Supremo Tribunal Federal, em acórdão histórico, relatado pelo eminente ministro Celso de Mello, bem captou tal impossibilidade:

> Na realidade, o cumprimento do dever político-constitucional consagrado no art. 196 da Lei Fundamental do Estado, consistente na obrigação de assegurar, a todos, a proteção à saúde, representa fator, que, associado a um imperativo de solidariedade social, impõe-se ao Poder Público, qualquer que seja a dimensão institucional em que atue no plano de nossa organização federativa.
>
> A impostergabilidade desse dever constitucional desautoriza o acolhimento do pleito recursal ora deduzido.
>
> Tal como pude enfatizar, em decisão por mim proferida no exercício da Presidência do Supremo Tribunal Federal, em contexto assemelhado ao

> da presente causa (Pet. 1246-SC), **entre proteger a inviolabilidade do direito à vida e à saúde, que se qualifica como direito subjetivo inalienável assegurado a todos pela própria Constituição da República (art. 5º, caput e art. 196), ou fazer prevalecer, contra essa prerrogativa fundamental, um interesse financeiro e secundário do Estado, entendo – uma vez configurado o dilema – que razões de ordem ético-jurídica impõem ao julgador uma só e possível opção: aquela que privilegia o respeito indeclinável à vida e à saúde humana**, notadamente daqueles, como os ora recorridos, que têm acesso, por força da legislação local, ao programa de distribuição gratuita de medicamentos, instituído em favor de pessoas carentes"[198]. (g.n.)

Efetivamente, ante a natureza da peça orçamentária e seus quadrantes jurídicos, que permitem remanejamento de receita e abertura de crédito adicional, existe um amplo poder de conformação do Executivo, que, ademais, tem a iniciativa vinculada ao projeto.

Assim, não lhe é lícito desprezar comando constitucional de eficácia plena e aplicabilidade imediata, burlando, sob o argumento de insuficiência orçamentária, determinações constitucionais.

De feito, quando o Judiciário determina a observância da norma constitucional, conduzindo o Executivo à realização de tais remanejamentos, nada mais faz do que, pela forma mais adequada e menos onerosa à sociedade e ao Estado de Direito, realinhar o direito infraconstitucional à Constituição, restabelecendo, pois, a harmonia em nosso sistema.

A indigitada decisão, que, por outro modo, afasta a possibilidade de se argumentar com a reserva do possível face ao mínimo existencial não é isolada, antes existem outras orientações na mesma direção, das quais pinçamos a seguinte:

> Por outro lado, como assinalado no acórdão, a falta de regulamentação municipal para o custeio da distribuição não impede fique assentada a responsabilidade do Município.
>
> Decreto visando-a não poderá reduzir, em si, o direito assegurado em lei. Reclamam-se do Estado (gênero) as atividades que lhe são

[198] RE 267.612 – RS, relator ministro Celso de Mello.

precípuas, nos campos da educação, da saúde e da segurança pública, cobertos, em si, em termos de receita, pelos próprios impostos pagos pelos cidadãos. É hora de atentar-se para o objetivo maior do próprio Estado, ou seja, proporcionar vida gregária segura e com o mínimo de conforto suficiente a atender o valor maior atinente à preservação da dignidade do homem[199].

Note-se, pois, que a tônica da decisão foi exatamente a de sublinhar a impossibilidade, ou, quando muito, a aplicação excepcional da teoria da reserva do possível para limitar direitos inerentes à dignidade humana.

Tal se dá, como sublinhado, em virtude da própria função precípua do Estado de prover vida digna a todas as pessoas. Assim, o gestor público, ao conceber a lei orçamentária, já deveria se dar pressa em contemplar, primeiro, as prestações inerentes à dignidade humana, submetendo à reserva das possibilidades orçamentárias as demais despesas públicas, como as originárias dos gastos com publicidade institucional, com construção de túneis ou com desapropriações.

A propósito, a manifestação de Ana Paula de Barcellos espelha tal ponto de vista:

> A meta central das Constituições modernas, a da Carta de 1988 em particular, pode ser resumida, como já exposto na promoção do bem-estar do homem, cujo ponto de partida está em assegurar as condições de sua própria dignidade, que inclui, além da proteção dos direitos individuais, condições materiais mínimas de existência. **Ao apurar os elementos materiais mínimos dessa dignidade (o mínimo existencial), estar-se-ão estabelecendo exatamente os alvos prioritários dos gastos públicos. Apenas depois de atingi-los é que se poderá discutir, relativamente aos recursos remanescentes, em que outros projetos se deverá investir**. O mínimo essencial, como se vê, associado ao estabelecimento de prioridades orçamentárias, é capaz de conviver produtivamente com a reserva do possível[200]. (g.n.)

[199] Agravo Regimental em Agravo de Instrumento n. 238.328-0, Rio Grande do Sul.

[200] BARCELLOS, Ana Paula de. *A Eficácia Jurídica dos Princípios Constitucionais*. Rio de Janeiro: Renovar, 2002, p. 246.

A leitura do excerto transcrito demonstra que a autora, embora não descarte completamente a aplicação da teoria da reserva do possível dentro do mínimo vital, aponta que sua aplicação só seria viável depois de esgotados todos os recursos orçamentários, não se restringindo, portanto, as rubricas atinentes à realização dos direitos sociais.

Na verdade, tanto o entendimento acima indicado como parte da jurisprudência do próprio Supremo Tribunal Federal[201], em sede de mínimo vital, só tolerariam uma espécie de "reserva do impossível", ou seja, só seria lícito ao Estado se desonerar do cumprimento de uma obrigação inerente a direitos relacionados ao mínimo existencial, se comprovada a absoluta inexistência de recursos, inclusive para outros fins não prioritários, segundo uma ordem de valores urdida sob o critério da dignidade humana.

Assim, havendo dispêndios públicos com publicidade institucional ou pavimentação de vias, por exemplo, a teoria da reserva do possível não poderia ser evocada para limitar direitos inerentes ao mínimo vital.

Em termos práticos, inclusive pela experiência durante anos angariada na promoção de direitos sociais, atuando pelo Ministério Público, entendemos que a realização do mínimo existencial não convocaria o esvaziamento dos cofres públicos.

Todavia, mesmo que assim o fosse, nessa seara, como o Estado, por evidente, também exerce uma atividade arrecadatória, quer nos parecer que a obrigação da governança seria a de incrementar a arrecadação, que seja pela criação de novos tributos, para fazer frente a tais despesas, ressaltando-se, porém, que só em países com o Produto Interno Bruto (PIB) muito baixo o problema se colocaria.

Em suma, dentro do ordenamento jurídico brasileiro, parece clara a impossibilidade de aplicação da chamada teoria da reserva do possível, quer em relação ao âmbito de projeção do conceito de mínimo vital (como, aliás, na Alemanha e em outros países europeus), quer em relação aos direitos públicos subjetivos atribuídos por norma constitucional, os quais não outorgam qualquer margem de conformação para o legislador ordinário (inclusive no que toca às leis orçamentárias).

[201] Cf. ADPF (Medida Liminar), 45-49.

1.3. Reserva do possível na ordem jurídica brasileira

Como visto no item anterior, a teoria da reserva do possível não pode ser simetricamente aplicada no Brasil, eis que originariamente concebida em um Estado, cuja estrutura jurídica é marcada por uma ampla margem de conformação normativa pelo legislador ordinário, em matéria de direitos sociais.

Tal se dá, em verdade, porque a Constituição alemã, ao menos em nível de federação, estrutura os direitos sociais basicamente com alicerce no princípio do Estado Social, sem que programas específicos desta natureza sejam contemplados e sem que haja positivação de direitos sociais por meio da atribuição de direitos subjetivos ou por outras estratégias similares.

Nossa Constituição, contudo, além de hospedar o princípio da dignidade humana e de atribuir direitos públicos subjetivos, trouxe uma ampla gama de disposições atinentes à ordem social.

Destaca-se, nessa direção, o artigo 3º, de nossa Lei Maior, onde foram definidos os objetivos fundamentais da República Federativa do Brasil. Dentre outros, ressaltamos os constantes dos incisos I e III, a saber: construir uma sociedade livre, justa e solidária (I); erradicar a pobreza e a marginalização e diminuir as desigualdades sociais e regionais (III).

Destarte, de um lado, nossa Constituição incorporou, como objetivos da República, a construção de uma sociedade justa e solidária, bem como a redução das desigualdades sociais; por outro, trouxe um considerável leque de direitos sociais, positivados pelas cinco formas apontadas, que, apresentando uma dimensão institucional, somam-se aos dois objetivos citados e a outros princípios esparsos na Constituição, para formatarem um Estado Democrático Social de Direito[202].

Progredindo nesse raciocínio, parece claro que o ordenamento jurídico brasileiro, ao lado de todas as disposições apontadas, também possui um comando genérico, traduzido no princípio do Estado Social.

Em outras palavras, fora do conceito de mínimo vital e dos direitos subjetivos públicos atribuídos pela Constituição, ainda se sobrepõem os ideais consubstanciados na busca de um Estado Social, os quais, por

[202] A propósito: Araujo, Luiz Alberto David de; Nunes Junior, Vidal Serrano. *Curso de Direito Constitucional*. 12. ed. São Paulo: Saraiva, 2008, pp. 99-104.

evidente, não encerram um feixe determinado de direitos de participação nos benefícios da vida associada, mas um processo evolutivo e dinâmico, dentro da noção de que as relações humanas devem constantemente se aperfeiçoar, incumbindo ao Estado a concretização crescente desse ideário.

O Estado, neste ponto, assume o papel de gestor de um processo progressivo de integração social, só podendo ter sua conduta avaliada sob o crivo da proporcionalidade e da razoabilidade, o que, de certo modo, evoca a teoria da reserva do possível, no sentido de que tais progressos, se, de um lado, devem acontecer, de outro, ficariam à mercê das disponibilidades orçamentárias, ambos lidos, porém, à luz de um critério de proporcionalidade.

É importante repisar que tal raciocínio não se compadece com direitos públicos subjetivos expressamente definidos pelo texto constitucional, bem como com aqueles incorporados ao conceito de mínimo vital, mas com prerrogativas de participação nos benefícios gerados pela vida em sociedade que estejam além de tais órbitas de consideração.

O caso do Tribunal Constitucional Federal da Alemanha pode servir como parâmetro para melhor elucidar o tema. A Constituição Federal brasileira assegura o livre exercício de qualquer trabalho, ofício ou profissão, mas não se positivou constitucionalmente o direito de acesso ao ensino público superior, que, por sua vez, também não se inclui no conceito de mínimo vital.

Em perspectiva, que pode ter como parâmetro o estágio de desenvolvimento social de países do chamado Primeiro Mundo, pode-se vislumbrar que, uma vez alcançado um patamar social onde outras questões mais prementes tenham sido equacionadas, tal direito possa ser razoavelmente exigido do Estado.

É inerente à ideia de Estado Social que haja cada vez mais equidade na partilha dos benefícios produzidos pela sociedade, num processo evolutivo, cuja configuração variará de Estado para Estado.

Assim, a definição do que, em determinado momento, pode-se exigir da sociedade, uma vez atendidos os direitos públicos subjetivos e respeitado o mínimo vital, só pode ser sopesado à luz das condições socioeconômicas de cada país e das disponibilidades orçamentárias existentes.

Calha transcrever, neste ponto, o seguinte excerto de decisão monocrática do Supremo Tribunal Federal, na pena do ministro Celso de Mello:

> Vê-se, pois, que os condicionamentos impostos, pela cláusula da 'reserva do possível', ao processo de concretização dos direitos de segunda geração – de implantação sempre onerosa –, traduzem-se em um binômio que compreende, de um lado, a razoabilidade da pretensão individual/social deduzida em face do Poder Público e, de outro, a existência de disponibilidade financeira do Estado para tornar efetivas as prestações positivas nela reclamadas[203].

Olhando para a realidade brasileira, em que boa parte da população se encontra marginalizada da partilha dos benefícios produzidos pela vida associada, é evidente que a reivindicação de direitos sociais, que extrapolem ao mínimo vital e aqueles que foram insertos no patrimônio jurídico de todos os indivíduos pela atribuição constitucional de direitos públicos subjetivos, só pode estar com sua realização condicionada aos dois critérios acima aludidos.

Assim, em situações em que, quiçá em outro momento histórico, se possa reivindicar do Estado a assunção integral de algumas prestações (por ex., acesso universal ao ensino público superior ou acompanhamento domiciliar de um idoso por um agente de saúde), atualmente seriam objetáveis com base na limitação de recursos orçamentários.

Em conclusão, concatenando-se a análise do direito positivo brasileiro aos pressupostos de realidade aos quais é aplicado, temos que a teoria da reserva do possível – em regra, evocada como argumento fazendário para objetar a realização de direitos essenciais à dignidade –, é de aplicação excepcional, circunscrita a discussões atinentes à realização de direitos sociais que extrapolem o conceito de mínimo vital e que não estejam incorporados por normas constitucionais atributivas de direitos públicos subjetivos a seus destinatários.

[203] Argüição de Descumprimento de Preceito Fundamental (Medida Liminar) 45-49.

2. A tripartição de funções e a esfera de discricionariedade do administrador público

Outro limite contingente habitualmente referido nas disputas judiciais pela concretização de direitos sociais é o princípio da tripartição de funções, no âmago do qual se afirma a chamada discricionariedade administrativa do chefe do Poder Executivo e seus auxiliares.

A tripartição de funções, enquanto princípio constitucional, enclausurado no art. 2º de nossa Lei Maior, admite, por assim dizer, mais de um significado[204], dentre os quais identificamos, ao menos, os seguintes:

- Designação das funções de Estado;
- Designação dos Poderes, ou seja, dos órgãos públicos que desempenham tipicamente as funções antes referidas;
- Designação do princípio, segundo o qual cada um destes órgãos exerce funções próprias e distintas entre si, porém, sob a égide de três cláusulas: a independência e harmonia entre os poderes (I); a indelegabilidade de funções (II); e a inacumulabilidade de funções (III)[205].
- Designação do princípio, oriundo do chamado sistema de "freios e contrapesos", segundo o qual o poder atribuído a um órgão deve servir para controlar o outro, quer impedindo a perfeição de atos do outro, quer cobrando eventuais omissões, quer promovendo a responsabilidade recíproca.

Quanto a este último ponto, essencial ao tema em análise, Marcelo Caetano, discorrendo sobre a doutrina da separação dos poderes em Montesquieu, preconiza:

> Assim, cada poder tem a faculdade de estatuir sobre as matérias de sua competência, decidindo como julgar melhor (*faculte de statuer*) e deve também possuir a faculdade de impedir que os outros poderes pratiquem atos contrários ao Direito ou ao equilíbrio constitucional, paralisando a ação deles quando exorbitem ou anulando os seus atos ilegais (*faculte d'empêcher*)[206].

[204] Cf. Piçarra, Nuno. *A Separação dos Poderes como Doutrina e Princípio Constitucional*. Coimbra: Coimbra, 1989, p. 12.

[205] Cf. Ferraz, Anna Cândida da Cunha. *Conflito entre Poderes*. São Paulo: RT, 1994.

[206] Caetano, Marcelo. *Direito Constitucional*. VOL.I.Rio de Janeiro: Forense, 1977, p. 236.

A teoria de Montesquieu, todavia, recebeu interpretação e aplicação específica na América do Norte, sendo, pois, incorporada à Constituição de 1787 de maneira redimensionada, especificamente à luz do chamado sistema de "freios e contrapesos" (*checks and balances*).

Segundo tal formulação, os poderes deveriam ser repartidos e equilibrados entre os órgãos, a fim que cada órgão, além das funções para as quais estivesse especializado, deveria granjear outras, necessárias ao aprimoramento da noção de limitação do poder pelo próprio poder.

Nesse sentido, é válida a conclusão de James Madison, em texto publicado ao tempo da Convenção de Filadélfia:

> A conclusão que me propus extrair dessas observações é que uma simples demarcação, no papel, dos limites constitucionais dos diferentes ramos não constitui uma barreira suficiente contra as violações que dão margem a uma concentração abusiva de todos os poderes do governo nas mesmas mãos.[207]

Deste modo, como aponta Marcelo Caetano, "em vez de confiarem cada função a seu órgão especializado, os autores da Constituição americana fracionaram as funções e estabeleceram a colaboração forçada de vários órgãos no exercício de cada uma"[208].

A importância da informação tem lugar face à reconhecida influência do constitucionalismo norte-americano na conformação de algumas instituições brasileiras (presidencialismo, *impeachment*, federalismo etc.), chegando alguns a afirmar que nossa primeira Constituição republicana seria uma espécie de reprodução da Constituição de 1787 dos Estados Unidos[209].

Apesar de as diferenças entre as citadas constituições nos pareçam marcantes, a influência do modelo norte-americano nos parece igualmente clara, sobretudo na arquitetura da separação orgânica dos poderes, com a apropriação do sistema de freios e contrapesos.

[207] HAMILTON, Alexander; MADISON, James; JAY, John. *O Federalista*. Tradução de Ricardo Rodrigues Gama. Campinas/São Paulo: Russel, 2003, p. 311 (artigo n. 48).

[208] Idem, p. 238.

[209] Sobre a polêmica, ver BONAVIDES, Paulo; ANDRADE, Paes. *História Constitucional do Brasil*. 3. ed. São Paulo: Paz e Terra, 1991, p. 252.

Podemos citar, a título de exemplo, do *checks and balances* da Constituição de 1988, o instituto do *impeachment* (arts. 52, par. único, 85 e 86), a possibilidade franqueada ao Congresso de sustar, por decreto legislativo, "os atos normativos do Poder Executivo que exorbitem do poder regulamentar ou dos limites da delegação legislativa" (art. 49, V) e o próprio controle concentrado de constitucionalidade (arts. 102 e 103).

A propósito do sistema de "freios e contrapesos", esclarece Gilberto Bercovici:

> Os próprios norte-americanos entenderam que a 'separação dos poderes' não exigiria que os Poderes Legislativo, Executivo e Judiciário fossem inteiramente desvinculados uns dos outros. **Na realidade, o essencial era, inclusive, a sua vinculação e interpenetração, realizada de maneira que cada um dos poderes obtivesse o controle constitucional sobre os demais.** A mera declaração escrita dos vários limites não era suficiente. O mecanismo encontrado na Constituição norte-americana foi, em vez da separação total e absoluta dos poderes, a introdução do sistema de freios e contrapesos (*checks and balances*)[210]. (g.n.)

Diante desse panorama, parece claro, em primeiro lugar, que a tripartição de funções não estabelece campos estanques de atuação, vedando, de forma absoluta, a intromissão de um poder em outro, antes, pelo sistema de freios e contrapesos, admite-se o controle de um poder pelo outro, como forma de preservação da própria noção do Estado de Direito.

Em segundo lugar, a atividade executiva, mesmo na gênese da teoria orgânica do Poder, é, no Estado de Direito, atividade que se desenvolve em nível infralegal, estando, portanto, adscrita à legalidade, em sentido amplo, vale dizer, tanto às normas legais quanto aos comandos constitucionais de aplicação direta.

Nesse sentido, temos a lição de Celso Antônio Bandeira de Mello:

> Deveras, o critério adequado para identificar as funções do Estado é o critério formal, aquele que se prende a características impregnadas pelo próprio Direito à função tal e qual.

[210] BERCOVICI, Gilberto. O Controle Externo do Judiciário e a Soberania Popular, *in Reforma do Poder Judiciário*. Coordenação de André Ramos Tavares, Pedro Lenza e Pietro de Jesus Lora Alarcón. São Paulo: Método, 2005, p. 189.

> Assim, função *legislativa* é a função que o Estado, e somente ele, exerce por via de normas gerais, normalmente abstratas, que inovam inicialmente na ordem jurídica, isto é, que se fundam direta e imediatamente na Constituição.
>
> Função *jurisdicional* é a função que o Estado, e somente ele, exerce por via de decisões que resolvem controvérsias com força de "coisa julgada", atributo este que corresponde à decisão proferida em última instância pelo Judiciário e que é predicado desfrutado por qualquer sentença ou acórdão contra o qual não tenha havido tempestivo recurso.
>
> Função *administrativa* é a função que o Estado, ou quem lhe faça as vezes, exerce *na intimidade de uma estrutura e regime hierárquicos* e que no sistema constitucional brasileiro se caracteriza pelo fato de ser *desempenhada mediante comportamentos infralegais* ou, excepcionalmente, *infraconstitucionais*, submissos todos a *controle de legalidade pelo Poder Judiciário*[211].

O que se enaltece, deste modo, é que, a todas as luzes, a atividade administrativa não se exerce *ad libitun* da autoridade pública, mas ao crivo da lei, a cujos comandos o agente está umbilicalmente vinculado, quer com relação a um dever de respeito, ante a proibições estipuladas pelo texto normativo, quer com relação a um dever de agir, ante a obrigações infligidas ao Estado pelos comandos legais nos quais a ação estatal se escora.

Destarte, evidencia-se que a eleição dos direitos atribuídos aos cidadãos e os correlatos deveres infligidos ao Estado, no sentido de viabilizá-los, não constituem tarefas que se incluam no rol das atividades administrativas.

Ao revés, cuida-se de atividade legiferante típica, quer pelo exercício de competências ordinárias do Poder Legislativo, quer pelo exercício do poder constituinte originário ou derivado.

De conseguinte, instituído um direito por norma constitucional ou por disposição infraconstitucional, não cabe ao Executivo decidir quanto ao seu cumprimento ou não, pena de grave violação das noções e princípios que escudam o Estado de Direito, além de completa subversão da tripartição de funções, apanágio do regime democrático.

[211] BANDEIRA DE MELLO, Celso Antônio. *Curso de Direito Administrativo*, op. cit., pp. 35 e 36.

A propósito, segue excerto de paradigmático acórdão do Superior Tribunal de Justiça, relatado pelo eminente ministro Luiz Fux:

> Consagrado por um lado o dever do Estado, revela-se, pelo outro ângulo, o direito subjetivo da criança. Consectariamente, em função do princípio da inafastabilidade da jurisdição consagrado constitucionalmente, a todo direito corresponde uma ação que o assegura, sendo certo que todas as crianças nas condições estipuladas pela lei encartam-se na esfera desse direito e podem exigi-lo em juízo[212].

Como se vê, a tripartição de funções, enquanto princípio e forma de estruturação do governo, limita o Poder Executivo, salvo exceções expressas em outra direção (por ex., a edição de medidas provisórias), à função de dar cumprimento às disposições constitucionais e legais que orientam a atividade administrativa, não se inserindo no campo de projeção de suas competências decidir sobre a adequação e pertinência da aplicação das normas às quais deve, verdadeiramente, estar submisso.

Dentro desta linha de orientação, preciso o magistério de J.J. Gomes Canotilho:

> No plano legislativo, as determinações autônomas abrangem a determinação de fins pela legislação; no âmbito da atividade administrativa, abrangem, quando muito, uma "oportunidade relativa" na ponderação dos meios para obtenção dos fins legais, mas nunca uma escolha de fins[213].

Emerge, pois, incontroversa a conclusão de que, na esfera de projeção da atividade administrativa, ou a lei determina, de maneira hermética e categórica, como o ato administrativo deve se realizar – caso em que a competência administrativa discriminada pela lei recebe o nome de vinculada – ou confere-se ao administrador uma pequena margem de escolha, vale dizer, a eleição dos meios para a consecução dos fins determinados pela lei.

[212] REsp n. 575.280-SP, relator para o acórdão ministro Luiz Fux, DJ de 25.10.2004.

[213] CANOTILHO, José Joaquim Gomes. *Constituição Dirigente e Vinculação do Legislador*. 2.ed. Coimbra: Coimbra, 2001, p. 237.

Destarte, parece trivial a ilação de que o juízo discricionário não envolve a identificação dos fins a serem atingidos, mas só a eleição dos meios que, a juízo do administrador, sejam os mais adequados à consecução daqueles.

2.1. A discricionariedade administrativa

Dentro do espectro de projeção do princípio da separação de poderes, surge, com especial importância, a problemática da discricionariedade administrativa, frequentemente ungida, pela administração pública, a verdadeiro obstáculo na realização de direitos sociais, sob o argumento de que cabe ao Executivo o juízo discricionário de quais direitos sociais realizar, quando o fazer e de que modo.

Desde logo, cumpre sublinhar que, como demonstrado, a discricionariedade só existe dentro da lei, com o escopo de satisfazer os fins por ela empalmados.

Nesse caminho, em primeira mão, é de se descartar qualquer ilação que tenda a considerar inserta no campo de discricionariedade do agente deliberar quanto ao cumprimento, ou não, das leis.

O conceito oferecido por Celso Antônio Bandeira de Mello aplaina dúvidas:

> Discricionariedade é a margem de "liberdade" que remanesça ao administrador para eleger, segundo critérios consistentes de razoabilidade, um, dentre pelo menos dois comportamentos, cabíveis perante cada caso concreto, a fim de cumprir o dever de adotar a solução mais adequada à satisfação da finalidade legal, quando, por força da fluidez das expressões da lei ou da liberdade conferida pelo mandamento, dela não se possa extrair objetivamente uma solução unívoca para o caso vertente[214].

Ante uma norma constitucional de eficácia plena e aplicabilidade imediata, como as que se incumbem de atribuir a todos os indivíduos o direito público subjetivo à educação básica e à saúde, designando, por via reflexa, o dever do Estado de adotar medidas concretas, a fim de satisfazer tais desideratos normativos, não há, com efeito, margem

[214] MELLO, Celso Antônio Bandeira de. *Curso de Direito Administrativo*, op. cit., p. 916.

de liberdade para o administrador escolher se vai atender, ou não, os demandatários de tais espécies de atenção pública.

Confluem nessa direção diversos pontos atinentes ao tema examinado:

- Cuida-se, em primeiro lugar, de norma constitucional, o que, por si, faz com que os direitos indigitados precedam, no rol de possibilidades do administrador, quaisquer outros encampados por lei, o que deflui do próprio sentido de hierarquia das espécies normativas, própria de um ordenamento piramidal.
- Em segundo lugar, são direitos fundamentais, o que lhes dá precedência – pelo comando de máxima efetividade[215] – , mesmo em relação a outros direitos constitucionais, que não desfrutem do mesmo *status* constitucional.
- São direitos inequivocamente insertos no âmbito do chamado mínimo existencial, o que, ainda uma vez, predica-lhes de precedência no rol de prioridades administrativas do Estado.
- Estão hospedados em normas cuja compostura jurídica só deposita discricionariedade nos motivos, o que conduz à conclusão de que ao administrador só remanesce margem discricionária na conformação dos meios materiais para que o objetivo – atendimento integral da demanda – seja adequadamente alcançado.

Nessa linha de orientação, ante o comando que inscreve como direito subjetivo público o direito à educação básica, havendo demanda, as entidades estatais, segundo pauta de prioridades estabelecida pelo art. 211 de nossa Constituição, devem mobilizar os esforços adequados para atendê-la, cabendo-lhes somente eleger os meios adequados a tanto, *v.g.*, construção de escolas, desapropriação ou locação de prédios que

[215] Segundo J. J. G. Canotilho (*Direito Constitucional*, op. cit., p. 233): "O princípio da máxima efectividade. Este princípio, também designado por princípio da eficiência ou princípio da interpretação efectiva, pode ser formulado da seguinte maneira: a uma norma constitucional deve ser atribuído o sentido que maior eficácia lhe dê. É um princípio operativo em relação a todas e quaisquer normas constitucionais, e embora sua origem esteja ligada à tese da actualidade das normas programáticas (Thoma), é hoje sobretudo invocado no âmbito dos direitos fundamentais (**no caso de dúvidas deve preferir-se a interpretação que reconheça maior eficácia aos direitos fundamentais**)" (g.n.)

possam hospedá-las, conveniamento de entidades privadas de educação, fornecimento de transporte em regiões onde a existência de núcleos educacionais se revelem quantitativamente inadequados etc.

Oportuna, mais uma vez, a transcrição de excerto do primoroso magistério de Celso Antônio Bandeira de Mello:

> Se há lei – e conclusão diversa seria absurda – é porque seus termos são inevitavelmente marcos significativos, exigentes ou autorizadores de uma conduta administrativa, cuja validade está, como é curial, inteiramente subordinada à adequação aos termos legais. *Ergo*, não há comportamento administrativo tolerável perante a ordem jurídica se lhe faltar afinamento com as imposições normativas, compreendidas sobretudo no espírito, no alcance finalístico que as anima. E, sobre isto, a última palavra só pode ser do Judiciário[216].

Quer parecer, à luz das considerações expendidas, que a discricionariedade administrativa, nas situações em que o ordenamento jurídico hospede direitos públicos subjetivos, só existe na conformação dos meios que deverão ser adotados para a consecução dos fins estabelecidos pela norma jurídica.

Essa, aliás, a posição do Supremo Tribunal Federal a respeito do tema, que consolidou o entendimento de que, em tais hipóteses, não há "violação ao princípio da separação dos poderes, eis que o julgamento, pelo Poder Judiciário, da legalidade dos atos dos demais poderes, não representa ofensa ao referido postulado da separação dos poderes, especialmente em se tratando de políticas públicas nas questões envolvendo o direito constitucional à saúde"[217].

De feito, tendo, por exemplo, o administrador que prover vagas de ensino infantil e, para tanto, optado por alugar um prédio em dada localidade, ao invés de desapropriá-lo – por aquela opção se mostrar a mais adequada à demanda que a orientou –, não haveria, em princípio, razões para que em tal opção fosse substituído pelo juiz.

Entretanto, ante a uma demanda não atendida de crianças em idade escolar, outra opção não resta ao administrador senão a de, com o dina-

[216] Mello, Celso Antônio Bandeira de. *Curso de Direito Administrativo*, op. cit., p. 919.

[217] ARE 1272488. AGr TERCEIRO. Órgão julgador: **Segunda Turma.** Relator(a): **Min. Edson Fachin.** Julgamento: **19/04/2021.** Publicação: **27/04/2021.**

mismo necessário, aportar medidas aptas à realização das prestações que atendam os direitos de inclusão escolar reclamados[218].

Note-se, por outro giro, que boa parte dos direitos a prestações foi regrada por meio de normas programáticas, em que o constituinte, ou o reformador da Constituição, se restringiu a fixação de programas, diretrizes ou fins a serem atingidos pelo Estado.

[218] EMENTA: RECURSO EXTRAORDINÁRIO - CRIANÇA DE ATÉ SEIS ANOS DE IDADE - ATENDIMENTO EM CRECHE E EM PRÉ-ESCOLA - EDUCAÇÃO INFANTIL - DIREITO ASSEGURADO PELO PRÓPRIO TEXTO CONSTITUCIONAL (CF, ART. 208, IV) - COMPREENSÃO GLOBAL DO DIREITO CONSTITUCIONAL À EDUCAÇÃO - DEVER JURÍDICO CUJA EXECUÇÃO SE IMPÕE AO PODER PÚBLICO, NOTADAMENTE AO MUNICÍPIO (CF, ART. 211, § 2º) - RECURSO IMPROVIDO. - A educação infantil representa prerrogativa constitucional indisponível, que, deferida às crianças, a estas assegura, para efeito de seu desenvolvimento integral, e como primeira etapa do processo de educação básica, o atendimento em creche e o acesso à pré-escola (CF, art. 208, IV). - Essa prerrogativa jurídica, em conseqüência, impõe, ao Estado, por efeito da alta significação social de que se reveste a educação infantil, a obrigação constitucional de criar condições objetivas que possibilitem, de maneira concreta, em favor das "crianças de zero a seis anos de idade" (CF, art. 208, IV), o efetivo acesso e atendimento em creches e unidades de pré-escola, sob pena de configurar-se inaceitável omissão governamental, apta a frustrar, injustamente, por inércia, o integral adimplemento, pelo Poder Público, de prestação estatal que lhe impôs o próprio texto da Constituição Federal. - A educação infantil, por qualificar-se como direito fundamental de toda criança, não se expõe, em seu processo de concretização, a avaliações meramente discricionárias da Administração Pública, nem se subordina a razões de puro pragmatismo governamental. - Os Municípios - que atuarão, prioritariamente, no ensino fundamental e na educação infantil (CF, art. 211, § 2º) - não poderão demitir-se do mandato constitucional, juridicamente vinculante, que lhes foi outorgado pelo art. 208, IV, da Lei Fundamental da República, e que representa fator de limitação da discricionariedade político-administrativa dos entes municipais, cujas opções, tratando-se do atendimento das crianças em creche (CF, art. 208, IV), não podem ser exercidas de modo a comprometer, com apoio em juízo de simples conveniência ou de mera oportunidade, a eficácia desse direito básico de índole social. - Embora resida, primariamente, nos Poderes Legislativo e Executivo, a prerrogativa de formular e executar políticas públicas revela-se possível, no entanto, ao Poder Judiciário, determinar, ainda que em bases excepcionais, especialmente nas hipóteses de políticas públicas definidas pela própria Constituição, sejam estas implementadas pelos órgãos estatais inadimplentes, cuja omissão - por importar em descumprimento dos encargos político-jurídicos que sobre eles incidem em caráter mandatório - mostra-se apta a comprometer a eficácia e a integridade de direitos sociais e culturais impregnados de estatura constitucional. A questão pertinente à "reserva do possível". Doutrina.(RE-AgR 410715/SP, rel. Ministro Celso de Mello. Julgamento: 22/11/2005)

Em tal situação, a discussão de fundo não diz respeito à discricionariedade propriamente dita, mas ao nível de vinculação do Legislativo e da Administração frente a normas programáticas, matéria a ser abordada no tópico seguinte.

4.3. O caráter programático de parte das normas consagradoras de direitos sociais

Outro limite contingente habitualmente oposto à realização de direitos fundamentais sociais é o caráter programático de parte das normas constitucionais nas quais tais direitos se lastreiam.

Tal espécie de norma, cuja característica principal é a de, por meio de programas, apontar diretrizes, tarefas ou finalidades a serem atingidas[219], frequentemente são concebidas como indicações constitucionais desvestidas de caráter vinculante, é dizer, ante a um conteúdo programático, tanto o legislador como o administrador, teriam ampla liberdade de conformação, inclusive para recusar aplicação dos objetivos por elas encampados.

Não se nega que tais normas constitucionais, em regra, sejam dotadas de baixa densidade, vale dizer, não especificam claramente todos os aspectos do objetivo a ser atingido, limitando-se, não raro, a uma determinação fluida de fins a serem alcançados pelo Poder Público (por ex., construção de uma sociedade livre justa, livre e solidária [art. 3º, I]; diminuir desigualdades sociais e regionais [art. 3º, III] etc.).

É evidente que quanto mais fluidos e vagos os comandos que nelas se contêm. maior será a liberdade de conformação legislativa e administrativa para sua concretização.

Todavia, em relação a tais normas, duas premissas devem ser fixadas:

- "A força normativa da constituição traduz-se na vinculação, como direito superior, de todos os órgãos e titulares dos poderes públicos"[220].
- Toda norma programática, se não respalda um dever direto, certo e imediato de agir ao Estado, veicula, quando menos, uma proibição de omissão, o que sempre lhe confere justiciabilidade, quando

[219] Ver Capítulo III, item 1.

[220] Canotilho, José Joaquim Gomes. *Constituição Dirigente e Vinculação do Legislador*, op. cit., p. XVI.

menos, para proibir que políticas públicas e direitos que materializam venham a retroceder.

A norma programática, integrando a Constituição formal, provoca, por evidência, a vinculação de todos os órgãos e autoridades públicas ao seu conteúdo.

A afirmação tem lugar porque, em algumas situações, a norma programática veste-se da forma de imposição constitucional, conducente de um dever de agir do administrador público, independentemente da interposição de uma lei, que venha a lhe prestigiar o conteúdo em termos de significado e alcance.

Nesses casos, com efeito, muito embora se reconheça que, como regra, norma programática não gere direito público subjetivo a seus destinatários, assim entendidos como aqueles que possam ser reivindicados de forma divisível e individualizada, gera o direito da comunidade a uma ação do Poder Público.

Para melhor entendimento, recuperemos, pois, as lições de Hans Kelsen sobre o tema:

> A aplicação efetiva da norma jurídica depende, então, em cada caso particular, do fato de ter o sujeito de direito (ou o representante) interesse efetivo na aplicação da sanção, um interesse suficiente para que ele inicie, por meio de sua "ação judicial", o processo que leva à execução da sanção. Ao fazer com que a aplicação da norma dependa da declaração de vontade de um indivíduo definido, o legislador considerou decisivo o interesse desse indivíduo. Frequentemente, porém, o interesse na aplicação de uma norma jurídica é do interesse de todos os outros ou da maioria dos outros membros da comunidade jurídica, e não apenas de um indivíduo particular. Que a sanção instituída pela ordem jurídica seja executada contra o devedor que deixa de cumprir suas obrigações, é do interesse de todos que possam vir a se tornar credores, mais ainda, de todos os que queiram que a ordem jurídica seja mantida. É – como geralmente se diz – do interesse da comunidade jurídica que todas as normas da ordem jurídica sejam obedecidas e aplicadas. **Em uma ordem baseada nos princípios do capitalismo privado, a técnica do Direito civil é determinada pelo fato de que o legislador desconsidera o interesse coletivo na aplicação das normas e atribui importância**

real apenas ao interesse dos indivíduos particulares. É por isso que o processo que leva à execução da sanção é iniciado e levado a cabo apenas em consequência de uma declaração de vontade da parte de um indivíduo particular, o queixoso[221]. (g.n.)

Trazendo à luz a antiga lição do mestre de Viena – no sentido de que o direito subjetivo é a projeção na esfera individual do direito objetivo –, é preciso que se retome o pressuposto de tal conclusão.

Com efeito, como se depura do excerto transcrito, o conceito tem lugar em face de uma opção do legislador que, baseado do capitalismo privado, "desconsidera o interesse coletivo", fazendo com que a aplicação da norma jurídica viceje da manifestação de vontade da parte que integra uma determinada relação jurídica.

A observação do ilustre jurista parece clara e incontestável, quando analisada à luz dos pressupostos que a informaram. Numa ordem marcada pelo individualismo, o direito tende a desconsiderar o interesse coletivo, aportando, em termos de direito civil, uma estrutura deôntica, em que o direito subjetivo é entendido como "um interesse protegido pela ordem jurídica, ou como uma vontade reconhecida e levada a efeito pela ordem jurídica"[222].

Todavia, quer parecer que com o advento do Estado do Bem-Estar, com suas premissas, os princípios do capitalismo privado, nos quais Kelsen se apoiou para suas conclusões, tenham, ao menos em parte, se ressignificado, deixando de desconsiderar, por completo, "o interesse coletivo na aplicação das normas"[223].

Augustín Gordillo, versando sobre a diferença entre a concepção clássica do liberalismo e o Estado do Bem-Estar Social, esclarece:

> A diferença básica entre a concepção clássica do liberalismo e a do Bem-Estar é que, enquanto naquela se trata tão somente de colocar barreiras ao Estado, esquecendo de fixar-lhe obrigações positivas, aqui, sem deixar de fixar as barreiras, se lhe agregam finalidades e tarefas às quais antes não se sentia obrigado. A identidade básica entre Estado de

[221] Kelsen, Hans. *Teoria Geral do Direito e do Estado.* Tradução de Luiz Carlos Borges. São Paulo: Martins Fontes, 2000, pp. 120-121.

[222] Idem, p. 112.

[223] Idem, p. 121.

Direito e Estado de Bem-Estar, por sua vez, reside em que o segundo toma e mantém do primeiro o respeito aos direitos individuais e é sobre esta base que constrói seus próprios princípios[224] [225].

Essa evolução foi acompanhada pelo ordenamento jurídico, que, de um lado, passou a hospedar os direitos sociais, econômicos e culturais e, de outro lado, passou a contar, igualmente, com instrumentos mais alargados de tutela de interesses da coletividade.

Veja-se que a possibilidade de preponderância do interesse coletivo sobre o individual foi aventada pelo próprio Hans Kelsen, quando se deitou em comentários sobre o direito penal, *in verbis*:

> Neste aspecto, o Direito Criminal apresenta uma técnica oposta. Um processo criminal não pode, via de regra, ser iniciado pela pessoa cujos direitos foram mais diretamente prejudicados pelo delito. Na maioria das vezes, é alguma autoridade pública, um órgão da comunidade, que tem a competência para mover uma ação judicial que, geralmente, é obrigado a fazê-lo. Como a sanção criminal não depende de uma ação judicial por parte de um indivíduo particular, nenhum indivíduo particular tem um "direito" de não ser roubado ou morto – ou, num sentido mais amplo, de não se tornar vítima de um delito criminal. Mas como a execução da sanção depende de uma ação por parte de um órgão competente do Estado, pode-se falar de um "direito" do Estado de que os membros da comunidade devam se abster de crimes. **Neste campo, em que os interesses vitais da comunidade têm de ser protegidos, o legislador coloca o interesse coletivo acima do interesse privado**[226]. (g.n.)

Essa evolução dos ordenamentos jurídicos, no sentido de passar a reconhecer a existência de direitos da coletividade, também gera

224 GORDILLO, Agustín. *Princípios de Direito Público.* Tradução de Marco Aurélio Grecco. São Paulo: RT, 1977, p. 74.

225 "Na realidade o que distingue o Estado assistencial de outros tipos de Estado não é tanto a intervenção direta das estruturas políticas na melhoria do nível de vida da população quanto o fato de que tal ação é reivindicada pelos cidadãos como um direito". Cf. BOBBIO, Norberto; MATTEUCCI, Nicola; PASQUINO, Gianfranco. *Dicionário de Política.* 3. ed. Tradução de Carmen C. Varrialle, Gaetano Lo Mônaco, João Ferreira, Luís Ferreira pinto Cascais e Renzo Dini. Brasília: UNB, 1991, p. 416.

226 KELSEN, Hans. Op.cit., p. 121.

reflexos no âmbito das normas que fixam diretrizes, programas ou finalidades ao Estado.

É que, embora não criem, por assim dizer, um direito subjetivo ao indivíduo, veiculam um comando ao Estado, cuja realização é de interesse de toda a comunidade.

E foi exatamente para a proteção de tais interesses, da comunidade como um todo, que surgiram os chamados interesses ou direitos metaindividuais.

Note-se que, no caso, cogitamos de um direito da comunidade, protegido pelo sistema jurídico por meio de uma norma programática, cujo descumprimento pode ser posto a pelo por meio de uma ação civil pública tutelar do interesse difuso por ela desafiado.

Assim, se a Constituição de 1988, por uma parte, trouxe um rol considerável de direitos sociais, vertidos sob a forma de programas dirigidos ao Estado, por outro, hospedou e alargou a tutela dos chamados interesses difusos, já anteriormente contemplados pela Lei 7.347/85.

Confira-se, a propósito, a dicção do art. 129, III, de nossa Constituição, que concebe como função institucional do Ministério Público "promover o inquérito civil e a ação civil pública, para a proteção do patrimônio público e social, do meio ambiente e de **outros interesses difusos e coletivos**". (g.n.)

Assim, acompanhando a evolução dos direitos fundamentais, o direito de ação passou a acomodar uma nova modalidade de tutela, a metaindividual, em que os interesses coletivos se sobrepõem aos privados, revelando, portanto, que uma norma jurídica, sobretudo quando encartada à Constituição, pode ser aplicada, e exigida judicialmente, ainda que gere direito subjetivo a seus destinatários.

Como se vê, a formulação de Kelsen tomava como apanágio a concepção clássica de liberalismo, não podendo, deste modo, ser aplicada a uma Constituição que traga uma pletora de disposições que orientem o Estado a políticas públicas e, ao mesmo tempo, preveja mecanismos processuais em que os interesses na realização destas possam receber proteção judicial.

Note-se que essa transformação, com a evidência de que normas constitucionais, que determinam tarefas ao Estado, agora passam a ficar protegidas não só pela mera previsão jurídico positiva, mas também pelo mecanismo processual assecuratório, ficou materializada na legislação de diversos países.

Em Portugal, por exemplo, foi objeto de expressa previsão constitucional, em seu art. 52º, nº 3, assim enunciado:

> 3. É conferido a todos, pessoalmente ou através de associação de defesa dos interesses em causa, o direito de acção popular nos casos e termos previstos na lei, incluindo o direito de requerer para o lesado ou lesados a correspondente indemnização, nomeadamente para:
> a) Promover a prevenção, a cessação ou a perseguição judicial das infrações contra a saúde pública, os direitos dos consumidores, a qualidade de vida, a preservação do ambiente e do patrimônio cultural;
> b) Assegurar a defesa dos bens do Estado, das regiões autônomas e das autarquias locais.

A normatização nacional acerca do tema, quer pelos dispositivos constitucionais arrolados, quer pela legislação infraconstitucional (em especial, a Lei 7.347/85 e a Lei 8.078/90), trilhou caminho diverso, enumerando os legitimados para a propositura da ação.

Mencionada legitimação é chamada de autônoma, uma vez que de natureza eminentemente processual, manifestamente divorciada da titularidade do direito material cuja tutela, por meio da ação respectiva, se reclama[227].

Salta aos olhos que tal sistemática processual teve lugar exatamente para possibilitar o direito de ação em face de prerrogativas que não passíveis de individualização, posto que decorrem de interesses dispersos na sociedade, como os decorrentes de deveres atribuídos ao Estado por meio de normas programáticas, cuja compostura permita a extração de um dever concretamente depurável.

A propósito, escreve Motauri Ciocchetti de Souza:

> Dessa forma, temos para nós que a lei de ação civil pública previu uma nova modalidade de lei ordinária, comum para a defesa dos interesses metaindividuais, nominando, em seu art. 5º, as pessoas a quem estará afeto o direito-dever de provocar a jurisdição para a respectiva tutela[228].

[227] Cf. NERY JUNIOR, Nelson; NERY, Rosa Maria de Andrade. *Código de Processo Civil Comentado*. São Paulo: RT, 2003, p. 339.

[228] SOUZA, Motauri Ciocchetti de. *Ministério Público e o Princípio da Obrigatoriedade*. São Paulo: Método, 2007.

A evolução constitucional foi, por assim dizer, equilibrada, pois, de um lado, consagraram-se deveres ao Estado, que, de sua vez, projetam interesses que se espraiam, de forma indivisível, pela sociedade, de outro lado, arquitetou-se uma forma específica de tutela – a metaindividual – em que os legitimados para a ação assim o foram dentro da perspectiva de aplicação do direito, sem nexo subjetivo com ele, exatamente para que direitos, como os ora estudados, não se tornem "letras mortas", ou, nas palavras de Carl Schmitt, "aleluias jurídicos"[229].

Por este caminho analisada, parece clara e insofismável a conclusão de que as normas programáticas também sejam, por tal sorte de razões, dotadas de justiciabilidade.

Importante sublinhar, todavia, que muitas vezes, embora tais normas definam, de forma clara e certa, o dever a ser realizado pelo Estado (por ex., art. 226, § 8º, da CF), falta-lhes completude, no que tange a aspectos como a forma, o prazo e os meios para que sejam concretizados.

Essa falta de substância não indica, em princípio, uma impossibilidade de aplicação das normas, mas sim indicação de uma margem de discricionariedade do administrador para sua realização.

Com efeito, ao definir no citado § 8º, do art. 226, a necessidade de que o Estado preste assistência à família, a Constituição não especifica que tipo de programa, nem tampouco como e por que meio ele deve ser realizado, mas é certo que contém um comando claro, que, de um lado, deixa uma larga margem de discricionariedade ao administrador, de outro, delimita claramente uma obrigação, de cujo balizamento, nos parece, o agente não pode fugir.

Versando o tema da discricionariedade administrativa, esclarece Celso Antônio Bandeira de Mello:

> Mesmo quando haja a norma se servido de conceitos práticos, isto é, algo imprecisos, para designar os motivos ou a finalidade, ainda assim persistem como prestantes para demarcar a discrição. Isto porque todo conceito, por imperativo lógico, é uma noção finita, que tem contornos reconhecíveis[230].

[229] CANOTILHO, José Joaquim Gomes. *Estudos sobre Direitos Fundamentais*. Coimbra: Coimbra, 2004, p. 51.

[230] MELLO, Celso Antônio Bandeira de. *Curso de Direito Administrativo*, op. cit., p. 934.

No caso analisado, vislumbre-se que, em determinado Município, vinte anos após a promulgação da Constituição, programa algum tenha sido implantado.

Muito embora se reconheça uma margem ampla de discricionariedade, quer nos parecer, ao crivo da razoabilidade, que, na espécie, o comando constitucional resultou desatendido, viabilizando, pois, um questionamento judicial nos moldes apontados.

Há normas programáticas, porém, que não delimitam, de forma direta e clara, um dever concreto ao Poder Público, mas veiculam enunciados genéricos, com nível de elevada abstração, das quais não se logra determinar, de forma minimamente precisa, qual a conduta a ser exigida do ente público, como ocorre, a pretexto de exemplo, com o artigo 3º, incisos I e III, de nossa Magna Carta.

Neles se pode constatar o compromisso do Estado com a realização de justiça social, porém, de forma tão vaga, que torna impossível o delineamento de uma conduta específica a ser indicada como exigível.

Todavia, como apontado, se a norma não respalda um dever direto e certo de agir ao Estado, veicula, quando menos, uma proibição de omissão, o que sempre lhe confere justiciabilidade, quando menos, para proibir que políticas públicas e direitos que materializam venham a retroceder.

Em outras palavras, definindo compromissos com a busca de determinados fins, ainda que longínquos e pouco palpáveis, as leis e políticas públicas que a realizam não podem ser objeto de retrocesso.

Como aponta Cristina Queiroz, "a ideia de que os direitos de natureza prestacional não imponham uma obrigação de 'avançar', estabelecem, contudo, uma proibição de retroceder"[231].

Sob tal perspectiva, quer nos parecer que a eliminação pura e simples de um programa social, afinado, por evidente, aos ditames constitucionais, não possa ocorrer. Havendo razões que justifiquem, o que se afigura possível é a substituição por mecanismo alternativo e compensatório, que a situação concreta revele mais adequado aos fins almejados pelo texto constitucional.

Destarte, configurando-se conduta administrativa que implique retrocesso em matéria social, quer parecer que a conduta seja sindicável

[231] QUEIROZ, Cristina. Op. cit., p. 68.

judicialmente, garantindo que o *status quo* alcançado não seja objeto de uma indevida involução.

Em regra, ainda que o retrocesso advenha de uma nova lei, a verificação de constitucionalidade deve se dar no plano concreto, mediante análise de existência e suficiência de eventuais programas alternativos e compensatórios eventualmente instituídos.

4.4. Colisão de direitos

Outro argumento, comumente desenhado com o escopo de obstaculizar a realização de direitos sociais, é o de existência de uma possível colisão de direitos, determinada pelo atendimento de demandas individuais, do qual adviriam supostos prejuízos a políticas públicas.

Tal argumento, em regra, é apresentado de forma a indicar que a implementação de um direito impediria a realização de outro similar. Assim, uma ordem judicial que determina a concessão de um medicamento de alto custo para um determinado doente implicaria o não-atendimento de outros indivíduos com patologias que reclamassem tratamento de menor custo.

O raciocínio é, à evidência, especioso.

Com efeito, o orçamento anual é informado, dentre outros, pelo princípio da unidade, segundo o qual um único documento congrega toda a previsão de despesas e receitas do Estado.

Por outro lado, a iniciativa vinculada da lei orçamentária pertence ao chefe do Poder Executivo, que, à evidência, está adstrito a priorizar o atendimento das necessidades vitais da população.

Ademais, nos termos da própria lei orçamentária, autoriza-se, em regra, o remanejamento de despesa, de uma unidade para outra, além da possibilidade de, por lei, haver abertura, a qualquer momento, de créditos adicionais ou suplementares.

Logo, se a colisão existe, tal ocorre com outra sorte de realizações, como já apontado, envolvendo outras despesas, como, por exemplo, os gastos com publicidade institucional.

O que se diz, em outras palavras, é que os recursos podem, e devem, sair de outros itens do orçamento, sem prejuízo qualquer para a realização de outros direitos sociais.

A propósito, pertinente a observação de Daniel Sarmento:

> Além disso, a ponderação deve sempre se orientar no sentido da proteção e promoção do princípio da dignidade da pessoa humana, que condensa e sintetiza os valores fundamentais que esteiam constitucional vigente[232].

Registre-se, ademais, que tal argumento torna-se ainda mais insubsistente quando se constata que a maior parte dos Estados e Municípios sequer realiza integralmente as receitas vinculadas com educação e saúde[233], de fora parte que no percentual, inferior ao mínimo previsto, não raro incluem nas despesas com saúde e educação gastos estranhos a esta, como se pode constatar, em matéria de educação, pelas inúmeras ações civis públicas ajuizadas pelo Ministério Público para observância dos percentuais constitucionais mínimos.

Finalmente, tal argumento padece de outra insuficiência: como o orçamento é uno, contemplando as estimativas de receita e a programação de despesas de toda a administração, o argumento de colisão, em rigorosa análise, reconduz à chamada teoria da reserva do possível, cuja compostura e aplicação já foram aqui estudadas[234].

[232] Sarmento, Daniel. *A Ponderação de Interesses da Constituição Federal*. 1. ed. Rio de Janeiro: Lúmen Júris, 2002, p. 105.

[233] Cf. *Folha de São Paulo*, 11 jun. 2008: "Relatório do Ministério da Saúde aponta que só oito Estados e o Distrito Federal cumprem os gastos mínimos obrigatórios em saúde previstos na Constituição. Entre os 18 irregulares, segundo o ministério, estão São Paulo, Rio, Minas Gerais, Rio Grande do Sul e Paraná, os cinco mais ricos do país".

[234] Cf. Capítulo 4.1.

CONCLUSÕES

1. A Constituição de 1988, com base nos princípios, fundamentos, objetivos e direitos incorporados, possibilitou, ao menos no plano jurídico positivo, um Estado Democrático Social de Direito, que apresenta no princípio da dignidade humana a síntese da pletora de disposições *jushumanistas* que o alicerçam.
2. Os direitos sociais, visto que intrinsecamente relacionados à dignidade do ser humano, estão situados no marco dos direitos fundamentais.
3. Os direitos fundamentais possuem duas dimensões: uma que busca investir seus destinatários de direitos subjetivos, outra, de natureza institucional, que concorre para demarcar o perfil do Estado que os reconhece e protege. Por isso, a designação de Estado Democrático Social de Direito implica o reconhecimento e proteção dos direitos fundamentais relacionados à liberdade e ao bem-estar social.
4. Os direitos fundamentais apresentam-se em relação de unidade, indivisibilidade e interdependência, de modo que grande parte dos direitos de liberdade só poderão ser efetivados mediante a observância de direitos sociais. Logo, declarada a dimensão institucional dos direitos fundamentais, no delineamento do perfil do Estado a democracia implica o bem-estar social.
5. Os direitos sociais vieram à luz em uma relação dialética, em que a liberdade assegurada pelos direitos fundamentais de primeira geração, quando contraposta às desigualdades econômicas inerentes ao sistema capitalista, acabara por significar a supressão da própria

liberdade, engendrando o imperativo de proteção social dos economicamente vulneráveis como única forma de preservação desta. Nesse sentido, as relações de trabalho constituíram o berço dos direitos sociais.

6. A Constituição de 1988 abrigou uma ampla pletora de direitos sociais, os quais, todavia, não foram positivados exclusivamente por meio de normas programáticas, mas também por outras estratégias de positivação.
7. Percorrendo o texto constitucional, constata-se que o constituinte lançou mão de cinco diferentes estratégias de positivação, a saber: a positivação por meio de normas programáticas; por meio de normas constitucionais atributivas de direitos públicos subjetivos; por meio de garantias institucionais; por meio de cláusulas limitativas do poder econômico, predispostas fundamentalmente à busca do equilíbrio em relações socioeconômicas; e, finalmente, a positivação por meio de normas projectivas, vale dizer, normas de conformação social dos institutos jurídicos fundantes da ordem econômica capitalista.
8. A importância da identificação das diferentes estratégias de positivação reside no fato de que cada uma delas predispõe os direitos sociais, que, respectivamente, por meio delas se consubstanciam a um diferente regime jurídico.
9. A positivação de direitos sociais por meio de normas programáticas define ao Estado um dever de agir, sem, contudo, determinar precisamente como, quando e o que exatamente deve ser feito.
10. As normas programáticas, porém, consentem níveis distintos de densidade, ora se restringindo ao enunciado genérico de um objetivo, ora definindo tarefas ao Estado de forma clara, viabilizando ao intérprete, neste caso, a perfeita depuração de um dever de agir.
11. Sempre que a norma constitucional definir uma tarefa ao Estado, permitindo, deste modo, a depuração de um dever de agir, embora não enseje qualquer tipo de direito subjetivo, individualmente apurável, ao administrado, cria-se uma obrigação estatal, que, sob o crivo da razoabilidade, pode ser judicialmente exigida.
12. As normas programáticas devem ser interpretadas à luz dos princípios gerais do direito, dentre eles os que informam o Estado Democrático Social de Direito, em especial, o princípio da dignidade

humana e o princípio da justiça social. Desse modo, reafirma-se a noção de que o programa direcionado ao Estado é parte de um sistema, cuja orientação finalística, que elege o ser humano como razão de ser e propósito último do Estado, deve, em todos os momentos, permear a aplicação das normas em causa.

13. Podemos conceituar dignidade humana como o postulado ético que, incorporado ao ordenamento jurídico, consubstancia o princípio segundo o qual o ser humano, quer nas suas relações com seus semelhantes, quer nas suas relações com o Estado, deve ser tomado como um fim em si mesmo, e não como um meio, o que o faz dignitário de um valor absoluto, donde exsurge um regime jurídico que apresenta uma feição negativa e outra positiva. A primeira impõe aos demais e ao Estado o dever de respeito à sua incolumidade física, psíquica e social (entendida aqui como a liberdade para se autodeterminar e para, junto com os demais, participar da autodeterminação da comunidade na qual se integra). A segunda consubstancia a exigência de prestações do Estado que afiancem os pressupostos materiais mínimos para a preservação da vida e a inclusão na sociedade, bem como a proteção em relações privadas em que se saliente sua situação de vulnerabilidade (por ex., relações trabalho, consumo etc.).
14. A ordem econômica brasileira, com base nos objetivos expressamente adotados pelo art. 170, *caput*, da Constituição, incorpora um modelo econômico fundado na livre-iniciativa, mas conformado à luz do princípio da justiça social, que modula a intervenção do Estado em matéria econômica para a proteção dos vulneráveis.
15. O princípio da proibição do retrocesso, embora não aplicável exclusivamente a políticas públicas embasadas em normas programáticas, encontra nestas o seu principal campo de aplicação, podendo ser entendida como uma espécie de direito social adquirido, que, deste modo, estaria salvaguardado, tanto a título individual como coletivo, por eventuais mudanças legislativas ou ainda por revisões administrativas do Poder Executivo.
16. Parte dos direitos sociais foram incorporados ao texto constitucional por meio de normas que atribuem direitos públicos subjetivos a seus destinatários. A opção do constituinte por esta estratégia de positivação, sobretudo quando, como nos casos dos direitos à edu-

cação e saúde, se fez com prescindência de lei (norma de eficácia plena), revela um propósito claro: deixar a fruência de alguns direitos, tidos como essenciais à dignidade, fora dos debates políticos, das maiorias partidárias e da vontade administrativa do governança de momento.

17. Os direitos sociais dos quais defluem as prestações essenciais à preservação da dignidade humana integram a categoria jurídica denominada mínimo vital (piso vital, *standard* mínimo incondicional etc), a qual, pela sua essencialidade e pela intrínseca relação com os direitos de liberdade, ostenta o mesmo regime jurídico destes.
18. A Constituição de 1988 positivou direitos sociais também por meio das chamadas garantias institucionais, que partem do pressuposto que existem direitos que não podem ser preservados fora dessa dimensão comunitária, uma vez que se projetam e realizam em meio a instituições sociais, cuja existência e proteção deve ocorrer exatamente por meio as assim denominadas garantias institucionais.
19. Os direitos sociais também estão positivados na Constituição de 1988 por meio de normas que consagram cláusulas limitativas do poder econômico, por duas distintas vias. A primeira, por meio de normas que, interferindo no âmbito de projeção da autonomia da vontade, preestabelecem um conteúdo mínimo intransigível na relação de emprego. A segunda, por meio de normas que investem o trabalhador de poderes jurídicos, buscando sua qualificação e fortalecimento para o processo de negociação. Em outras palavras, embora, em matéria trabalhista, a Constituição franqueie um espaço válido para a manifestação da liberdade contratual, dá-se pressa em fortalecer a parte mais fraca, para que a autonomia da vontade não se quede desnaturada pela prevalência das posições subjetivas daquele que desfrute de uma situação de maior vigor econômico.
20. A Constituição de 1988 consagra direitos sociais por meio de normas projectivas, vale dizer, normas que emprestam perfil social a institutos jurídicos fundantes da ordem econômica capitalista.
21. Essas normas de conformação apresentariam como exemplos mais eloquentes as disposições constitucionais que prescrevem o dever da propriedade privada de cumprir sua função social, bem como os objetivos, definidos à ordem econômica, de buscar justiça social, propiciando dignidade a todos.

22. Os direitos sociais frequentemente tem a sua efetividade questionada frente a limites contingentes, dentre eles, a teoria da reserva do possível, a tripartição de função e a consequente esfera de discricionariedade administrativa do Poder Executivo, o caráter programático de parte nas normas nas quais se enlastram e, finalmente, a existência de colisão de direitos.
23. Em relação à teoria da reserva do possível, a primeira premissa que deve fixar é a de que os agentes e órgãos envolvidos na elaboração do orçamento – chefias do executivo e órgãos legislativos – estão adstritos à observância de todas as normas constitucionais, de modo que, ante um comando que confira ao cidadão um direito público subjetivo, passa a integrar o seu patrimônio jurídico, não existe liberdade de conformação legislativa, mesmo em termos orçamentários, ficando, pois, referida peça legal obrigada à previsão de verbas suficientes à realização dos custos derivados do respeito aos direitos consagrados em nossa Lei Maior.
24. Os direitos sociais que integram o mínimo vital, posto que intrínsecos à dignidade humana, não se submetem a eventuais restrições orçamentárias, uma vez que, dotados de valor absoluto (não relativo), não podem ser mitigados frente à eventual interesse público secundário da administração pública.
25. A teoria da reserva do possível também não tem aplicação frente a normas constitucionais que atribuam direitos subjetivos a seus destinatários, visto que o orçamento, acomodado, na hierarquia nas espécies normativas, em plano infraconstitucional, não pode ser erigido como obstáculo à realização de comandos situados em plano hierárquico superior.
26. Não existe margem de conformação ao legislador ordinário quando da elaboração das peças orçamentárias, frente aos direitos sociais que integram o mínimo vital e que são clausulados por meio de normas constitucionais atributivas de direitos subjetivos. Assim, não é lícito ao legislador, por exemplo, aportar valores em gastos com publicidade institucional enquanto faltarem recursos para gastos com saúde ou educação
27. A teoria da reserva do possível não tem, portanto, aplicação adequada em nosso sistema jurídico, uma vez que, em relação a direitos sociais mínimos, não há que se falar (frente as condições econômicas

do país) em insuficiência orçamentária, mas em definições de prioridades. Deste modo, só se poderia falar em reserva do possível em face de direitos sociais próprios de países mais evoluídos (*v.g.*, acesso universal ao ensino superior), tema que não tem frequentado nossas discussões doutrinárias judiciais.

28. Quando o Judiciário determina a observância da norma constitucional, conduzindo o Executivo à realização de tais remanejamentos, nada mais faz do que, pela forma mais adequada e menos onerosa à sociedade e ao Estado de Direito, realinhar o direito infraconstitucional (leis orçamentárias) à Constituição, restabelecendo, pois, a harmonia em nosso sistema.
29. A noção de mínimo vital, como caudatário do princípio da dignidade humana, tem aplicação em nossa ordem jurídica em relação a direitos que não tenham sido explicitados ou especificados em nossa Constituição, como o direito à moradia e o direito à alimentação.
30. O princípio da divisão orgânica do poder não estabelece campos estanques de atuação, vedando, de forma absoluta, a intromissão de um poder em outro, antes, pelo sistema de freios e contrapesos, admite-se o controle de um poder pelo outro como forma de preservação da própria noção do Estado de Direito.
31. A atividade executiva, mesmo na gênese da teoria orgânica do Poder, é, no Estado de Direito, atividade que se desenvolve em nível infralegal, estando, portanto, adscrita à legalidade, em sentido amplo, vale dizer, tanto às normas legais quanto aos comandos constitucionais de aplicação direta. Por conseguinte, instituído um direito por norma constitucional ou por disposição infraconstitucional, não cabe ao Executivo decidir quanto ao seu cumprimento ou não, pena de grave violação das noções e princípios que escudam o Estado de Direito, além de completa subversão da tripartição de funções, apanágio do regime democrático.
32. Só existe, assim, espaço para juízos discricionários, nas situações em que o ordenamento jurídico hospede direitos públicos subjetivos (quer diretamente por uma norma constitucional, quer por derivação do conceito de mínimo existencial), na conformação dos meios que deverão ser adotados para a consecução dos fins estabelecidos pela norma jurídica.

33. As normas programáticas que consagram direitos sociais possuem justiciabilidade, embora por entes autonomamente legitimados para a tutela dos interesses metaindividuais que, baseados nelas, passem a existir.
34. A colisão de direitos, em rigorosa análise, não pode contrapor a aplicação de dois direitos sociais, visto que ambos, por suas características ingênitas, precedem outras prioridades orçamentárias, de tal modo que o tema reconduz à discussão quanto à aplicação da teoria da reserva do possível.

REFERÊNCIAS

ABBAGNANO, Nicola. *Dicionário de Filosofia*. Tradução coordenada e revista por Alfredo Bosi. 2ª edição. São Paulo: Editora Mestre Jou, 1962.

ABRAMOVICH, Víctor; COURTIS, Christian. *Los derechos sociales como derechos exigibles*. 2ª edição. Espanha, Madri: Trotta, 2004.

ACCIOLY, Hildebrando. *Manual de Direito Internacional Público*. 10ª edição. Revista pelo Embaixador Geraldo Eulálio do Nascimento e Silva. São Paulo: Saraiva: 1972.

ALEXY, Robert. *Teoria de los Derechos Fundamentales*. Versão castelhana de Ernesto Garzón Valdés. 1ª edição. 3ª reimpressão. Espanha, Madri: Centro de Estúdios Políticos y Constitucionales, 2002.

ALVES, Cleber Francisco. *O Princípio Constitucional da Dignidade da Pessoa Humana: o Enfoque da Doutrina Social da Igreja*. Rio de Janeiro: Renovar, 2001.

ANABITARTE, Alfredo Gallego. *Derechos Fundamentales y Garantías Institucionales: Análisis Doctrinal y Jurisprudencial (derecho a la educación; autonomía local; opinión* pública). Espanha, Madri: Civitas, 1994.

AQUINO, São Tomás de. *Suma Teológica*. Vol. I. Prefácio à Tradução Brasileira de Carlos Josaphat. São Paulo: Edições Loyola, 2002.

ARAUJO, Luiz Alberto David de. *A Proteção Constitucional das Pessoas Portadoras de Deficiência*. Brasília: Corde, 1994.

ARAUJO, Luiz Alberto David de. *Direito Constitucional*. São Paulo: CPC – Curso Preparatório para Concurso, 1996.

AZEVEDO, Plauto Faraco de. *Direito, Justiça Social e Neoliberalismo*. São Paulo: RT, 1999.

BARROS, José Manoel de Aguiar. *Direito Constitucional em esquemas*. São Paulo: THEMIS, 2000.

BARROSO, Luiz Roberto. *O Direito Constitucional e a Efetividade de Suas Normas. Limites e Possibilidades da Constituição Brasileira.* 3ª edição. Rio de Janeiro: Renovar, 1996.

BICUDO, Hélio. *Direitos Humanos e sua proteção.* Coleção Juristas da Atualidade. São Paulo: FTD, 1997.

BOBBIO, Norberto. *A Era dos Direitos.*Tradução Carlos Nelson Coutinho. Rio de Janeiro: Editora Campus, 1992.

BONAVIDES, Paulo. *Curso de Direito Constitucional.* 5ª edição. São Paulo: Malheiros, 1994.

BONAVIDES, Paulo. *Curso de Direito Constitucional.* 9ª edição. São Paulo: Malheiros, 2000.

BONAVIDES, Paulo. *Do Estado Liberal ao Estado Social.* 7ª edição. São Paulo: Malheiros, 2004.

BONAVIDES, Paulo; ANDRADE, Paes de. *História Constitucional do Brasil.* 3ª edição. São Paulo: Paz e Terra Política, 1991.

CAETANO, Marcello. *Manual de Ciência Política e Direito Constitucional.* Tomo I. Portugal, Coimbra: Almedina, 2003.

CAETANO, Marcelo. *Direito Constitucional.* 2º volume. Rio de Janeiro: Forense, 1977.

CAMPOS, Germán J. Bidart (coordenador). *Economía, Constitución y Derechos Sociales.* Vários autores. Argentina, Buenos Aires: Ediar Sociedad Anónima, 1997.

CAMPOS, Germán J. Bidart. *Teoría general de los derechos humanos.* Argentina, Buenos Aires: Astrea de Alfredo y Ricardo Depalma, 1991.

CANARIS, Claus-Wilhelm. *Direitos Fundamentais e Direito Privado.* Tradução de Ingo Wolfgang Sarlet e Paulo Mota Pinto. Portugal, Coimbra: Almedina, 2003.

CANOTILHO, José Joaquim Gomes. *Constituição Dirigente e Vinculação do Legislador. Contributo para a compreensão das normas constitucionais programáticas.* Portugal, Coimbra: Coimbra Editora, 1994.

CANOTILHO, José Joaquim Gomes. *Constituição Dirigente e Vinculação do Legislador. Contributo para a compreensão das normas constitucionais programáticas.* 2ª edição. Portugal, Coimbra: Coimbra Editora, 2001.

CANOTILHO, José Joaquim Gomes. *Direito Constitucional.* 5ª edição. 2ª reimpressão. Portugal, Coimbra: Almedina, 1992.

CANOTILHO, José Joaquim Gomes. *Estudos sobre Direitos Fundamentais.* Portugal, Coimbra: Coimbra Editora, 2004.

CANOTILHO, José Joaquim Gomes; MOREIRA, Vital. *Constituição da República Portuguesa Anotada*, vol. I. 1ª edição. São Paulo: Revista dos Tribunais; Portugal, Coimbra: Coimbra Editora, 2007.

CANOTILHO, José Joaquim Gomes; MOREIRA, Vital. *Constituição da República Portuguesa Anotada*. 3ª edição. Portugal, Coimbra: Coimbra Editora, 1993.

CANOTILHO, José Joaquim Gomes; MOREIRA, Vital. *Fundamentos da Constituição*. Portugal, Coimbra: Coimbra Editora, 1991.

CASAS, Ramón Pena. *Setting Minimum Social Standards across Europe*. Disponível na Internet: http://www.eapn.ie/pdfs/155. Acesso em 12/6/2008.

CASTRO, Carlos Roberto Siqueira. *A Constituição Aberta e os Direitos Fundamentais*. Rio de Janeiro: Forense, 2005.

CASTRO, José Luis Cascajo. *La Tutela Constitucional de los Derechos Sociales. Espanha*, Madrid: Centro de Estudios Constitucionales, 1988.

CAVALCANTI, Themístocles B. *A Constituição Federal Comentada*, vol. III. Rio de Janeiro: José Konfino Editor, 1949.

CENEVIVA, Walter. *Direito Constitucional Brasileiro*. 2ª edição. São Paulo: Saraiva, 1991.

Centro por la Justicia y el Derecho Internacional. *Implementación de las decisiones del Sistema Interamericano de Derechos Humanos: Jurisprudencia, normativa e experiencias nacionales*. Costa Rica, São José: CEJIL, 2007.

CIANCIARDO, Juan. *El principio de razonabilidad del debido proceso sustantivo al moderno juicio de proporcionalidad*. Argentina, Buenos Aires: Ábaco de Rodolfo Depalma, 2004.

COELHO, Inocêncio Mártires. *Interpretação Constitucional*. 2ª edição. Porto Alegre: Sergio Antonio Fabris Editor, 2003.

COHN, Amélia; ELIAS, Paulo E. Et al. *O público e o privado na saúde – o PAS em São Paulo*. São Paulo: Cortez, 1999.

COMA, Martin Bassols. *Constitucion y Sistema Economico*. 2ª edição. Espanha, Madri: Tecnos, 1988.

COMPARATO, Fábio Konder. *A Afirmação Histórica dos Direitos Humanos*. São Paulo: Saraiva, 1999.

COMPARATO, Fabio Konder. *A Garantia Institucional dos Direitos Humanos*. Disponível na Internet: Enciclopédia Digital de Direitos Humanos. <http://www.dhnet.org.br/direitos/militantes/comparato/comparato_garantias.html>. Acesso em: 13 de junho de 2007.

CRISAFULLI, Vezio. *La constituzione e lê sue Disposizioni di Principio.* Itália, Milão: Ed. Giuffrè, 1952.

CURY, Carlos Roberto Jamil. *A educação na Constituição de Weimar.* Disponível na internet: <http://www.educacaoonline.pro.br>. Acesso em: 07 de novembro de 2006.

DALLARI, Dalmo de Abreu. *Direitos Humanos e Cidadania.*São Paulo: Moderna, 1998.

DALLARI, Sueli Gandolfi. *Os Estados Brasileiros e o Direito à Saúde.* São Paulo: HUCITEC, 1995.

DIMOULIS, Dimitri; MARTINS, Leonardo. *Teoria Geral dos Direitos Fundamentais.*São Paulo: Revista dos Tribunais, 2007.

DINIZ, Maria Helena. *Norma Constitucional e seus Efeitos.* São Paulo: Saraiva, 1989.

DORNELLES, João Ricardo W. *O que são Direitos Humanos.* Coleção Primeiros Passos. São Paulo: Brasiliense, 1989.

DWORKIN, Ronald. *Taking Rights Seriously.* 5ª impressão. Londres: Duckworth, 1987.

Enciclopédia del Diritto, vol XII. Diritti Sociali. Itália, Milão: Editorial Giufrè.

ESTEVAM, Pedro; SERRANO, A. P.. *O desvio de poder na função legislativa.* Coleção Juristas da Atualidade, coordenação de Hélio Bicudo. São Paulo: FTD, 1997.

FAORO, Raymundo. *Os Donos do Poder: formação do patronato político brasileiro.* 9ª edição. São Paulo: Globo, 1991.

FARIA, José Eduardo (organizador). *Direitos Humanos, Direitos Sociais e Justiça.* São Paulo: Malheiros, 2005.

FARIAS, Edilsom Pereira de Farias. *Colisão de Direitos.* Porto Alegre: Sergio Antonio Fabris Editor, 1996.

FAYT, Carlos S.. *Derecho Político.* Tomo I. 10ª edição. Argentina, Buenos Aires: Ediones Depalma, 1998.

FAYT, Carlos S.. *Derecho Político.* Tomo II. 10ª edição. Argentina, Buenos Aires: Ediones Depalma, 1998.

FERRARI, Regina Maria Macedo Nery. *Normas Constitucionais Programáticas. Normatividade, Operatividade e Efetividade.* São Paulo: RT, 2001.

FERRAZ JR., Tércio Sampaio. *Introdução ao Estudo do Direito. Técnica, Decisão, Dominação.* São Paulo: Atlas, 1989.

FERRAZ JR., Tércio Sampaio. *Teoria da Norma Jurídica.* 2ª edição. Rio de Janeiro: Forense, 1986.

FERRAZ, Anna Cândida da Cunha. *Processos Informais de Mudança da Constituição: mudanças constitucionais e mutações inconstitucionais*. São Paulo: Editora Max Limonad, 1986.

FILOMENO, José Geraldo Brito. *Código de Defesa do Consumidor Comentado pelos Autores do Anteprojeto*. 8ª edição. Rio de Janeiro: Forense Univesitária, 2004.

FLOREZ-VALDÉS, Joaquín Arce. *Los principios generales del Derecho y su formulación constitucional*. Espanha, Madri: Civitas, 1990.

FONSECA, José Roberto Franco da. *Dimensão internacional dos direitos fundamentais da pessoa*. São Paulo: Revista da Faculdade de Direito da USP, 1992.

FRANÇA, Vladimir da Rocha. *Perfil Constitucional da Função Social da Propriedade*. Disponível na internet: <http://jus2.uol.com.br/doutrina/texto.asp?id=676> Acesso em: 27 de março de 2007.

FREIRE JÚNIOR, Américo Bedê. *O Controle Judicial de Políticas Públicas*. Coleção Temas Fundamentais de Direito, vol. 1. São Paulo: Revista dos Tribunais, 2005.

FREIRE, Antonio Manuel Peña. *La garantía en el Estado constitucional de derecho*. Espanha, Madri: Trotta, 1997.

FREITAS JR., Antonio Rodrigues de. *Direito do Trabalho e direitos humanos*. São Paulo: BH, 2006.

GARCIA, Maria. *Desobediência Civil, direito fundamental*. São Paulo: Revista dos Tribunais, 1994.

GASPARINI, Diogenes. *Direito Administrativo*. São Paulo: Saraiva, 1989.

GORDILLO, Augustín. *Princípios Gerais de Direito Público*. Tradução de Marco Aurélio Grecco. São Paulo: Revista dos Tribunais, 1977.

GOUVEIA, Jorge Bacelar. *As Constituições dos Estados da União Européia*. Portugal, Lisboa: Vislis, 2000.

GRAU, Eros Roberto. *A Ordem Econômica na Constituição de 1988*. 3ª ed. São Paulo: Malheiros, 1997.

GRAU, Eros Roberto; CUNHA, Sérgio Sérvulo da. (coordenadores). *Estudos de Direito Constitucional em homenagem a José Afonso da Silva*. São Paulo: Malheiros, 2003.

GRAU, Eros Roberto; GUERRA FILHO, Willis Santiago (organizadores). *Direito Constitucional. Estudos em Homenagem a Paulo Bonavides*. Vários autores. São Paulo: Malheiros, 2001.

GUEDES, Marco Aurélio Peri. *Estado e Ordem Econômica e Social. A experiência constitucional da República de Weimar e a Constituição Brasileira de 1934*. Rio de Janeiro: Renovar, 1998.

GUERRA FILHO, Willis Santiago. *Processo Constitucional e Direitos Fundamentais*. 4ª edição. São Paulo: RCS Editora, 2005.

GUERRA, Luis López; ESPÍN, Eduardo; MORILLO, Joaquín Garcia; TREMPS, Pablo Pérez; SATRÚSTEGUI, Miguel. *Derecho Constitucional*. Volume I. 2ª edição. El ordenamiento constitucional. Derechos y deberes de los ciudadanos. Valência: tirant lo blanch, 1994.

GUERRA, Luis López; ESPÍN, Eduardo; MORILLO, Joaquín Garcia; TREMPS, Pablo Pérez; SATRÚSTEGUI, Miguel. *Derecho Constitucional*. Volume II. 2ª edição. Los poderes del Estado. La organización territorial del Estado. Valência: tirant lo blanch, 1994.

HÄBERLE, Peter. *Hermenêutica Constitucional – A Sociedade Aberta dos Intérpretes da Constituição: Contribuição para a Interpretação Pluralista e Procedimental da Constituição*. Tradução e apresentação de Gilmar Ferreira Mendes. Porto Alegre: Sérgio Antonio Fabris Editor, 1997.

HABERLE, Peter. *La Garantia del Contenido Esencial de los Derechos Fundamentales*. Tradução Joaquín Brage Camazano. Espanha, Madri: Ed. Dykinson-Constitucional, 2003.

HAURIOU, André; GICQUEL, Jean; GÉLARD, Patrice. *Derecho Constitucional e Instituiciones Políticas – con um apéndice sobre la Constitución Española de 1978*. Traduzido para o castelhano por José Antonio Gonzales Casanova. Espanha, Barcelona: Ariel, 1980.

HECK, Luís Afonso. *O Tribunal Constitucional Federal e o Desenvolvimento dos Princípios Constitucionais. Contributo para uma compreensão da Jurisdição Constitucional Federal Alemã*. Porto Alegre: Sergio Antonio Fabris Editor, 1995.

HESSE, Konrad. *Elementos de Direito Constitucional da República Federal da Alemanha*. Tradução de Luís Afonso Heck. Porto Alegre: Sergio Antonio Fabris Editor, 1998.

HILÁRIO, Franco Jr. *O feudalismo*. Coleção Tudo é História. São Paulo: Brasiliense, ______.

HOLMES, Stephen; SUNSTEIN, Cass R.. *The Cost of Rights – Why Liberty Depends on Taxes*. Estados Unidos da América, Nova Iorque: W. W. Norton & Company, 1999.

HORTA, Raul Machado. *Direito Constitucional.* 3ª edição. Belo Horizonte: Del Rey, 2002.

KANT, Immanuel. *Os Pensadores – Kant II.* Tradução de Paulo Quintela. São Paulo: Abril, ____.

KELSEN, Hans. *Teoria Geral do Direito e do Estado.* Tradução de Luis Carlos Borges. 3ª edição. São Paulo: Martins Fontes, 1998.

KRELL, Andreas J. *Direitos Sociais e Controle Judicial no Brasil e na Alemanha. Os (des)caminhos de um Direito Constitucional "Comparado".* Porto Alegre: Sérgio Antonio Fabris Editor, 2002.

LAFER, Celso. *A Reconstrução dos Direitos Humanos: um diálogo com o pensamento de Hannah Arendt.* 4ª reimpressão. São Paulo: Companhia das Letras, 1988.

LEIVAS, Paulo Gilberto Cogo. *Teoria dos Direitos Fundamentais Sociais.* Porto Alegre: Livraria do Advogado, 2006.

LOPES, José Reinaldo de Lima. *Direitos Sociais.* Teoria e prática. São Paulo: Método, 2006.

LOPEZ y LOPEZ, Angel M. *La Disciplina Constitucional de la Propriedad Privada.* Espanha, Madri: Tecnos, 1998.

LOTUFO, Renan (coordenador). *Direito Civil Constitucional.* Cadernos 1. Vários autores. São Paulo: Max Limonad, 1999.

LUCCA, Newton de. *Direito do Consumidor. Teoria Geral da Relação de Consumo.* São Paulo: Quartier Latin, 2003.

LUÑO, Antonio-Enrique Pérez. *Derechos Humanos, Estado de Derecho y Constitución.* 6ª edição. Espanha, Madri: Tecnos, 1999.

LUÑO, Antonio-Enrique Pérez. *Los Derechos Fundamentales.* 8ª edição. Espanha, Madri: Tecnos, 2004.

MARTINS NETO, *João dos Passos. Direitos Fundamentais – Conceito, Função e Tipos.* São Paulo: RT, 2003.

MARTINS, Leonardo (organização). *Cinqüenta Anos de Jurisprudência do Tribunal Constitucional Federal Alemão.* Diversos tradutores. Uruguai: Konrad-Adnauer-Stiftung.

MARTINS, Maria D'Oliveira. *Contributo para a Compreensão da Figura das Garantias Institucionais* Portugal, Coimbra: Almedina, 2007.

MEIRELLES, Hely Lopes. *Direito Administrativo Brasileiro.* 21ª edição. Atualizada por Eurico de Andrade Azevedo, Délcio Balestero Aleixo e José Emmanuel Burle Filho. São Paulo: Malheiros, 1996.

MELLO, Celso Antonio Bandeira de. *Curso de Direito Administrativo.* 20ª edição. São Paulo: Malheiros, 2006.

MELLO, Celso Antonio Bandeira de. *Curso de Direito Administrativo.* 8ª edição. São Paulo: Malheiros, _____

MELLO, Celso Antônio Bandeira de. *Discricionariedade e Controle Jurisdicional.* 2ª edição. São Paulo: Malheiros, 1993.

MELLO, Celso Antonio Bandeira de. *Eficácia das Normas Constitucionais sobre Justiça Social.* Revista de Dirieto Público 57-58

MELLO, Oswaldo Aranha Bandeira de. *Princípios Gerais de Direito Administrativo.* Volume I. Rio de Janeiro: Forense, 1968.

MELLO, Oswaldo Aranha Bandeira de. *Princípios Gerais de Direito Administrativo.* Volume II. Rio de Janeiro: Forense, 1968.

MENDES, Gilmar Ferreira; COELHO, Inocêncio Mártires; BRANCO, Paulo Gustavo Gont. *Hermenêutica constitucional e direitos fundamentais.* Brasília: Brasília Jurídica, 2000.

MIRANDA, Jorge. *Contributo para uma Teoria da Inconstitucionalidade.* Portugal, Coimbra: Coimbra Editora, 1996.

MIRANDA, Jorge. *Manual de Direito Constitucional,* Tomo II. 2ª edição. Portugal, Coimbra: Coimbra Editora, 1988.

MIRANDA, Jorge. *Manual de Direito Constitucional,* Tomo III. 2ª edição. Portugal, Coimbra: Coimbra Editora, 1988.

MIRANDA, Jorge. *Manual de Direito Constitucional.* Tomo I. 4ª edição. Portugal, Coimbra: Coimbra Editora, 1990.

MIRANDA, Jorge. *Manual de Direito Constitucional.* Tomo IV. Portugal, Coimbra: Coimbra Editora, 1988.

MIRANDA, Jorge. *Teoria do Estado e da Constituição.* Rio de Janeiro: Forense, 2002.

MIRANDOLA, Giovanni Pico Della. *Discurso Sobre a Dignidade do Homem.* Tradução e apresentação de Maria de Lourdes Sirgado Ganho. Portugal, Lisboa: Edições 70, 2006.

MONTEJO, Miguel F. Canessa. *Los Derechos Sociales em el Marco de los Derechos Humanos.* Disponível na internet: Red de Información Juridica <http://www.cajpe.org.pe/guia/canes-1.htm> Acesso em: 22 de novembro de 2006.

MOREIRA, Vital. *A Ordem Jurídica do Capitalismo.* ____edição. Portugal, Coimbra: Centelho, ______ .

MOREIRA, Vital. *Economia e Constituição.* 2ª edição. Portugal, Coimbra: Coimbra Editora, 1979.

MORELLO, Augusto Mario; MORELLO, Guillermo Claudio. *Los Derechos Fundamentales a la vida digna y a la salud.* Argentina, La Plata: Platense, 2002.

MORILLO, Joaquín García. La protección judicial de los derechos fundamentales. Valência: tirant lo blanch, 1994.

MOURA, Laércio Dias. *A Dignidade das Pessoas e os Direitos Humanos.* São Paulo: EDUSC, 2002.

MUNIZ, Regina Maria Fonseca. *O Direito à Educação.* Rio de Janeiro: Renovar, 2002.

NASCIMENTO, Amauri Mascaro. *Curso de Direito do Trabalho.* 3ª edição. São Paulo: Saraiva, 1984.

NUNES JR, Vidal Serrano. *A Proteção Constitucional da Informação e o Direito à Crítica Jornalística.* Coleção Juristas da Atualidade. Coordenação Hélio Bicudo. São Paulo: FTD, 1997.

NUNES JR, Vidal Serrano. *Publicidade Comercial. Proteção e limites na Constituição de 1988.* São Paulo: Juarez de Oliveira, 2001.

NUNES, António José Avelãs; COUTINHO, Jacinto Nelson de Miranda (organizadores). *Diálogos constitucionais: Brasil/Portugal.* Rio de Janeiro: Renovar, 2004.

NUNES, Rizzatto. *O Princípio Constitucional da Dignidade da Pessoa Humana. Doutrina e Jurisprudência.* São Paulo: Saraiva, 2007.

OJEA, Ignacio A.; MALLEN, Beatriz T.; MOLINER, Santiago U.; CUBAS, Joaquín Martín. LALAGUNA, Paloma Durán (coordenadora). *Manual de Derechos Humanos.* Espanha, Granada: Comares, 1993.

PIETRO, Maria Sylvia Zanella di. *Discricionariedade Administrativa na Constituição de 1988.* 2ª edição. São Paulo: Atlas, 2002.

PINTO, Airton Pereira. *Direito do Trabalho, Direitos Humanos Sociais e a Constituição Federal.* São Paulo: LTR, 2006

PIOVESAN, Flávia. *Direitos Humanos e o Direito Constitucional Internacional.* 5ª ed. São Paulo: Editora Max Limonad, 2002.

PIOVESAN, Flávia. *Direitos Humanos e o Direito Constitucional Internacional.* 7ª edição. São Paulo: Saraiva, ____.

PISARELLO, Gerardo. *Boletín Mexicano de Derecho Comparado.* Disponível na Internet: Biblioteca Jurídica Virtual. <http://132.248.65.10/publica/rev/boletin/cont/92/art/art7.htm>. Acesso em: 05 de maio de 2007.

PISTORI, Gerson Lacerda. *História do Direito do Trabalho. Um breve olhar sobre a Idade Média.* São Paulo: LTr, 2007.

QUEIROZ, Cristina. *Direitos Fundamentais Sociais. Funções, âmbito, conteúdo, questões interpretativas e problemas de justiciabilidade.* Portugal, Coimbra: Coimbra Editora, 2006.

QUEIROZ, Cristina. *O Princípio da Não Reversibilidade dos Direitos Fundamentais Sociais. Princípios Dogmáticos e Prática Jurisprudencial.* Portugal, Coimbra: Editora Coimbra, 2006.

REALE, Miguel. Lições *Preliminares de Direito.* 11ª edição. São Paulo: Saraiva, 1984.

REICH, Norbert. *Mercado y Derechos.* Tradução de Ariel Font de Ribas. Espanha, Barcelona: _____, 1985.

REIMANN, Marcos Francisco. *Cidadania e contratos atípicos de trabalho. (as políticas sociais e o ordenamento do trabalho).* Porto Alegre: Sergio Antonio Fabris Editor, 2002.

REIS, José Carlos Vasconcellos dos. *As Normas Constitucionais e o Controle do Estado.* Rio de Janeiro – São Paulo: Renovar, 2003.

Revista de Direito Constitucional e Internacional. Ano 15. nº 60. jul-set/2007. São Paulo: Revista dos Tribunais, 2007.

RIOS, Josué. *A Defesa do Consumidor e o Direito como Instrumento de Mobilização Social.* Rio de Janeiro: Mauad, 1998.

ROMANO, Santi. *Princípios de Direito Constitucional geral.* Tradução de Maria Helena Diniz. São Paulo: Revista dos Tribunais, 1977.

ROMITA, Arion Sayão. *Direitos Fundamentais nas Relações de Trabalho.* 2ª edição. São Paulo: LTr, 2007.

ROSA, Elainne M. Meira. *Constitucionalismo Social no Mercosul.* São Paulo: THEMIS, 2002.

RUFFIA, Paulo Biscaretti di. *Direito Constitucional. (instituições de Direito Público).*Tradução de Maria Helena Diniz. Revisão de Ricardo Olivo. São Paulo: Revista dos Tribunais, 1984.

RUPRECHT, Alfredo J. *Direito da Seguridade Social.* Revisão técnica de Wladimir Novaes Martinez. São Paulo: LTr, 1996.

RUSSOMANO, Rosah. *Curso de Direito Constitucional.* 5ª edição. Rio de Janeiro: Freitas de Bastos, 1997.

SABA, Roberto. *Derecho y pobreza.* Seminário en Latinoamérica de Teoría Constitucional y Política. Argentina, Buenos Aires: Del Puerto, 2006.

SANDRONI, Paulo. *Escravidão*, in Dicionário de Economia. 6ª edição. São Paulo: Beste Seller, 1989.

SANT'ANNA, Valéria Maria. *Direito Constitucional: resumo para concurso de juiz do trabalho*. Bauru: EDIPRO, 1999.

SARLET, Ingo Wolfgang (organizador). *Jurisdição e Direitos Fundamentais*. Anuário 2004-2005. Vol. I. Tomo I. Porto Alegre: Livraria do Advogado, 2005.

SARLET, Ingo Wolfgang. *A Eficácia dos Direitos Fundamentais*. 6ª edição. Porto Alegre: Livraria do Advogado, 2006.

SARLET, Ingo Wolfgang. *Dignidade da Pessoa Humana e Direitos Fundamentais na Constituição de 1988*. 5ª edição. Porto Alegre: Livraria do Advogado, ____.

SARMENTO, Daniel. *A Ponderação de Interesses na Constituição Federal*. Rio de Janeiro: Lumen Juris, 2002.

SATRUSTEGUI, Miguel E. *Derecho Constitucional*. Vol. I. Velência: Tirant lo Blanc,1994.

SCHMITT, Carl. *Teoria de la Constitución*. 1ª reimpressão. Espanha, Madri: Alianza, 1992.

SCHWARTZ, Bernard. *Direito Constitucional Americano*. Tradução de Carlos Nayfeld. Rio de Janeiro: Forense, 1966.

SERRANO, Nicolás Pérez. *Tratado de Derecho Político*. 2ª edição. Espanha, Madri: Civitas, 1984.

SILVA, Alessandro da; MAIOR, Jorge Luiz Souto; FELIPPE, Kenarik Boujikian; SEMER, Marcelo. (coordenadores). *Direitos Humanos: Essência do Direito do Trabalho*. Vários autores. São Paulo: LTr, 2007.

SILVA, José Afonso da. *Aplicabilidade das Normas Constitucionais*. 3ª edição. São Paulo: Malheiros, 1998.

SILVA, José Afonso da. *Comentário Contextual à Constituição*. São Paulo: Malheiros, 2006.

SILVA, José Afonso da. *Curso de Direito Constitucional Positivo*. 15ª ed. São Paulo: Malheiros, 1988.

SILVA, José Afonso da. *Curso de Direito Constitucional Positivo*. 21ª ed. São Paulo: Malheiros, 2002.

SILVA, José Afonso da. *Orçamento – Programa no Brasil*. São Paulo: Revista dos Tribunais, 1973.

SILVA, Sandoval Alves da. *Direitos Sociais: leis orçamentárias como instrumento de implementação*. Curitiba: Juruá, 2007.

SLAIBI FILHO, Nagib. *Direito Constitucional.* Rio de Janeiro: Forense, 2004.

SORIANO, Ramón. *Las Libertades* Públicas. *Significados, Fundamentos y Estatuto Jurídico.* Espanha, Madri: Tecnos, 1990.

SOUZA, Motauri Ciocchetti de. *Ministério Público e o Principio da Obrigatoriedade. Ação Civil Pública – Ação Penal Pública.* São Paulo: Método, 2007.

STRECK, Lenio Luiz. *Jurisdição Constitucional e Hermenêutica. Uma Nova Crítica do Direito.* 2ª edição. Rio de Janeiro: Forense, 2004.

TARELLO, Giovanni. *Teorie e ideologie nel diritto sindicale.* Itália, Milão: Edizioni di Comunità, 1972.

TAVARES, André Ramos. *Curso de Direito Constitucional.* São Paulo: Saraiva, 2002.

TAVARES, André Ramos. *Direito Constitucional Econômico.* São Paulo: Método, 2003.

TAVARES, André Ramos. *Tratado de Argüição de Preceito Fundamental.* São Paulo: Saraiva, 2001.

TEIXEIRA, J. H. Meirelles. *Curso de Direito Constitucional.* Revisto e atualizado por Maria Garcia. Rio de Janeiro: Forense Universitária, 1991.

TERAN, Areli Sandoval. *Los Derechos Económicos, Sociales e Culturales.* México: Asociación Latinoamericana de Organizaciones de Promoción, 2001.

TORRES, Ricardo Lobo. *O Orçamento na Constituição.* Rio de Janeiro: Renovar, 1995.

TORRES, Ricardo Lobo. *Teoria dos Direitos Fundamentais.* 2ª edição. Rio de janeiro: Renovar, 2001.

TRIGUEIRO, Oswaldo. *Direito Constitucional Estadual.* Rio de Janeiro: Forense, 1980.

TRINDADE, Antonio Augusto Cançado. *Direitos Humanos e o Meio-Ambiente. Paralelo dos Sistemas de Proteção Internacional.* Porto Alegre: Sérgio Antonio Fabris Editor, 1993.

VASCONCELOS, Pedro Carlos Bacelar de. *A Separação dos Poderes na Constituição Americana. Do veto legislativo ao executivo unitário – a crise regulatória.* Boletim da Faculdade de Direito da Universidade de Coimbra. Portugal, Coimbra: Coimbra Editora, 1994.

VERDU, Pablo Lucas. *La Constituicion Abierta y sus Enemigos.* Espanha, Madri: Beramar, 1990.

VIEIRA, José Carlos de Andrade. *Os Direitos Fundamentais na Constituição Portuguesa de 1976.* Portugal, Coimbra: Almedina, 1987.

WEICHERT, Marlon Alberto. *Saúde e Federação na Constituição Brasileira.* Rio de Janeiro: Lúmen Juris, 2004

WRÓBLEWSKI, Jerzy. *Constitución y teoria general de la interpretación jurídica.* Espanha, Madri: Civitas, 1988.

XAVIER, Ronaldo Caldeira. *Latim no Direito.* 3ª edição. Rio de Janeiro: Forense, 1993.